Julien Guillot

Secrets, trucs et astuces iPad

Micro Application

Copyright © 2010 Micro Application
20-22, rue des Petits-Hôtels
75010 Paris

Édition Septembre 2010

Auteur(s) Julien Guillot

ISBN : 978-2-300-032356

MICRO APPLICATION
20,22 rue des Petits-Hôtels
75010 PARIS
Tél : 01 53 34 20 20
Fax : 01 53 34 20 00
http://www.microapp.com

SUPPORT TECHNIQUE :
Également disponible sur
www.microapp.com

Retrouvez des informations sur cet ouvrage !
Rendez-vous sur le site Internet de Micro Application www.microapp.com. Dans le module de recherche, sur la page d'accueil du site, entrez la référence à 4 chiffres indiquée sur le présent livre. Vous accédez directement à sa fiche produit.

1

Gérer le stockage avec iTunes

L'iPad n'est pas un ordinateur dans le sens que ses capacités ne sont pas extensibles. Impossible d'ajouter de la mémoire, de brancher un disque dur externe. Cela se comprend car, dans la vision d'Apple, la tablette est un périphérique de l'ordinateur. Il faut donc adopter une stratégie intelligente pour remplir le disque dur de l'iPad sans le faire déborder. Pour cela, iTunes est un allié de choix qui vous permet de sélectionner précisément les éléments à copier.

SYNCHRONISER DES PHOTOS

La façon la plus universelle d'utiliser l'iPad, c'est de montrer des photos. Même si les images synchronisées avec iTunes sont redimensionnées et compressées pour ne pas prendre trop de place, une grande photothèque occupera une place non négligeable.

Une belle collection de vingt mille images prendra quasiment toute la place disponible de l'iPad 16 Go. Il faut donc les trier intelligemment afin de copier uniquement les plus importantes.

1/ Branchez l'iPad à l'ordinateur pour lancer iTunes.

2/ Sélectionnez votre iPad dans la liste des appareils.

3/ Sélectionnez l'onglet **Photos**.

4/ Cochez la case *Synchroniser les photos depuis*.

5/ Dans le menu, sélectionnez *Choisir un dossier* puis sélectionnez-le dans la boîte de dialogue.

6/ Cochez la case *Dossiers sélectionnés*.

7/ Dans la zone *Dossiers* en dessous, cochez les dossiers que vous voulez copier sur l'iPad.

8/ Cliquez sur le bouton **Appliquer** dans la partie inférieure droite de la fenêtre d'iTunes.

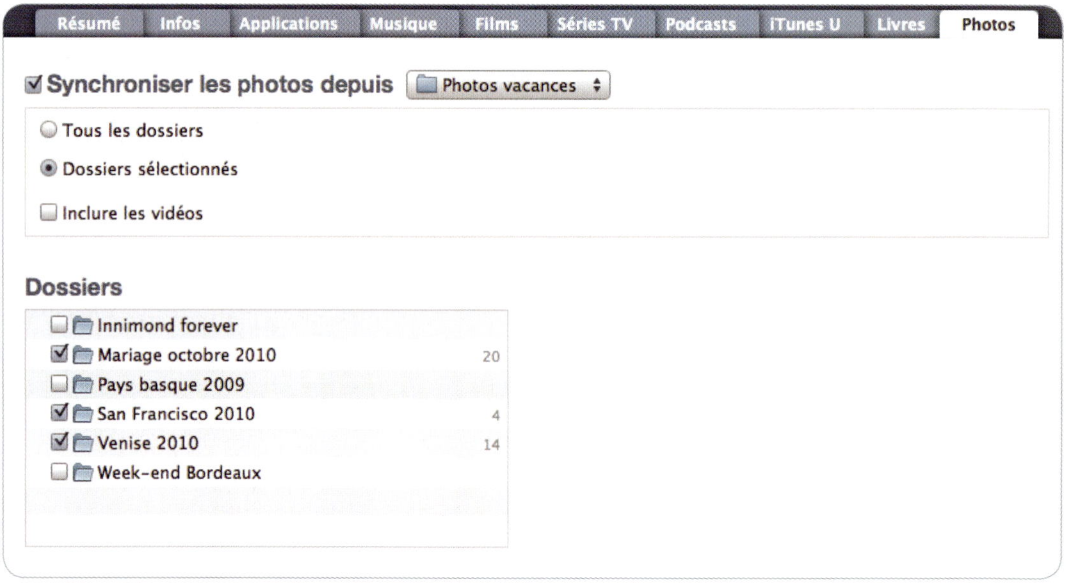

Choisissez les dossiers d'images que vous voulez voir sur l'iPad

Les utilisateurs de Mac sont privilégiés par rapport aux utilisateurs de PC sous Windows. En effet, ils bénéficient du logiciel iPhoto, l'un des outils les plus puissants pour trier des images selon différents critères. Parmi ces critères, outre les albums créés manuellement, il y a les événements, les visages et les lieux.

- Les albums sont des collections d'images créées par l'utilisateur de manière arbitraire et souveraine.
- Les événements sont des regroupements d'images par chronologie logique. Par exemple, ce peut être une soirée, un mariage, un week-end ou des vacances.
- Les visages utilisent la reconnaissance faciale. Dans iPhoto, vous pouvez détecter automatiquement des visages similaires dans votre photothèque.
- Les lieux permettent de géolocaliser vos photos. Cela peut se faire de manière automatique si votre appareil photo dispose d'une puce GPS ou bien vous pouvez les indiquer manuellement sur une carte.

Sur Mac, iPhoto classe vos images selon de nombreux critères

Avec la synchronisation de l'iPad par iTunes, il est possible de profiter des subtilités de classement d'iPhoto.

1/ Branchez l'iPad sur votre ordinateur pour lancer iTunes.

2/ Sélectionnez l'iPad dans la liste des appareils.

3/ Cliquez sur l'onglet **Photos**.

4/ Dans le menu *Synchroniser les photos depuis*, sélectionnez *iPhoto*.

5/ Cochez la case *Albums, événements et visages sélectionnés*.

6/ Les trois zones *Albums*, *Événements* et *Visages* s'affichent en dessous avec les trois listes correspondantes. Cochez tous les éléments que vous voulez synchroniser.

7/ Cliquez sur le bouton **Appliquer** dans la partie inférieure droite de la fenêtre d'iTunes.

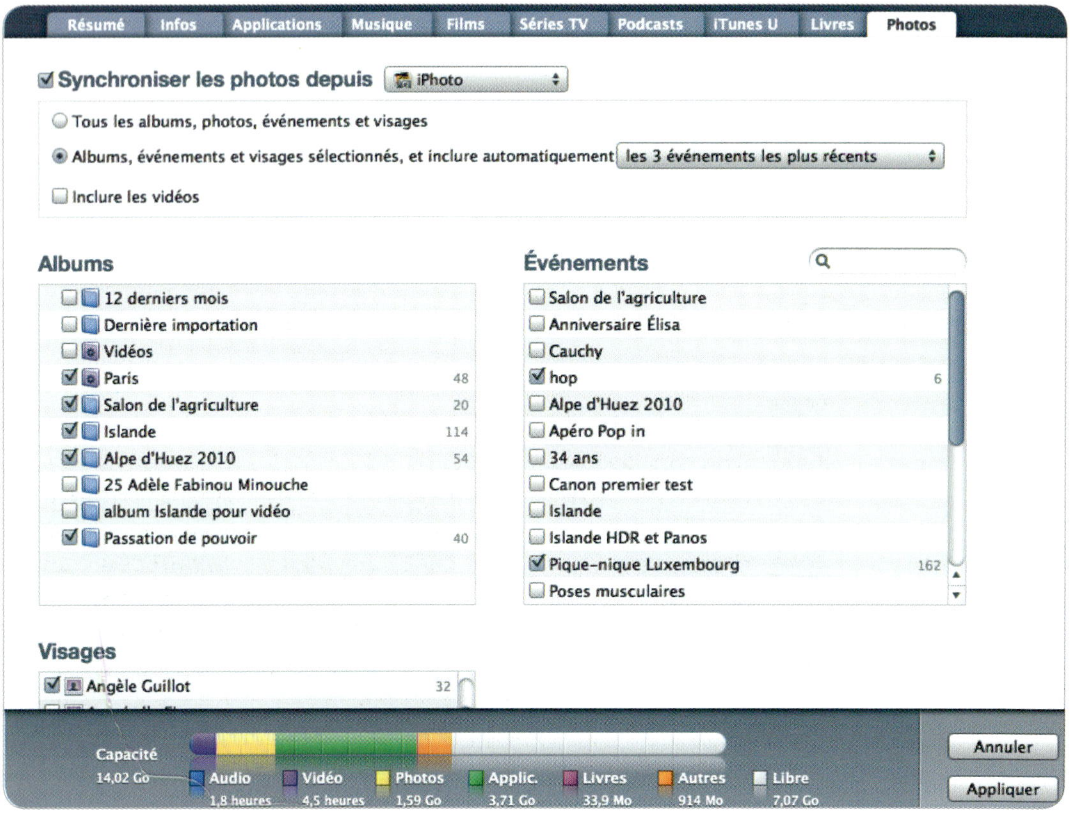

Sélectionnez les albums, événements et visages à synchroniser sur l'iPad

Certes, vous avez vos photos favorites et des albums que vous conservez tout le temps avec vous. Mais les photos que vous allez le plus visionner ou montrer, ce sont les dernières en date.

1/ Branchez l'iPad sur votre ordinateur pour lancer iTunes.

2/ Sélectionnez l'iPad dans la liste des appareils.

3/ Cliquez sur l'onglet **Photos**.

4/ Dans le menu *et inclure automatiquement*, sélectionnez les x événements les plus récents ou les événements des x derniers mois. Indiquez le nombre le plus bas possible, en fonction de vos habitudes photographiques. Si vous prenez beaucoup de photos, choisissez plutôt les événements les plus récents, si vous en prenez de manière plus sporadique, choisissez plutôt les derniers mois.

5/ Cliquez sur le bouton **Appliquer** dans la partie inférieure droite de la fenêtre d'iTunes.

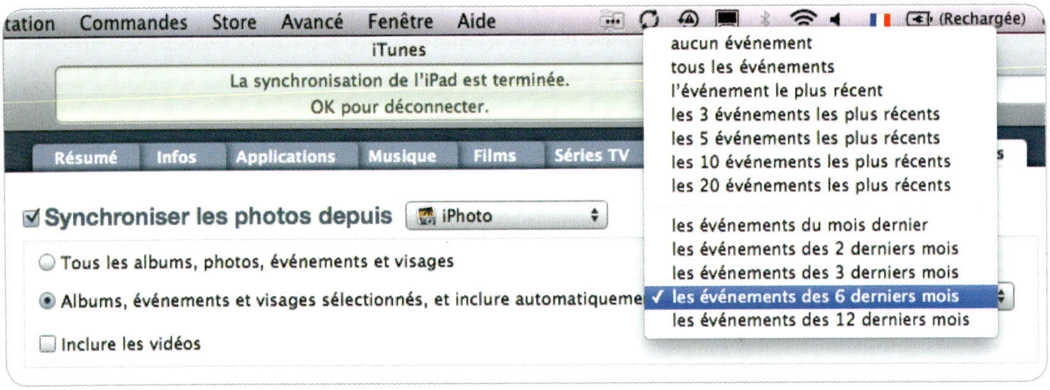

Incluez automatiquement les six derniers mois dans la synchronisation de vos photos

> Astuce
>
> **Évitez la synchronisation des vidéos**
>
> Dans vos dossiers d'images ou dans iPhoto, les fichiers photo et vidéo sont mélangés. Comme les appareils modernes permettent de prendre à la fois des images fixes et des images animées, ce classement peut se comprendre. En revanche, vous n'avez sans doute pas envie de montrer en même temps les vidéos et les photos avec l'iPad. D'autant que les fichiers vidéo sont nettement plus lourds et qu'iTunes ne va pas les encoder à la volée. Pour économiser une place importante, sélectionnez l'iPad dans la liste des appareils d'iTunes, cliquez sur l'onglet **Photos** et décochez la case *Inclure les vidéos*.

IMPORTER DES PHOTOS DEPUIS UN APPAREIL PHOTO

Avec le kit appareil photo pour iPad, vendu 29 € par Apple, vous pouvez importer sur la tablette les photos de votre appareil numérique. Le problème est qu'elles sont à leur taille originelle, qui prend plus de place que les photos copiées par iTunes sur l'iPad.

Il faut donc les déplacer sur l'ordinateur pour les stocker avant de les synchroniser par iTunes.

1/ Prenez des photos avec votre appareil numérique.

2/ Retirez la carte mémoire.

3/ Insérez-la dans l'adaptateur dock SD.

4/ Branchez l'adaptateur sur le connecteur dock de l'iPad. L'application Photos se lance automatiquement et affiche un nouveau bouton baptisé **App. Photo**.

5/ Touchez une à une les photos pour les sélectionner. Elles s'affichent alors avec une icône bleue dans le coin inférieur droit.

6/ Pour les copier sur la tablette, touchez le bouton **Importer** dans la partie supérieure droite de l'écran. Dans le menu qui s'affiche, touchez le bouton **Importer la sélection**.

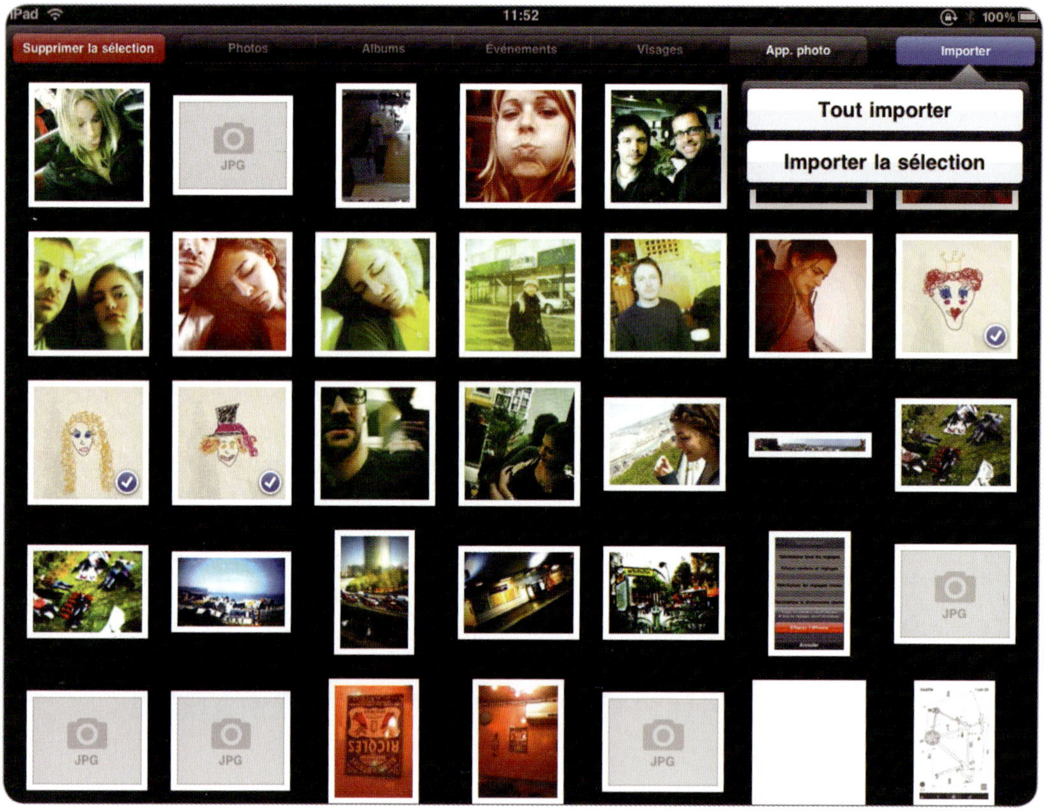

Importez vos photos en plein format dans l'iPad

Après l'importation, vous pouvez consulter les images dans l'album *Photos importées* de l'application Photos. Mais leur destination finale, ce n'est pas l'iPad, mais bien votre ordinateur, qui vous sert à archiver et à classer l'intégralité de vos prises de vue. L'iPad ne sert, dans ce cas, que de videur de cartes mémoire. Il faut maintenant transférer les images sur votre Mac ou votre PC.

1/ Branchez l'iPad à votre ordinateur.

2/ Sur l'ordinateur, lancez l'application de récupération de photos, dans notre exemple, iPhoto.

3/ Cliquez sur iPad dans la liste des appareils.

4/ Sélectionnez les photos que vous désirez importer dans votre photothèque.

5/ Donnez un titre dans le champ *Nom de l'événement*.

6/ Cliquez sur **Importer la sélection**.

7/ Après l'importation, une boîte de dialogue vous demande si vous voulez effacer les originaux de votre iPad. Cliquez sur **Supprimer les photos**.

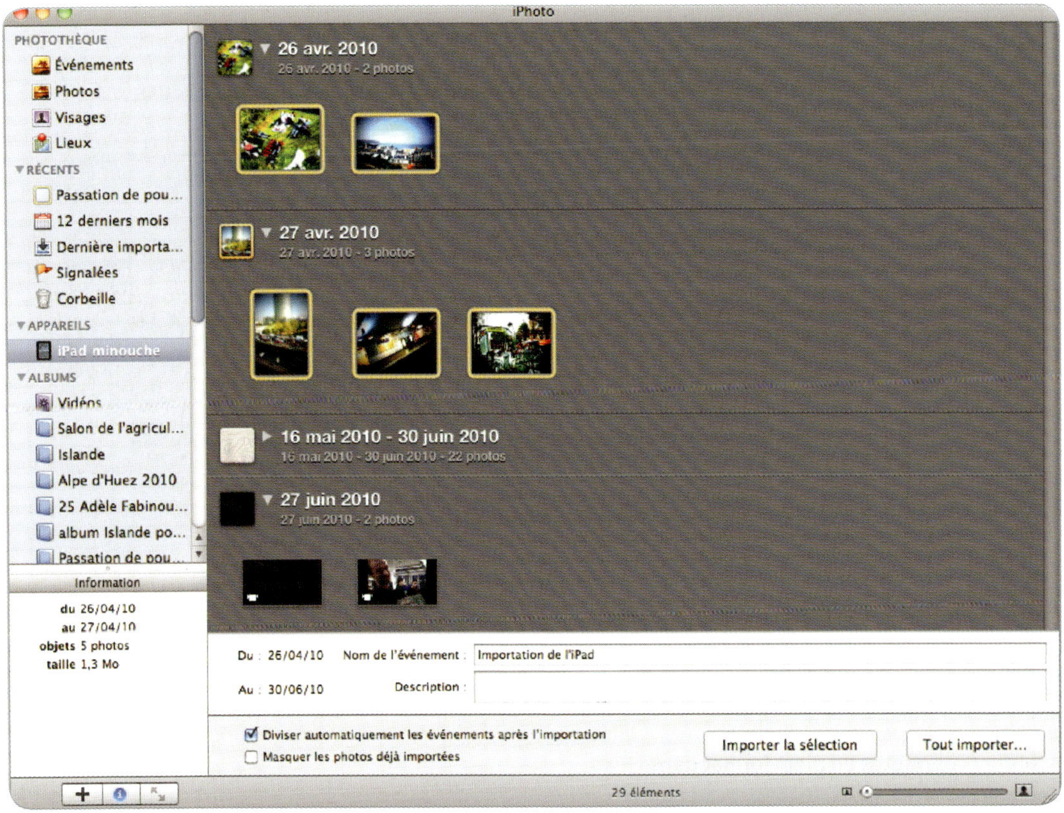

Réinjectez les photos de votre iPad dans iPhoto

Une fois transférées sur votre ordinateur, vos photos s'ajoutent à la collection globale de vos images. Il suffit dès lors de relancer une synchronisation avec iTunes pour que les photos nouvellement importées soient adaptées pour l'iPad et copiées à nouveau sur la tablette dans un format idoine.

ENCODER DES VIDÉOS POUR L'IPAD

Les fichiers vidéo prennent une place mémoire non négligeable. L'iPad est capable de lire des vidéos au format HD 720p jusqu'à 30 images par seconde.

Pourtant, son écran affichera une version réduite de l'image si elle est en haute définition et une résolution inférieure pourra donner tout de même de très bons résultats. Un choix draconien à effectuer dans iTunes !

1/ Lancez iTunes. Sélectionnez *Films* dans la colonne de gauche pour afficher la liste des vidéos importées dans iTunes.

2/ Sélectionnez une vidéo que vous voulez synchroniser avec l'iPad.

3/ Ouvrez le menu **Fichier** et choisissez la commande **Obtenir des informations**.

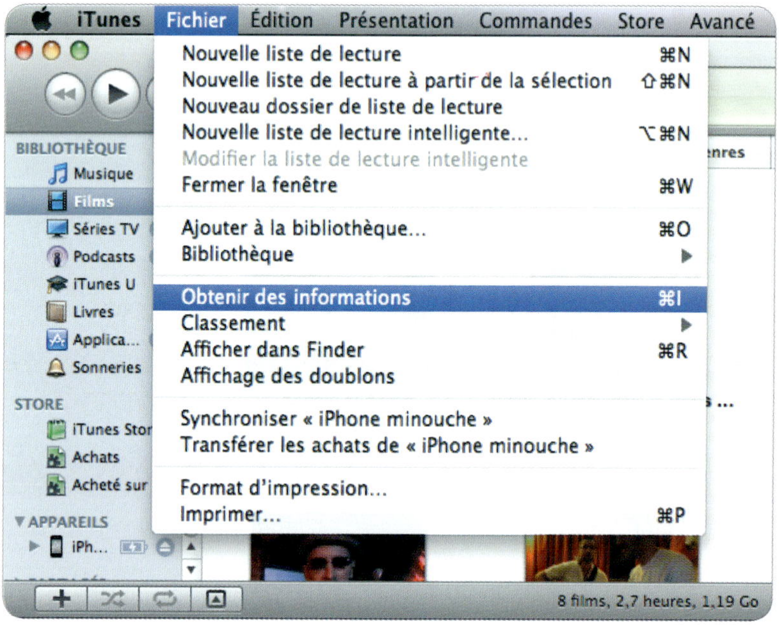

Vérifiez les caractéristiques d'une vidéo avant la synchronisation

La fenêtre d'informations vous donne quelques éléments-clés à connaître, au premier rang desquels la taille globale du fichier et sa résolution. Si sa résolution est supérieure ou égale à 1 280 x 720, il mérite d'être réencodé en vue d'une réduction de taille.

Repérez la résolution à la ligne Dimensions vidéo

1/ Sélectionnez le fichier vidéo à encoder.

2/ Ouvrez le menu **Avancé**.

3/ Choisissez la commande **Créer une version iPad ou Apple TV**.

4/ Contrôlez l'avancement de l'encodage dans l'afficheur LCD en haut de la fenêtre d'iTunes. Un signal sonore retentit quand l'encodage de la vidéo est terminé.

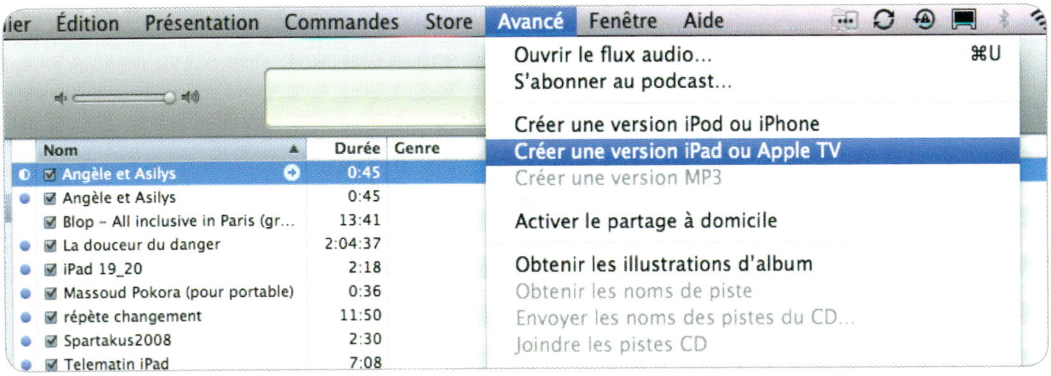

Lancez l'encodage de la vidéo

Dès lors, vous disposez sous iTunes d'une version pleine résolution avec l'original de la vidéo, mais aussi d'une version réduite, adaptée à l'iPad. Si vous voulez économiser encore plus d'espace mémoire, choisissez même la version iPod ou iPhone.

> Astuce
>
> **Les formats vidéo**
>
> Le logiciel iTunes propose deux résolutions d'encodage. La première, destinée prioritairement aux iPod et iPhone, propose une résolution finale maximale de 640 x 480 pixels. La deuxième, destinée aux iPad et à Apple TV, réduit les formats HD à la résolution homothétique de 960 x 540. C'est une qualité située à mi-chemin entre le DVD et la haute définition. C'est également la résolution de l'écran de l'iPhone 4 (960 x 640). Il s'agit donc de l'encodage à privilégier pour avoir une compatibilité maximale entre les différents appareils de la Pomme.

REGARDER DES VIDÉOS SANS LES COPIER DANS L'IPAD

De tous les fichiers multimédias, les vidéos sont de loin les plus lourdes. Un film complet pèse entre 1 et 2 Go. Sur le modèle d'entrée de gamme de l'iPad, il est inenvisageable de stocker toute sa vidéothèque.

Une solution fort pratique permet d'accéder à une infinité de séquences sans les copier sur la tablette. Il s'agit du système Air Video, qui consiste en une application serveur du côté de l'ordinateur et une application de lecture sur l'iPad. Rigoureusement indispensable !

Sur l'ordinateur

1/ Avec votre ordinateur Mac ou PC, rendez-vous à l'adresse www.inmethod.com/air-video pour télécharger et installer l'application Air Video Server.

2/ Après installation, lancez l'application Air Video Server sur votre ordinateur.

3/ Une fenêtre de préférences s'ouvre, nommée **Air Video Server Properties**. Sous l'onglet **Shared Folders**, cliquez sur le bouton **Add iTunes Playlist** pour sélectionner une liste de lecture d'iTunes.

4/ Choisissez les listes une par une et cliquez sur **Add** à chaque fois pour les ajouter.

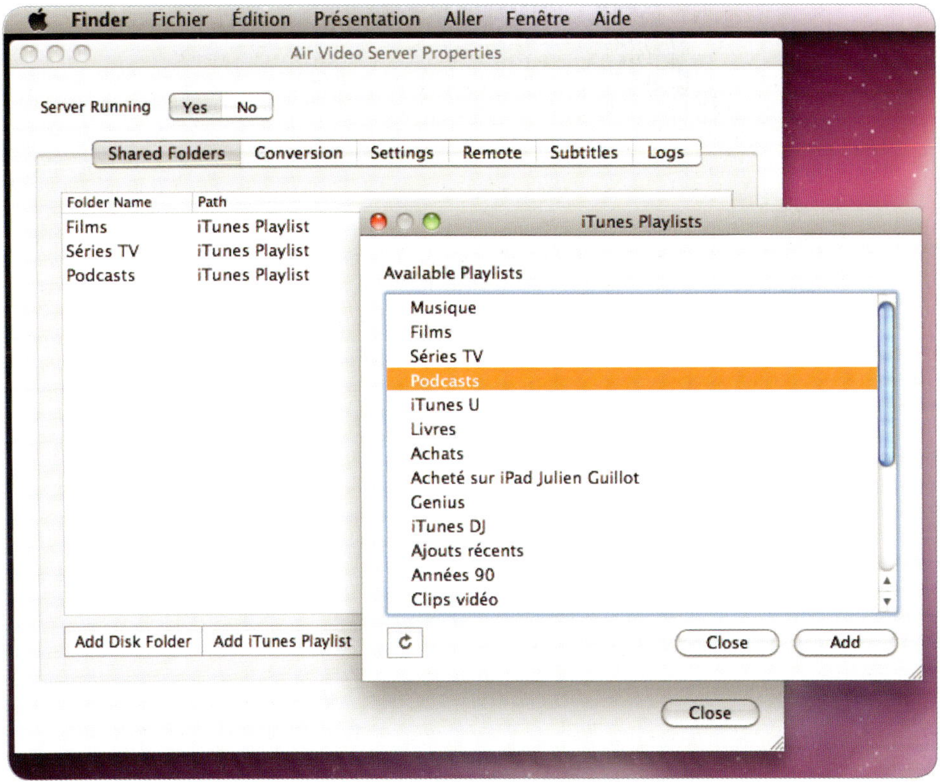

Choisissez une à une les listes de vidéos d'iTunes que vous voulez lire sur votre iPad

Les listes de vidéos que vous choisissez vont être rendues disponibles sur l'iPad sans que vous ayez à quitter l'ordinateur. Elles seront lues à travers le réseau.

1/ Cliquez sur le bouton **Add disk folder** pour ajouter un dossier de fichiers vidéo de votre disque dur.

2/ Sélectionnez une ligne et cliquez sur **Remove Selected** si vous voulez arrêter le partage d'un dossier ou d'une liste de lecture.

3/ Cliquez sur l'onglet **Settings** de la fenêtre **Air Video Server Properties**.

4/ Cochez la case *Start at login* pour que l'application soit lancée automatiquement dès que votre ordinateur est allumé.

5/ Cochez la case *Require Password* pour protéger l'accès à vos vidéos par un mot de passe.

6/ Cliquez sur le bouton **Set Password** pour définir ce mot de passe.

Gardez l'application serveur ouverte et protégez l'accès à vos vidéos par mot de passe

L'application Air Video Server doit tourner en tâche de fond pour vous permettre d'accéder sans fil à vos films depuis l'iPad. Rassurez-vous, tant que votre iPad n'y accède pas, elle ne consomme aucune ressource, votre Mac ou votre PC ne sera donc pas ralenti. Air Video autorise même un accès par Internet. Ainsi, votre tablette pourra accéder de n'importe où aux vidéos situées sur votre ordinateur à la maison.

1/ Cliquez sur l'onglet **Remote** de la fenêtre **Air Video Server Properties**.

2/ Cochez la case *Enable Access from Internet*. Si le routeur Wi-Fi de votre fournisseur d'accès le permet, vous pourrez accéder à votre ordinateur.

3/ Notez le numéro à droite de la phrase *This Server PIN*, vous devrez le copier dans votre iPad.

Lancez l'accès à vos vidéos à travers Internet

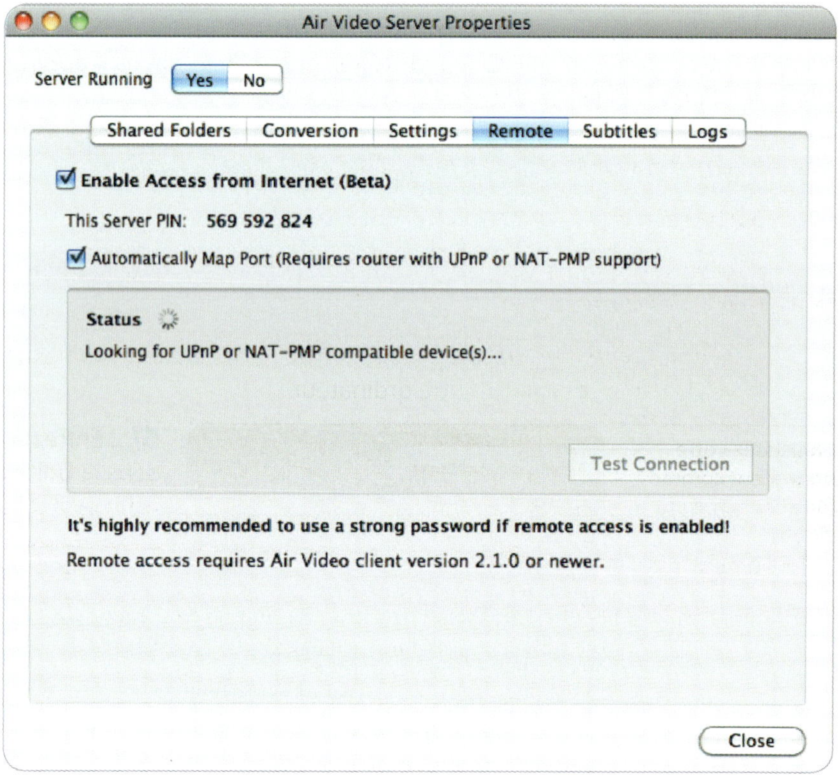

Vous pouvez désormais fermer la fenêtre de l'application Air Video Server, elle continuera à tourner en tâche de fond.

1/ Cliquez sur l'icône *Air Video Server* dans la barre de menus de Mac OS X ou dans la barre des tâches de Windows.

2/ Sélectionnez **Server Preferences** pour ouvrir la fenêtre **Air Video Server Properties** afin de changer les réglages.

3/ Sélectionnez **Stop Server** si vous voulez arrêter temporairement le partage. Vous pourrez le réactiver simplement en sélectionnant **Start Server**.

Contrôlez l'activité de l'application Air Video Server sur votre Mac ou PC à partir de ce menu

Sur l'iPad

Maintenant que vous avez bien configuré votre ordinateur, il faut vous occuper de la tablette. Si l'application Air Video Server est gratuite sur le Mac ou le PC, l'application de lecture pour iPhone et iPad est payante. Elle coûte 2,39 €.

1/ Téléchargez l'application Air Video sur l'App Store.

2/ Touchez son icône sur l'écran d'accueil pour la lancer.

3/ Touchez le bouton + dans le coin supérieur gauche de l'écran pour ajouter votre ordinateur à la liste des sources.

4/ La section *Computers on Local Network* liste les ordinateurs présents sur le même réseau local (Wi-Fi), touchez le nom de votre ordinateur.

Choisissez votre ordinateur comme fournisseur de vos vidéos

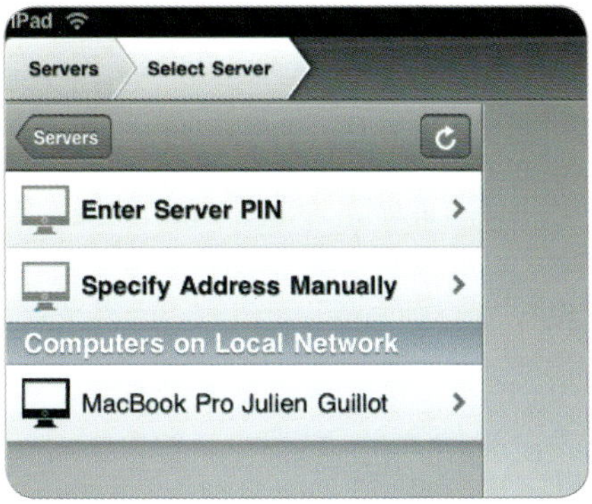

5/ Entrez votre mot de passe dans la boîte de dialogue qui s'affiche puis touchez le mot **Confirm**.

L'application Air Video affiche maintenant les différentes listes de lecture et dossiers de vidéos partagés par votre ordinateur.

1/ Touchez un dossier dans la liste pour afficher son contenu.

2/ Touchez un élément de la liste pour afficher son aperçu à droite de l'écran.

3/ Si la vidéo choisie est déjà dans un format directement lisible par l'iPad, vous pouvez toucher le bouton **Play** pour la lire.

4/ Touchez l'icône avec deux flèches, en bas à droite de la vidéo, pour l'afficher en plein écran.

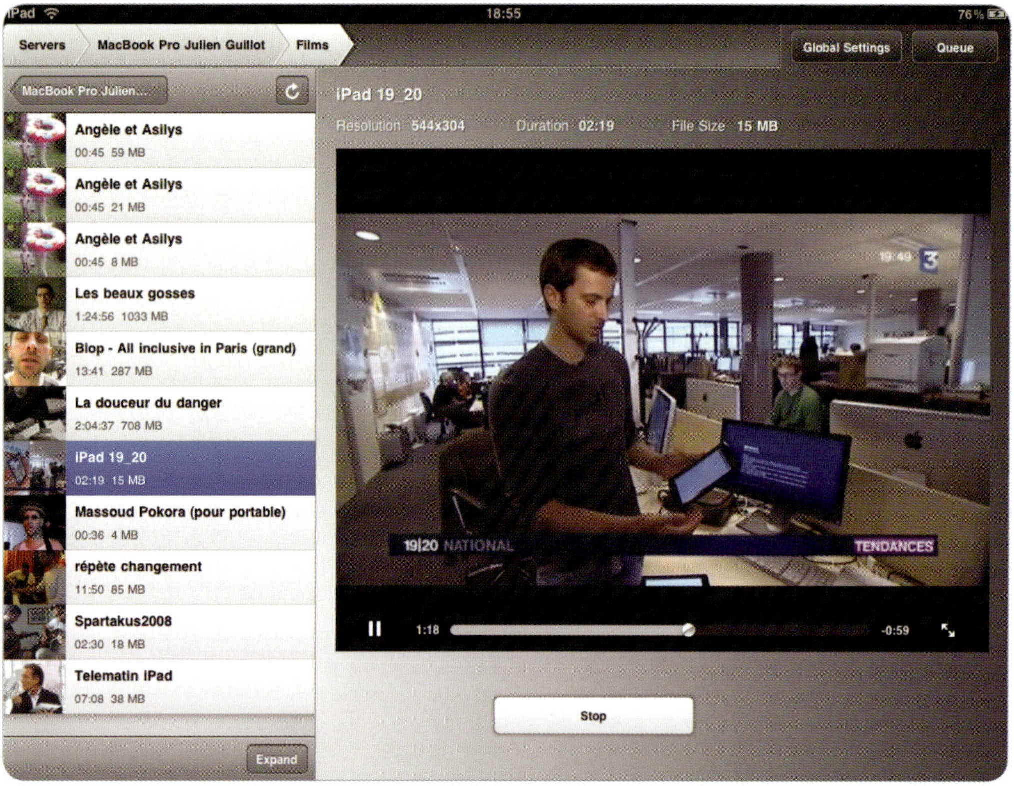

Lisez directement sur l'iPad une vidéo de votre bibliothèque iTunes

Outre les vidéos au bon format pour l'iPad, dans l'idéal MPEG 4 ou H264, l'application Air Video permet de lire d'autres formats, comme l'AVI, le DivX, le FLV, etc. C'est l'ordinateur qui s'occupe de convertir la vidéo en tâche de fond pour la diffuser vers l'iPad.

1/ Dans la liste des vidéos, touchez un dossier qui contient des fichiers à des normes différentes du MPEG 4.

2/ Sélectionnez un fichier d'un tel type. La vidéo s'affiche en aperçu à droite.

3/ Pour lire la vidéo immédiatement, touchez le bouton **Play with live conversion**. Au bout de quelques secondes, la vidéo s'affiche, vous pouvez également la regarder en plein écran.

Lisez une vidéo d'un format non reconnu par l'iPad grâce à la conversion à la volée

Air Video permet aussi d'afficher des sous-titres issus de fichiers *.srt* ou *.sub*, que l'on rencontre parfois sur Internet, notamment avec les séries américaines. C'est une fonctionnalité que ni iTunes ni l'iPad ne proposent.

1/ Dans l'application Air Video, sélectionnez un élément dont vous savez qu'il possède une piste de sous-titres associée, sous la forme d'un fichier *.srt* ou *.sub*.

2/ Touchez l'aperçu dans la zone de droite.

3/ Touchez le bouton **Subtitles** pour choisir parmi plusieurs sous-titres.

4/ Touchez la ligne *Automatic* dans le doute.

5/ Pour lire la vidéo, touchez le bouton **Play with live conversion**.

Affichez les sous-titres d'une vidéo

La conversion en temps réel est très efficace, mais elle nécessite un ordinateur d'une certaine puissance. En plus, cela induit une somme de calcul à un moment où peut-être quelqu'un d'autre dans la maison utilise l'ordinateur. La solution consiste à encoder à l'avance les vidéos dont le format n'est pas nativement reconnu par l'iPad.

1/ Sur l'iPad, sélectionnez une vidéo que vous voulez encoder à l'avance pour pouvoir la lire quand vous voulez.

2/ Touchez le bouton **Convert** situé sous l'aperçu. Un message vous confirme que la vidéo a été ajoutée à la file d'attente («conversion queue» en anglais).

3/ Recommencez la manipulation pour toutes les vidéos que vous voulez encoder.

Encodez à l'avance un ou plusieurs fichiers vidéo

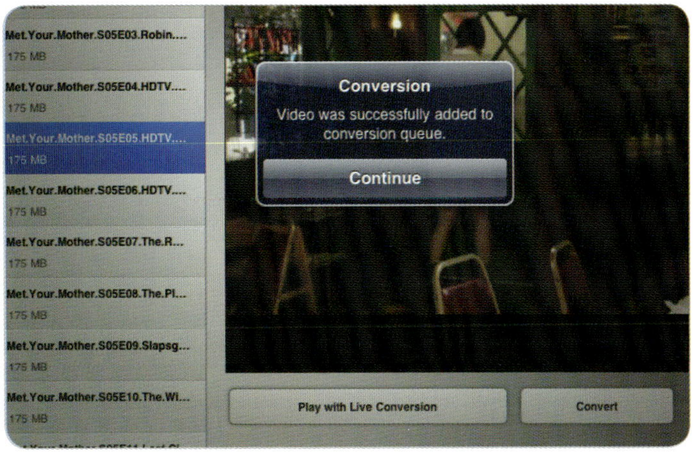

Une fois la file d'attente lancée, c'est votre ordinateur qui va travailler.

1/ Cliquez sur l'icône *Air Video* dans la barre des tâches de Windows ou bien dans la barre de menus de Mac OS X.

2/ Sélectionnez **Server Preferences**.

3/ Dans la fenêtre **Air Video Server Properties**, sélectionnez l'onglet **Conversion**. Une barre de progression indique où en est la conversion en cours et une liste affiche en dessous les fichiers qu'il reste à convertir.

4/ Une fois que les vidéos sont converties, il suffit de toucher le bouton **Play** au lieu de **Play with live conversion** pour profiter du fichier déjà encodé.

L'ordinateur convertit les vidéos pour les adapter aux capacités de l'iPad

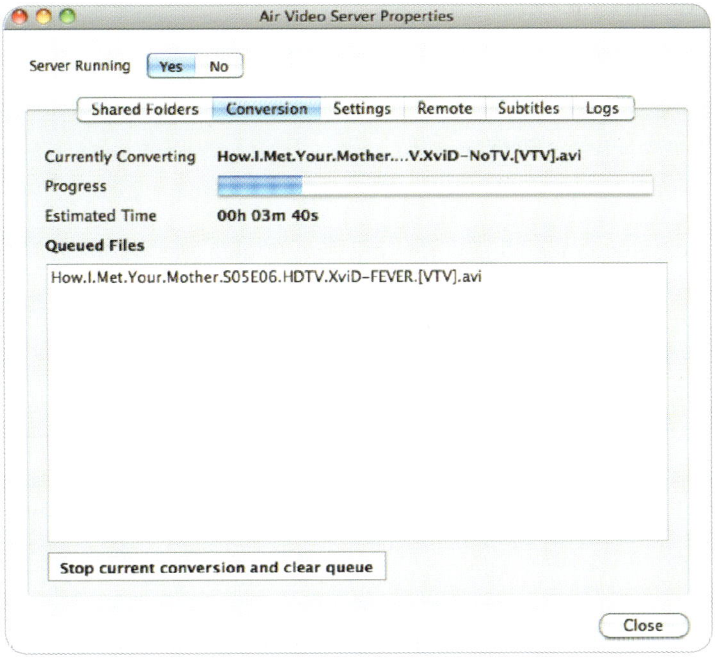

Vous pouvez définir la qualité d'encodage pour les vidéos dans la file d'attente. Le réglage s'effectue sur l'iPad, et non sur l'ordinateur.

1/ Dans l'application Air Video sur l'iPad, touchez le bouton **Global Settings** dans la partie supérieure droite de l'écran.

2/ Déplacez les curseurs *Max Width* et *Max Height* pour régler la largeur maximale et la hauteur maximale pour la conversion.

3/ Déplacez le curseur *Quality for offline conversion* pour choisir la qualité de la compression.

4/ Essayez plusieurs réglages pour trouver celui qui vous convient le mieux.

Contrôlez le résultat pour les conversions vidéo

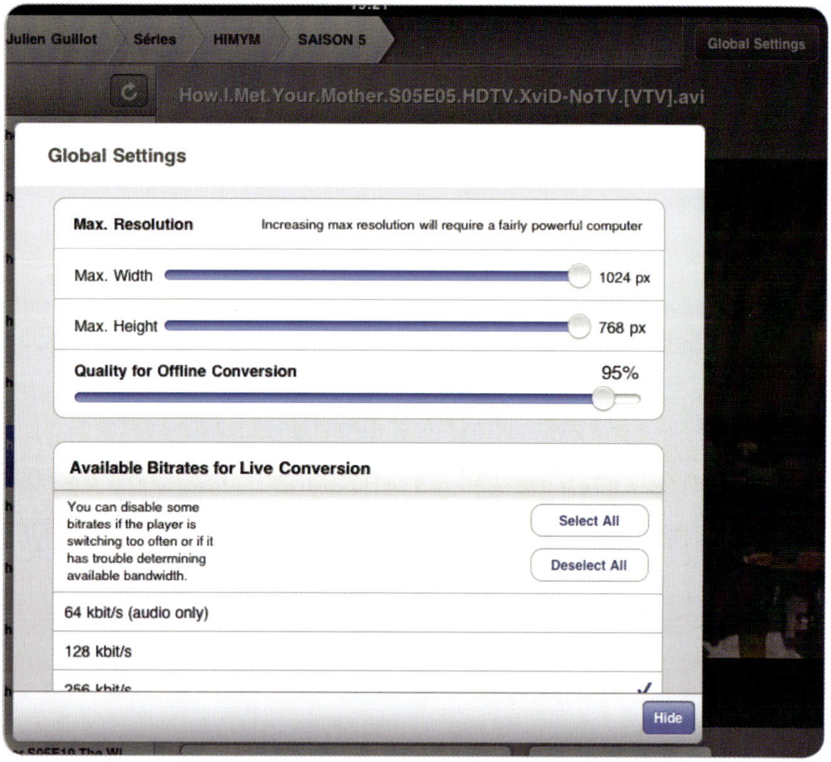

Astuce

Contrôlez l'avancement de l'encodage

Dans l'application Air Video sur l'iPad, touchez le bouton **Queue** dans la partie supérieure droite de l'écran. Vous pourrez constater l'avancement de l'encodage en cours et la liste des encodages restants. Touchez le bouton **Pause** pour soulager temporairement votre ordinateur. Touchez le bouton **Edit Queue** pour modifier l'ordre des encodages. Touchez le bouton **Hide** pour revenir à l'affichage de la liste des vidéos.

Gardez le contrôle sur la file d'attente d'encodage vidéo

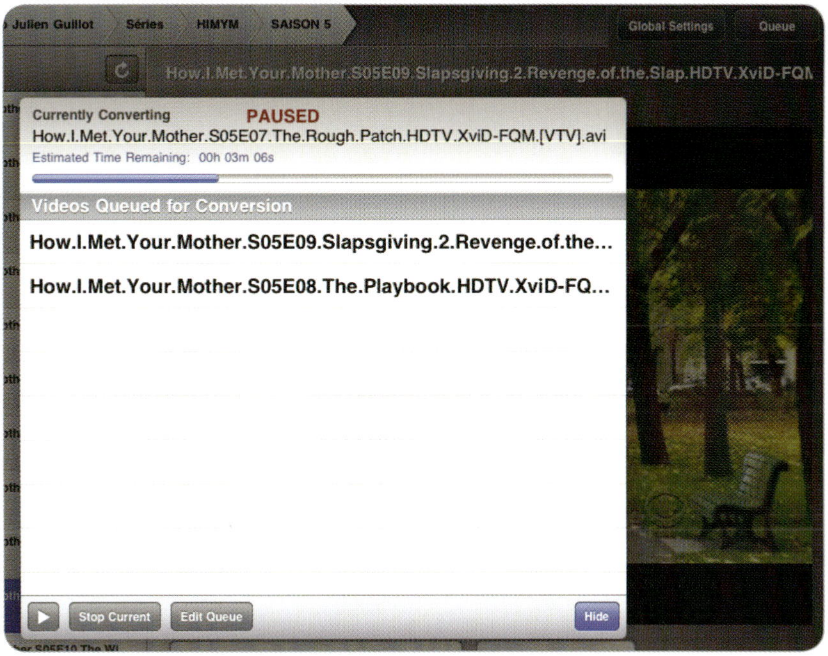

SYNCHRONISER LES PODCASTS

Le podcast est un moyen facile et rapide d'obtenir de nombreux contenus audio et vidéo gratuits sur l'iPad. Mais avant de les copier sur la tablette, il faut d'abord vous abonner à ces émissions sur votre ordinateur avec le logiciel iTunes.

● S'abonner sur iTunes

L'iTunes Store du Mac ou du PC permet de s'abonner aux émissions de podcasts, ce qui est impossible depuis l'iPad. Ainsi, dès qu'un nouvel épisode est disponible, il est automatiquement téléchargé. Et avec la synchronisation, il sera même copié automatiquement sur l'iPad. Branchement régulier obligatoire !

1/ Lancez iTunes sur votre Mac ou votre PC.

2/ Dans la section *Store*, cliquez sur *iTunes Store*.

3/ Dans la barre de menus située dans le haut de la fenêtre de la boutique, cliquez sur le bouton **Podcasts**.

4/ Naviguez dans les catégories et sélectionnez une émission en cliquant sur son icône.

5/ La page de l'émission s'affiche en grand. Vous pouvez immédiatement obtenir un extrait de l'émission et télécharger certains épisodes.

6/ Cliquez sur le bouton **Gratuit** situé sous l'icône de l'émission, dans le coin supérieur gauche. iTunes commence à télécharger les derniers épisodes.

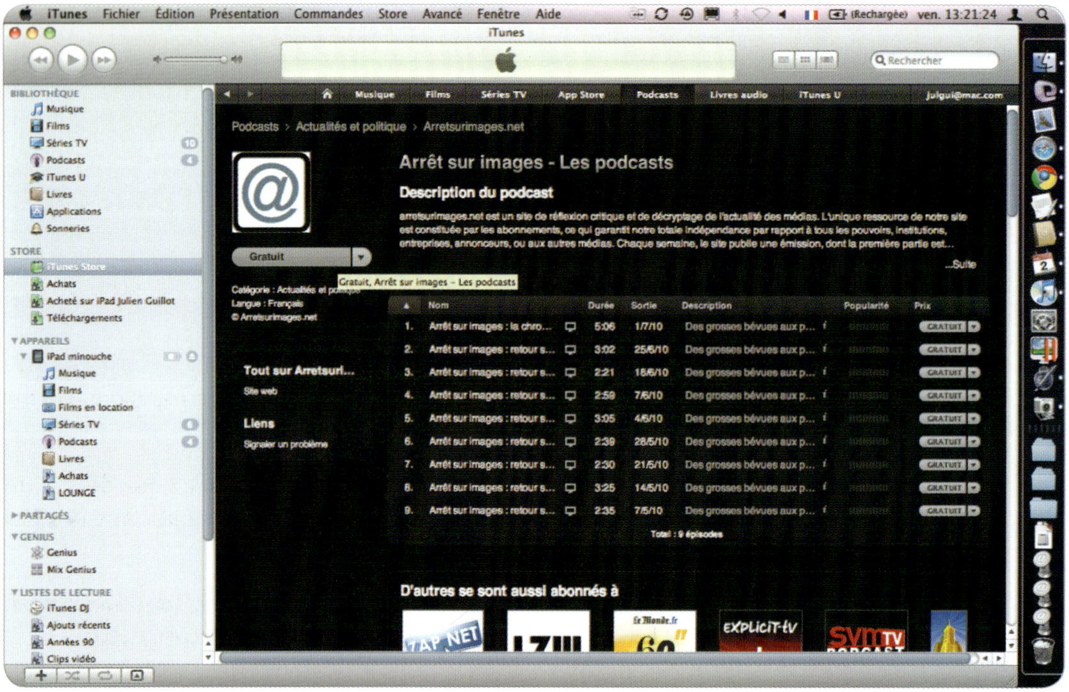

Sélectionnez une émission et abonnez-vous en cliquant sur Gratuit

Maintenant que vous êtes abonné à une ou plusieurs émissions, il faut définir quelques réglages pour éviter que votre disque dur ne se remplisse inconsidérément au fil des jours.

1/ Sélectionnez l'élément *Podcasts* dans la section *Bibliothèque* de la colonne de gauche d'iTunes. La liste des émissions s'affiche sous forme de vignettes. Le nombre de nouveaux épisodes s'affiche dans une pastille bleue située au coin supérieur droit de la vignette. Le nombre global de nouveaux épisodes s'affiche en regard du mot *Podcasts* dans la colonne de gauche.

2/ Cliquez sur le bouton **Réglages** situé en bas de la fenêtre.

La liste de vos podcasts et l'accès aux réglages

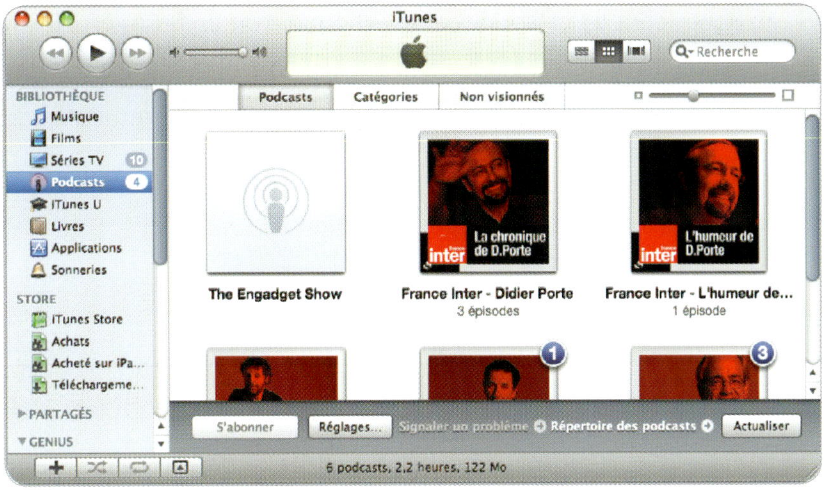

Il faut maintenant affiner le comportement d'iTunes vis-à-vis des nouveaux épisodes mis en ligne par leurs diffuseurs.

1/ Définissez une fréquence de mise à jour dans le premier menu *Rechercher de nouveaux épisodes*. L'option *Tous les jours* est un bon compromis.

2/ Dans le menu *Réglages de*, sélectionnez *Réglages de podcasts par défaut* pour définir un comportement global qui sera appliqué à tous les podcasts auxquels vous êtes abonné et aussi aux nouveaux auxquels vous allez vous abonner.

3/ Dans le menu *Lorsque de nouveaux épisodes sont disponibles*, sélectionnez *tout télécharger*. Tous les épisodes encore en ligne que vous n'avez pas déjà téléchargés seront importés.

4/ Dans le menu *Épisodes à conserver*, choisissez *les 3 derniers épisodes*. De cette manière, votre disque dur ne sera pas envahi par des dizaines d'émissions en attente d'être vues.

5/ Validez en cliquant sur OK.

Définissez les réglages de téléchargement des podcasts

Vous pouvez définir un réglage particulier pour chaque émission, qui se substitue alors aux règles globales. Si par exemple vous vous abonnez à un podcast musical, vous aurez peut-être envie de conserver chaque épisode, et non les trois derniers. Au contraire, si vous vous abonnez au journal télévisé, seul le dernier en date est susceptible de vous intéresser.

1/ Cliquez sur le bouton **Réglages** pour ouvrir la fenêtre éponyme.

2/ Dans le menu *Réglages de*, choisissez l'émission pour laquelle vous désirez une stratégie de téléchargement différente.

3/ Décochez la case *Réglages par défaut*.

4/ Dans le menu *Épisodes à conserver*, sélectionnez par exemple *tous les épisodes non lus*. De cette manière, vous êtes sûr de ne rien rater, tout en évitant de conserver des émissions déjà téléchargées.

5/ Validez en cliquant sur OK.

Attribuez un mode de fonctionnement spécifique pour chaque émission

World

Les origines du podcasting

La technique du podcasting est maintenant bien répandue et largement utilisée par les diffuseurs souhaitant partager leurs émissions de radio ou de télévision. Pourtant au départ, il s'agissait de contourner un manque criant des baladeurs d'Apple. Comme l'iPod n'avait pas d'accès à Internet ni de récepteur FM intégré, il ne pouvait accéder à la radio. Pour contourner cette limitation, des internautes imaginent un système d'abonnement gratuit par le biais duquel ils téléchargent les émissions puis les synchronisent avec l'iPod pour les écouter plus tard. Au fil du temps, ce mode de consommation de contenus s'est étendu à la vidéo. Il a connu une grande évolution au moment où Apple a intégré un annuaire universel des podcasts au sein même d'iTunes.

● Synchroniser sur l'iPad

Synchroniser les podcasts

Chaque fois qu'un nouvel épisode de podcast est disponible, iTunes le télécharge automatiquement. Si le disque dur de votre ordinateur peut aisément stocker des dizaines de gigaoctets de données, ce n'est pas encore le cas de l'iPad. Il vous faut donc bien gérer vos abonnements et leur synchronisation.

1/ Branchez votre iPad sur votre ordinateur, lancez iTunes et sélectionnez votre iPad dans la section *Appareils*.

2/ Sélectionnez l'onglet **Podcasts**.

3/ Cochez la case *Synchroniser les podcasts*.

4/ Cochez la case *Inclure automatiquement*.

5/ Dans le premier menu, choisissez *Les 3 plus récents non lus*.

6/ Dans le second menu, choisissez *des podcasts sélectionnés*.

7/ Dans la section *Podcasts*, cochez ceux que vous voulez synchroniser.

8/ La colonne de droite grise les épisodes automatiquement synchronisés, cochez ceux que vous voulez copier en plus.

Copiez les dernières émissions de podcasts

Télécharger des podcasts depuis l'iPad

L'abonnement à des émissions de podcasts passe obligatoirement par l'ordinateur (Mac ou PC) et iTunes. En revanche, vous pouvez aisément télécharger une à une les émissions sur votre iPad depuis l'iTunes Store.

1/ Touchez l'icône *iTunes* sur l'écran d'accueil de l'iPad.

2/ Touchez le bouton **Podcasts** en bas de l'écran.

3/ Sélectionnez une émission dans la liste de podcasts et touchez-la. Une fenêtre d'informations s'affiche avec la liste de tous les épisodes disponibles.

4/ Touchez le nom d'un épisode pour accéder à un aperçu audio ou vidéo selon le type de podcast.

5/ Touchez le bouton **Gratuit** à droite du nom de l'épisode. Il est automatiquement ajouté à la file d'attente des téléchargements.

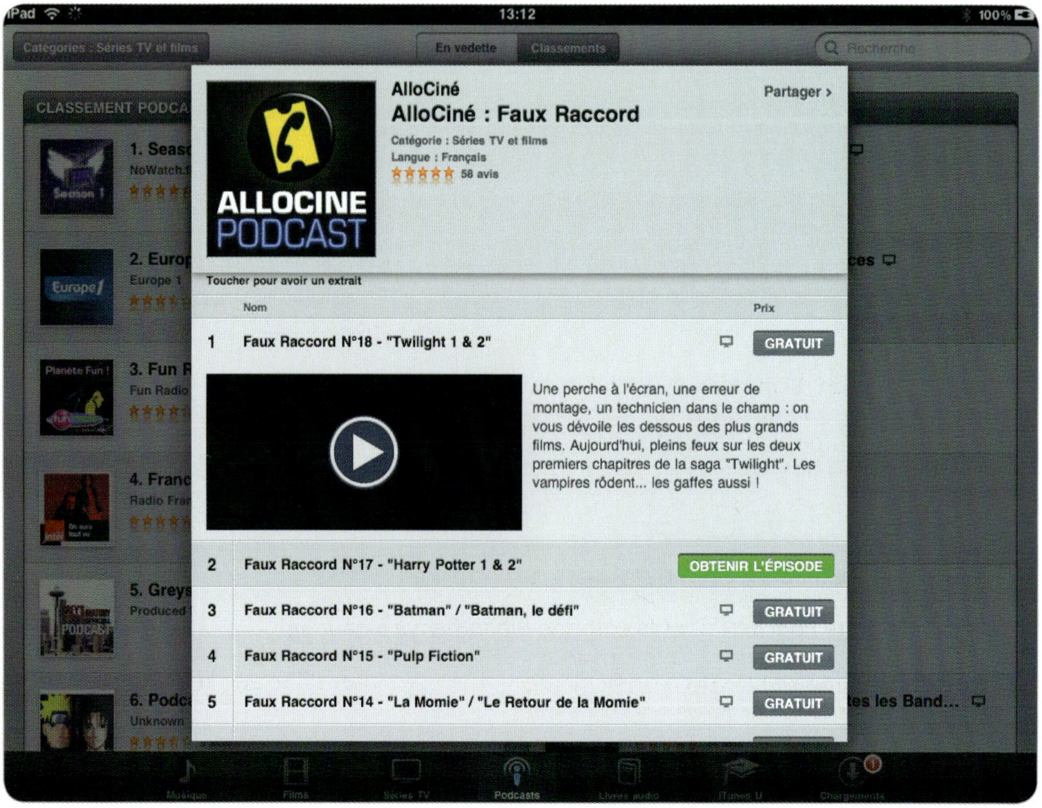

Téléchargez les épisodes à la carte

Pour naviguer dans les émissions diffusées en podcast, vous pouvez utiliser les outils situés dans la barre supérieure de l'écran.

- Le bouton **Catégories** à gauche permet de lister les émissions dans un même domaine thématique.
- Le bouton **En vedettes** signale les émissions sélectionnées par iTunes.
- Le bouton **Classements** permet de consulter la liste des émissions les plus populaires dans deux catégories : les podcasts audio (radio) et les podcasts vidéo (télévision).
- Touchez le champ *Recherche* pour trouver une émission à partir d'une requête textuelle.

Trouvez rapidement un podcast dans toutes les émissions disponibles

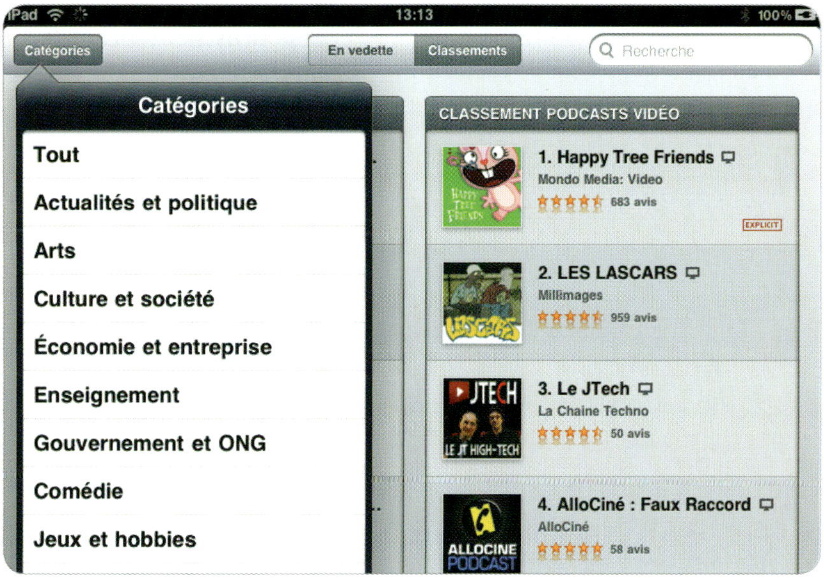

Effacer les épisodes un par un

Sur l'iPad, vous n'avez pas besoin de passer par la synchronisation avec iTunes après avoir visionné des émissions. Il est facile de les effacer de la tablette. Vous regagnez alors instantanément de la place libre dans la mémoire interne.

1/ Touchez l'icône *iPod* sur l'écran d'accueil de votre iPad.

2/ Touchez la ligne *Podcasts* dans la colonne *Bibliothèque* à gauche.

3/ Touchez un épisode dans la colonne de droite pour l'écouter. L'illustration s'affiche alors en plein écran.

4/ Une fois l'épisode terminé, revenez à la liste en touchant le bouton en forme de flèche, dans la partie inférieure gauche de l'écran.

5/ Repérez l'épisode que vous avez déjà écouté et que vous voulez effacer.

6/ Faites glisser votre doigt de gauche à droite sur la ligne de l'épisode.

7/ Un bouton **Supprimer** apparaît à droite du nom de l'épisode. Touchez-le pour valider l'effacement. Touchez l'écran n'importe où ailleurs pour annuler la procédure.

Effacez un épisode de podcast d'une pichenette

Les podcasts s'affichent soit dans l'application iPod, soit dans l'application Vidéos, selon qu'ils sont audio ou vidéo.

Effacer un épisode vidéo

Pour effacer un podcast vidéo, il existe deux méthodes.

1/ Lancez l'application Vidéos en touchant son icône sur l'écran d'accueil de l'iPad.

2/ Touchez l'onglet **Podcasts**.

3/ Touchez l'émission voulue. La liste des épisodes s'affiche.

4/ Faites glisser votre doigt de gauche à droite sur la ligne d'un épisode pour faire apparaître le bouton **Supprimer**.

5/ Touchez le bouton **Supprimer** pour effacer définitivement l'épisode.

Effacez un épisode vidéo

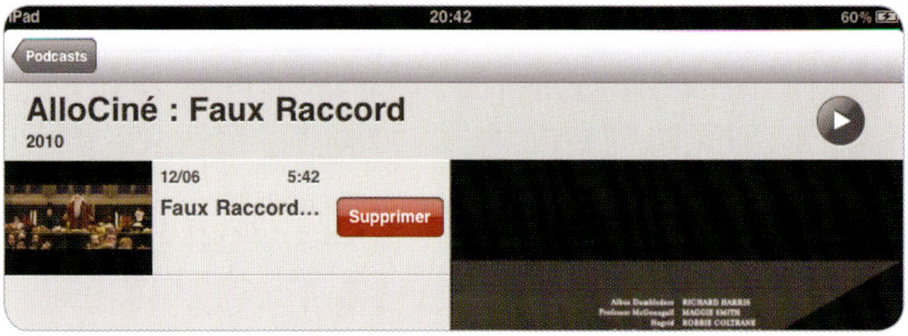

Vous pouvez aussi effacer globalement tous les épisodes d'une même émission.

1/ Lancez l'application Vidéos en touchant son icône sur l'écran d'accueil de l'iPad.

2/ Touchez l'onglet **Podcasts**.

3/ Posez votre doigt sur l'icône d'une émission et laissez-le appuyé quelques secondes. Une croix apparaît en haut à gauche de l'icône de l'émission.

4/ Touchez la croix pour effacer l'émission. Validez le message de confirmation en touchant **Supprimer**.

CONTRÔLER LE POIDS DES APPLICATIONS

Les applications téléchargées sur l'App Store peuvent peser parfois très lourd, plusieurs centaines de mégaoctets. Et au sein même de ces applications, vous pouvez créer des fichiers qui vont être stockés dans la mémoire de l'iPad.

Pour contrôler l'occupation mémoire des applications, iTunes est fort limité, mais peut vous rendre quelques services.

1/ Branchez l'iPad à l'ordinateur pour lancer iTunes.

2/ Sélectionnez votre iPad dans la liste des appareils.

3/ Cliquez sur l'onglet **Résumé**.

4/ Regardez la zone *Capacité* en bas de la fenêtre avec le graphique coloré.

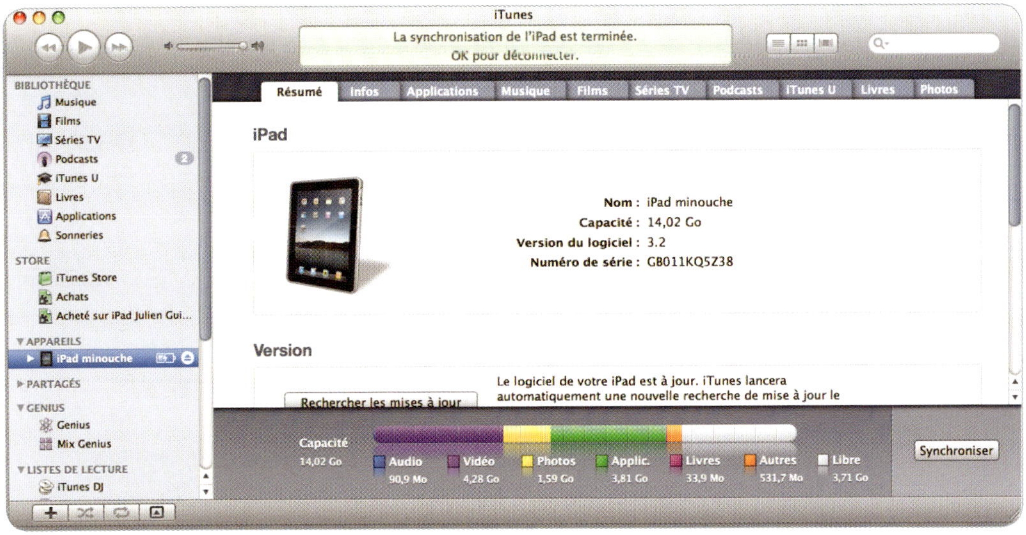

Le bas de la fenêtre d'iTunes détaille l'occupation mémoire de votre iPad

La barre distingue par un code couleur les différents contenus qui occupent de la place sur la tablette. Notez que la capacité réelle formatée de l'iPad est de 14,02 Go, et non pas de 16 Go.

- *Audio* correspond à tous les documents synchronisés avec l'application iPod, à savoir les morceaux de musique, les podcasts et les livres audio.
- *Vidéo* correspond à tous les documents synchronisés avec l'application Vidéos de l'iPad, à savoir les films, les séries TV, les podcasts vidéo et les podcasts iTunes U.
- *Photos* correspond à toutes les photos synchronisées sur l'iPad par iTunes, mais également aux photos enregistrées par les applications dans la pellicule de l'iPad, ainsi qu'aux images importées par le kit de connexion appareil photo.
- *Applic.* correspond à la place occupée par toutes les applications synchronisées avec l'iPad. Cela inclut également les données associées à ces applications. Par exemple, les applications Deezer ou Spotify vont inclure tous les morceaux disponibles hors ligne.
- *Livres* correspond à tous les livres de l'application iBooks.
- *Autres* correspond aux données du système, par exemple le courrier électronique.
- *Libre* correspond à l'emplacement mémoire disponible qui n'est occupé par aucune donnée.

Par défaut, à chaque section est associé un nombre correspondant à l'occupation mémoire en mégaoctets ou en gigaoctets.

1/ Cliquez n'importe où dans la zone *Capacité* pour changer le mode d'affichage. Les nombres désignent maintenant des éléments logiques, et non leur simple taille : le nombre de morceaux pour *Audio*, le nombre d'éléments pour *Vidéo*, le nombre d'images pour *Photos*, le nombre de logiciels pour *Applic.* et le nombre de livres pour *Livres*.

2/ Cliquez à nouveau n'importe où dans la zone *Capacités*. Cette fois, les sections *Audio* et *Vidéo* affichent la durée totale en minutes, heures ou jours de toutes les données copiées.

La zone Capacité liste le nombre d'éléments pour chaque section

Maintenant que vous avez une estimation de l'occupation mémoire des applications sur votre iPad, il est temps de les contrôler au cas par cas.

1/ Branchez l'iPad à l'ordinateur pour lancer iTunes.

2/ Sélectionnez votre iPad dans la liste des appareils.

3/ Cliquez sur l'onglet **Applications**.

4/ Sous la mention *Synchroniser les applications*, cliquez sur le menu *Trier par nom* pour sélectionner *Trier par taille*.

Affichez les applications triées par taille

Les applications sont maintenant classées de la plus lourde à la plus légère.

1/ Repérez le poids de chaque application, indiqué à droite du nom dans la liste.

Décochez les applications qui prennent de la place et dont vous n'avez pas forcément l'utilité

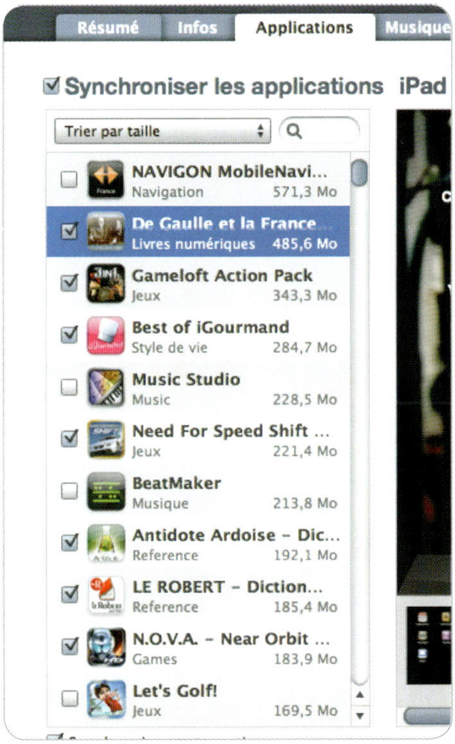

2/ Évaluez l'intérêt de chaque application par rapport à son occupation mémoire. Une application iPhone de navigation GPS pèse entre plusieurs centaines de mégaoctets et quelques gigaoctets. Elle sera de peu d'utilité sur un iPad Wi-Fi dépourvu de puce GPS.

3/ Décochez chaque application que vous ne voulez pas copier sur l'iPad.

4/ Cliquez sur le bouton **Appliquer** dans la partie inférieure droite de la fenêtre d'iTunes.

> Astuce
>
> **Évitez les applications de l'iPhone**
>
> L'iPad est capable de faire tourner les applications prévues pour l'iPhone. Elles s'affichent alors soit en taille réelle au milieu de l'écran de l'iPad, soit en zoom x2 en plein écran par grossissement des pixels (un pixel de l'iPhone est affiché sur quatre pixels de l'iPad). Néanmoins, l'intérêt d'utiliser des applications iPhone est vite limité pour plusieurs raisons. Tout d'abord, de nombreuses applications iPhone ne sont que des adaptations de sites Internet pour son petit écran. Sur l'iPad, il vaut mieux par exemple aller directement sur le site de Facebook, au lieu de passer par l'application iPhone. Ensuite, de nombreuses applications iPhone utilisent des capacités propres au téléphone, comme la possibilité de prendre des photos ou bien tout simplement de téléphoner. Si vous avez un iPad Wi-Fi qui n'accède pas à Internet en permanence, vous pouvez également vous passer de toutes les applications pratiques qui vous indiquent des services à proximité (restaurants, banques, vélos en libre service…), ainsi que de toutes les applications qui utilisent le GPS. Enfin, vérifiez sur l'App Store que vos applications iPhone favorites n'existent pas en version iPad. Cela ne vous fera pas gagner de la place, mais au moins vous exploiterez pleinement les capacités de l'écran de l'iPad.

EXPLOITER LA FONCTION PARTAGE DE FICHIERS

Les développeurs d'applications pour l'iPad s'appuient sur le fait qu'il est possible de profiter de l'interface d'iTunes pour échanger des fichiers entre la tablette et l'ordinateur. Si vous utilisez de telles applications, pensez à vérifier régulièrement les fichiers qui y sont associés.

1/ Branchez l'iPad à l'ordinateur pour lancer iTunes.

2/ Sélectionnez votre iPad dans la liste des appareils.

3/ Cliquez sur l'onglet **Applications**.

4/ Faites défiler la fenêtre en bas de la page. La section *Partage de fichiers* apparaît avec une liste des applications concernées à gauche et la zone de documents à droite.

5/ Sélectionnez une application dans la liste. Ici, il s'agit de *Sonorasaurus Rex*, une application de disc-jockey.

6/ Glissez-déposez des fichiers sur la zone d'échange à droite. Vous pouvez également les copier en cliquant sur **Ajouter** et en les sélectionnant dans la boîte de dialogue.

7/ Cliquez sur le bouton **Synchroniser** pour prendre en compte les changements.

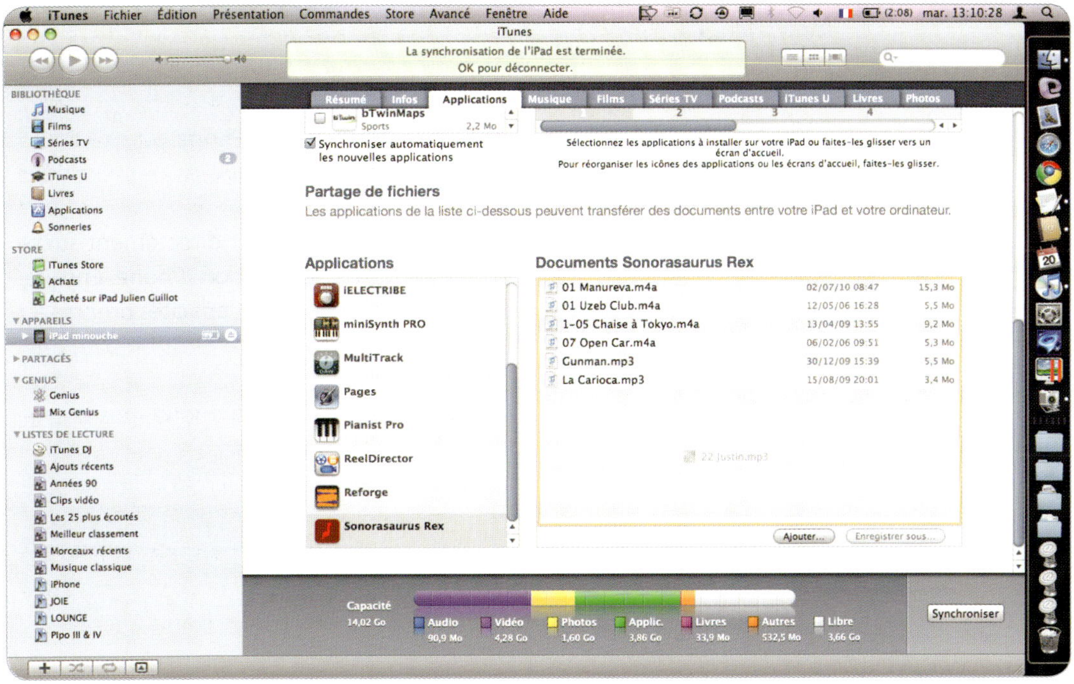

Copiez des fichiers vers une application de l'iPad

Si vous pouvez copier des fichiers de l'ordinateur vers l'iPad, vous pouvez aussi récupérer des créations réalisées sur l'iPad pour les récupérer sur votre ordinateur.

1/ Branchez l'iPad à l'ordinateur pour lancer iTunes.

2/ Sélectionnez votre iPad dans la liste des appareils.

3/ Cliquez sur l'onglet **Applications**.

4/ Faites défiler la fenêtre en bas de la page jusqu'à la section *Partage de fichiers*.

5/ Sélectionnez une application, ici *Pages*, un traitement de texte.

6/ Repérez la liste des fichiers créés dans la zone à droite.

7/ Sélectionnez le nom d'un fichier et cliquez sur **Enregistrer sous** pour choisir un emplacement de sauvegarde sur votre ordinateur.

8/ Vous pouvez également le glisser-déposer directement vers un dossier sur votre Bureau.

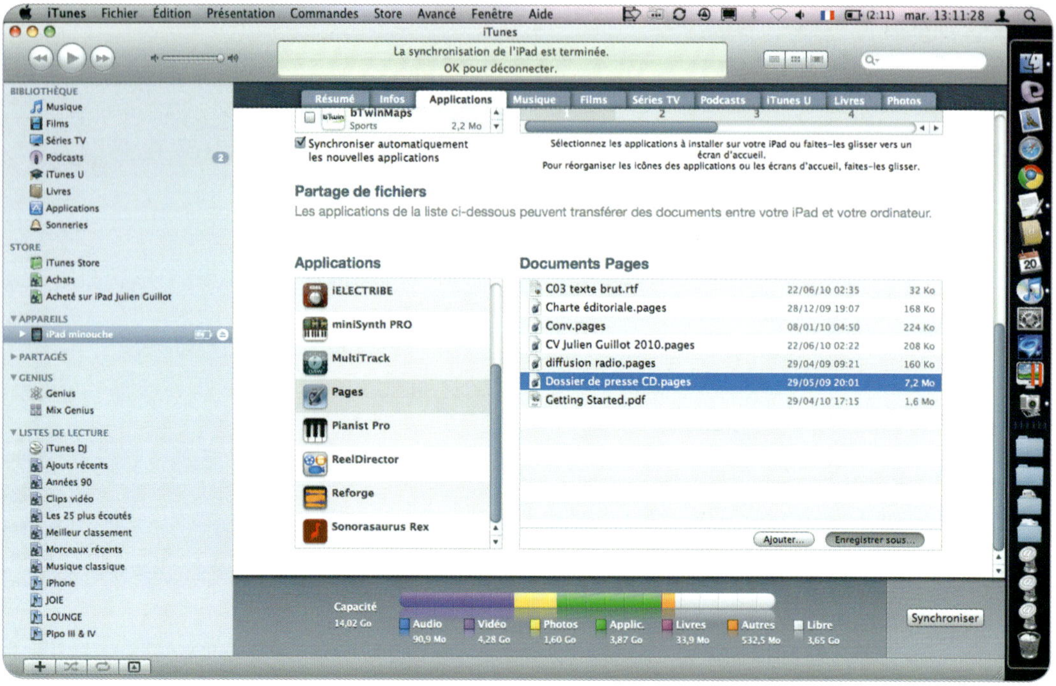

Sauvegardez des fichiers créés depuis une application

Enfin, vous pouvez évidemment effacer les fichiers présents dans ces applications, toujours en utilisant la fonction **Partage de fichiers**.

1/ Branchez l'iPad à l'ordinateur pour lancer iTunes.

2/ Sélectionnez votre iPad dans la liste des appareils.

3/ Cliquez sur l'onglet **Applications**.

4/ Faites défiler la fenêtre en bas de la page jusqu'à la section *Partage de fichiers*.

5/ Sélectionnez une application.

6/ Cliquez sur les fichiers que vous voulez supprimer et appuyez sur la touche Suppr du clavier.

7/ Validez le message de confirmation.

8/ Cliquez sur **Synchroniser** pour valider les changements.

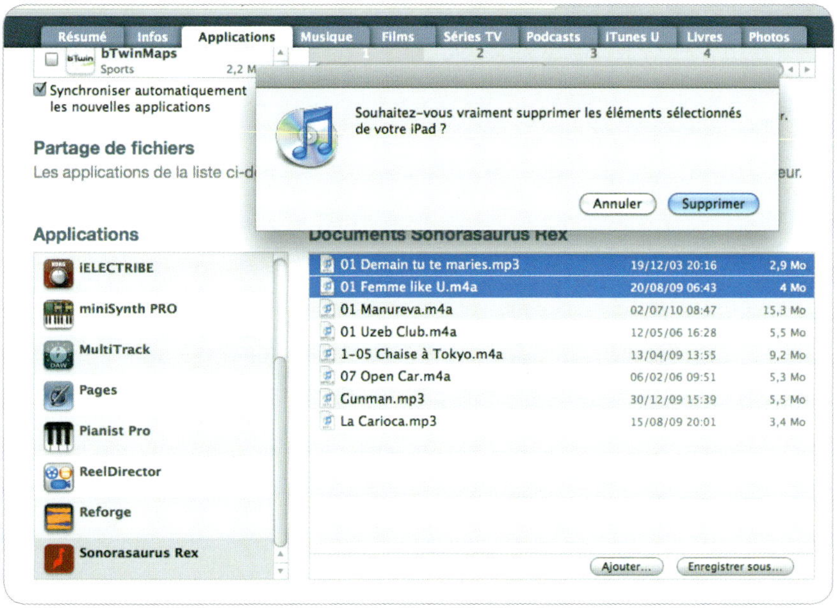

Effacez les fichiers associés à une application

STOCKER EN LIGNE

L'informatique s'oriente de plus en plus vers le nomadisme, avec des terminaux mobiles de plus en plus portables. De nombreux services sont maintenant déportés du bureau. Ce ne sont plus des logiciels intégrés qui fournissent un service, mais des serveurs en ligne.

La capacité de stockage relativement faible des téléphones, baladeurs et autres tablettes incite à utiliser le réseau comme support de stockage privilégié. Voici trois solutions de stockage en ligne performantes.

● MobileMe

Apple propose un ensemble de services en ligne baptisé MobileMe, au prix de 79 € par an. Il comprend notamment une adresse de courrier électronique, un système de synchronisation de données personnelles (contacts, calendriers), un service de géolocalisation pour retrouver un appareil (iPhone, iPod, iPad) perdu ou volé, et également un disque dur en ligne de 20 Go accessible depuis le Mac, le PC, et tout terminal sous le système iOS. Avec l'iPad, cela passe par l'application iDisk.

1/ Téléchargez gratuitement iDisk sur l'App Store.

2/ Touchez son icône sur l'écran d'accueil pour le lancer.

3/ Entrez vos identifiant et mot de passe MobileMe. Vous accédez alors à l'intégralité de votre disque dur en ligne et à son contenu.

4/ Touchez un fichier dans la liste à gauche. Un aperçu s'affiche dans la zone droite de l'écran.

5/ Touchez le bouton **i** dans la partie supérieure droite de l'écran pour afficher des informations complémentaires sur le fichier.

6/ Touchez le bouton **Corbeille** pour effacer le fichier. Vous devrez valider un message de confirmation.

7/ Touchez le bouton avec un carré et une flèche pour ouvrir le fichier dans une autre application de l'iPad. Si plusieurs applications sont compatibles, un menu affichera la liste.

8/ Touchez le bouton en forme d'onde pour envoyer un lien de partage par courrier électronique. Vous devrez ensuite toucher le bouton **Partager** et **Envoyer le lien** pour écrire le message et choisir un correspondant.

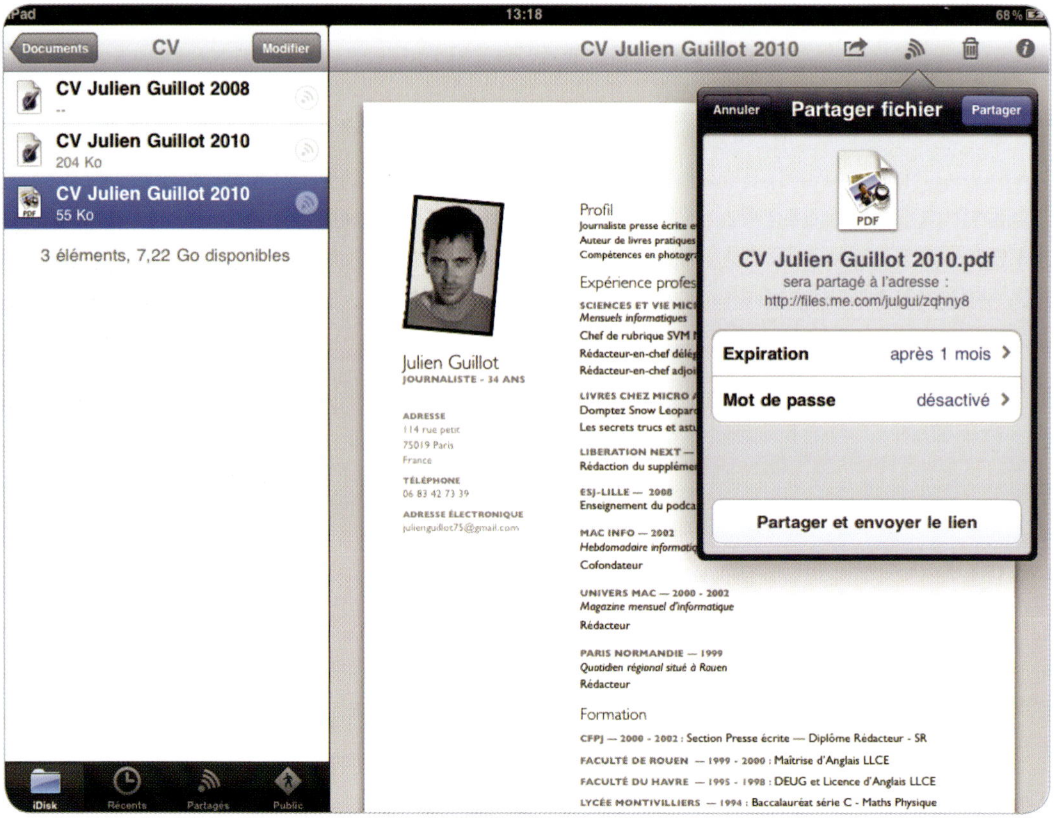

Consultez et partagez les fichiers situés sur votre iDisk avec l'application MobileMe

Astuce

Vertical ou horizontal

L'application iDisk respecte les recommandations d'Apple pour la présentation des applications. Tenez l'iPad en mode Paysage : une liste de navigation s'affiche en permanence sur la gauche de l'écran. Tenez-le en mode Portrait : la liste disparaît pour laisser toute la place au contenu. Pour afficher à nouveau la liste, il convient de toucher le bouton baptisé **iDisk**, situé dans la partie supérieure gauche de l'écran. Dans la liste, la navigation s'effectue par colonnes, comme sous Mac OS X. À chaque fois que vous touchez un dossier, c'est son contenu qui est affiché dans la liste. Pour revenir au dossier parent, touchez le bouton situé dans la partie supérieure gauche de l'écran, qui porte le nom de ce dossier. Cette navigation a l'avantage d'être rapide et de ne pas prendre une place trop importante à l'écran.

DropBox

Le service DropBox est gratuit pour une capacité limitée à 2 Go, et payant pour des capacités supérieures. Connectez-vous au site www.dropbox.com pour créer un compte.

1/ Sur la page d'accueil, cliquez sur **Download DropBox** pour télécharger le pilote pour Mac ou pour PC.

2/ Suivez les instructions pour installer le logiciel sur votre ordinateur.

3/ Lancez l'application DropBox et suivez les indications à l'écran pour créer un compte.

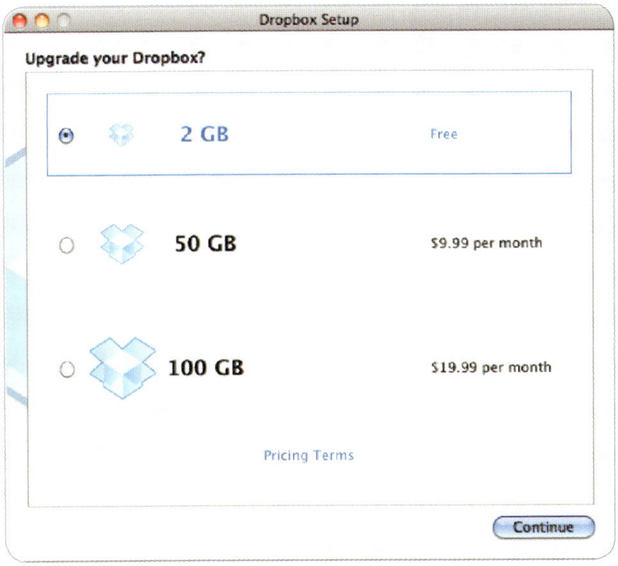

Accédez gratuitement à 2 Go de stockage en ligne

4/ Choisissez l'une des trois offres de stockage (gratuit pour 2 Go) et cliquez sur **Continue**. Un dossier *DropBox* est créé sur votre ordinateur, il est automatiquement synchronisé avec le service en ligne. Tout fichier copié à l'intérieur sera également accessible en ligne.

Avec votre compte DropBox, vous pouvez utiliser l'interface du site pour téléverser des fichiers depuis n'importe quel ordinateur. Sur l'iPad, vous pouvez accéder à votre dossier *DropBox* grâce à une application gratuite qui fonctionne à la façon de l'application iDisk.

1/ Téléchargez gratuitement DropBox sur l'App Store.

2/ Touchez son icône sur l'écran d'accueil pour lancer l'application.

3/ Entrez vos identifiant et mot de passe correspondant au compte DropBox que vous avez créé.

4/ Touchez le bouton **Log in**. La colonne de gauche liste les dossiers et fichiers de votre compte. La zone de droite affiche l'aperçu du fichier sélectionné.

5/ Touchez un fichier pour l'afficher dans la zone de droite. Cliquez sur le bouton en forme de maillon dans le coin supérieur droit, pour envoyer un lien à un ami afin de partager le fichier.

6/ Touchez le bouton en forme de carré et de flèche pour choisir une autre application de l'iPad afin d'ouvrir le fichier en question.

Accédez à vos fichiers en ligne et partagez-les avec vos amis

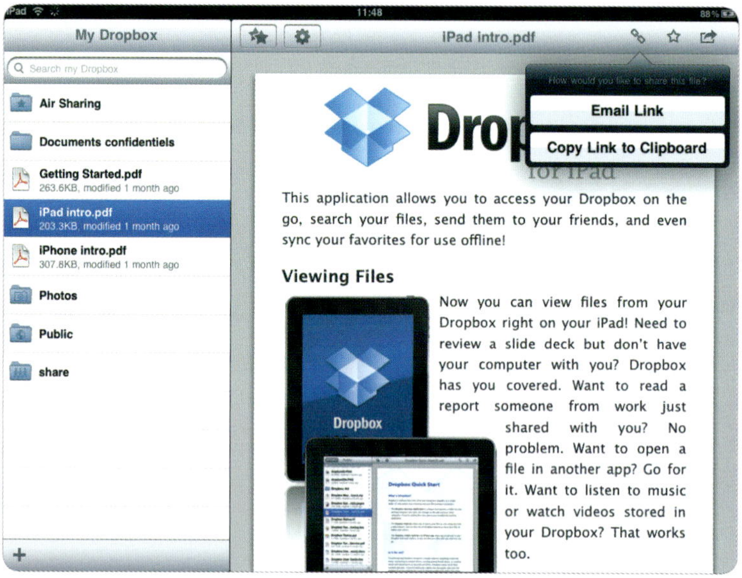

Avec l'application DropBox sur l'iPad, vous pouvez aussi envoyer des fichiers en ligne, mais uniquement des photos ou vidéos.

Envoyez une photo ou une vidéo en ligne

1/ Touchez le bouton [+] dans la partie inférieure gauche de l'écran.

2/ Touchez le bouton **Existing Photo or Video**.

3/ Naviguez dans la fenêtre qui s'affiche pour choisir une image puis touchez-la. Elle est alors automatiquement téléchargée dans le dossier en cours.

● Air Sharing HD

Cette application ne propose pas de service de stockage en ligne, mais elle permet d'accéder à la plupart des services existants. Elle coûte 7,99 € sur l'App Store. Vous pourrez vous connecter à l'iDisk de MobileMe, au dossier partagé de votre compte DropBox, mais aussi à n'importe quel serveur FTP ou bien tout simplement à un compte de courrier électronique pour consulter toutes les pièces jointes.

1/ Achetez l'application Air Sharing HD sur l'App Store.

2/ Touchez son icône sur l'écran d'accueil pour la lancer.

3/ Touchez le bouton **Serveurs** dans la partie supérieure gauche de l'écran.

4/ Touchez le bouton + dans la partie supérieure gauche de l'écran. Une liste de services en ligne s'affiche.

5/ Touchez la ligne correspondant au service que vous désirez utiliser et entrez les identifiant et mot de passe pour chacun.

Accédez à n'importe quel type de stockage en ligne

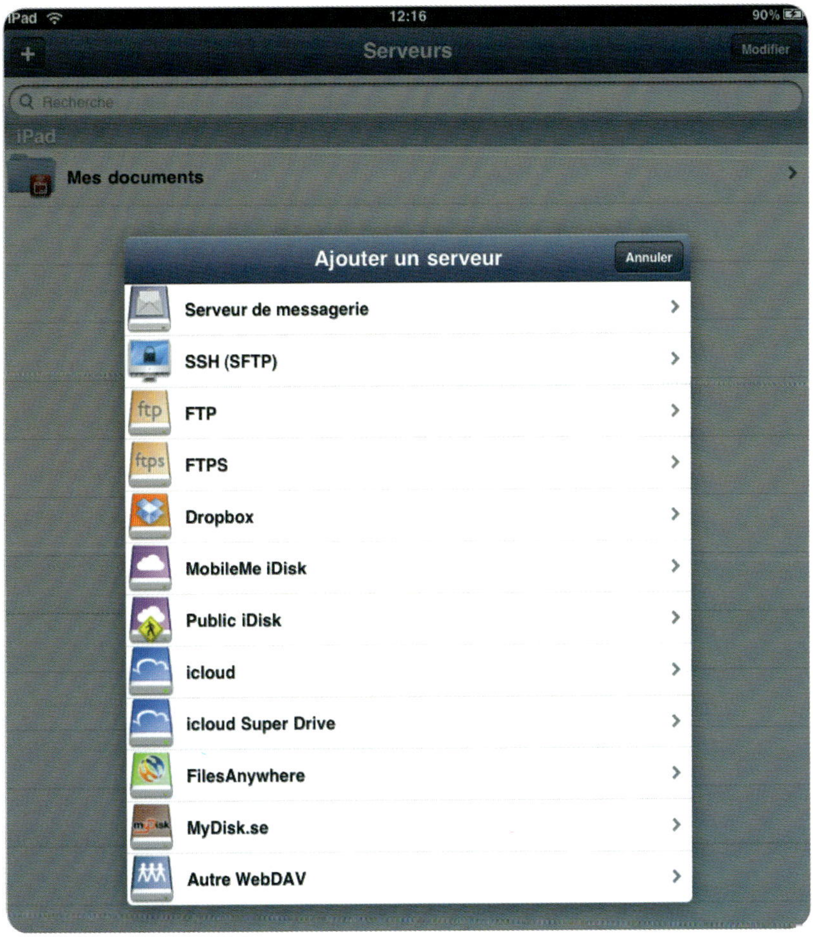

Vous pouvez configurer autant de serveurs différents que vous voulez. Ainsi, avec la seule application Air Sharing HD, vous aurez un accès à tous les documents stockés sur ces différents services.

1/ Touchez la ligne correspondant au disque distant voulu.

2/ Pour afficher un document, touchez son icône. Air Sharing HD est capable d'ouvrir la plupart des types de fichiers courants.

3/ Dans un dossier, touchez le bouton **Modifier** dans le coin supérieur droit.

4/ Sélectionnez un ou plusieurs fichiers en les touchant. Dans ce mode, ils ne s'ouvrent pas, mais se mettent en surbrillance.

5/ Touchez le premier bouton dans la partie inférieure gauche de l'écran pour envoyer les fichiers en pièces jointes par courrier électronique.

6/ Touchez le deuxième bouton pour sélectionner une autre application apte à ouvrir le fichier sélectionné.

7/ Touchez le bouton + dans la partie supérieure gauche de l'écran pour créer un nouveau dossier ou envoyer une photo ou une vidéo, ou encore pour indiquer l'adresse Internet d'un fichier déjà stocké en ligne afin de l'ajouter au dossier en cours.

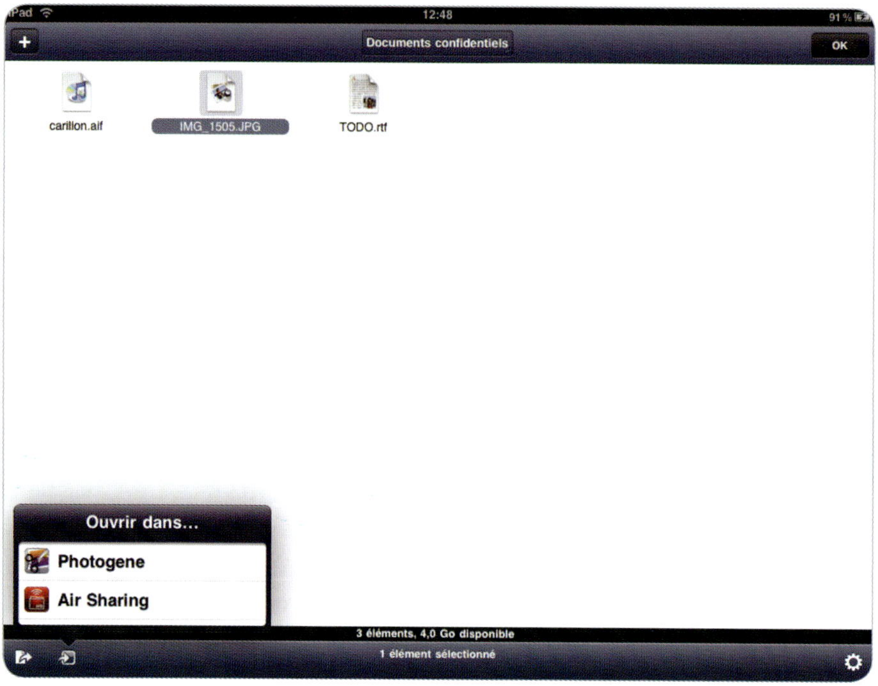

Consultez les fichiers, ouvrez-les dans d'autres applications ou envoyez-les par courrier électronique

2

Économiser les ressources

La batterie intégrée à la tablette d'Apple n'est pas interchangeable. Quand elle est vide, impossible d'en mettre une de secours, il faut la recharger. C'est une bonne raison pour protéger au maximum les capacités de l'iPad.

Le modèle Wi-Fi tient largement 10 heures en utilisation constante. Vous pouvez donc le garder en vie plusieurs jours sans avoir à le recharger. Voici les bons réflexes à adopter pour préserver la batterie au maximum.

CONTRÔLER LA CHARGE DE L'IPAD

Comme sur l'iPhone, une petite icône en forme de pile bâton dans la partie supérieure droite de l'écran de l'iPad vous renseigne sur la charge de votre tablette. Cela reste un affichage peu précis.

1/ Touchez l'icône *Réglages* sur l'écran d'accueil de l'iPad.

2/ Touchez la ligne *Général*.

3/ Repérez la ligne *Niveau de la batterie*. Touchez l'interrupteur situé à droite de la phrase pour activer l'affichage du pourcentage de charge de la batterie. La barre d'état située en haut de l'écran affiche l'icône de la batterie à droite, avec en plus le pourcentage précis d'énergie restante.

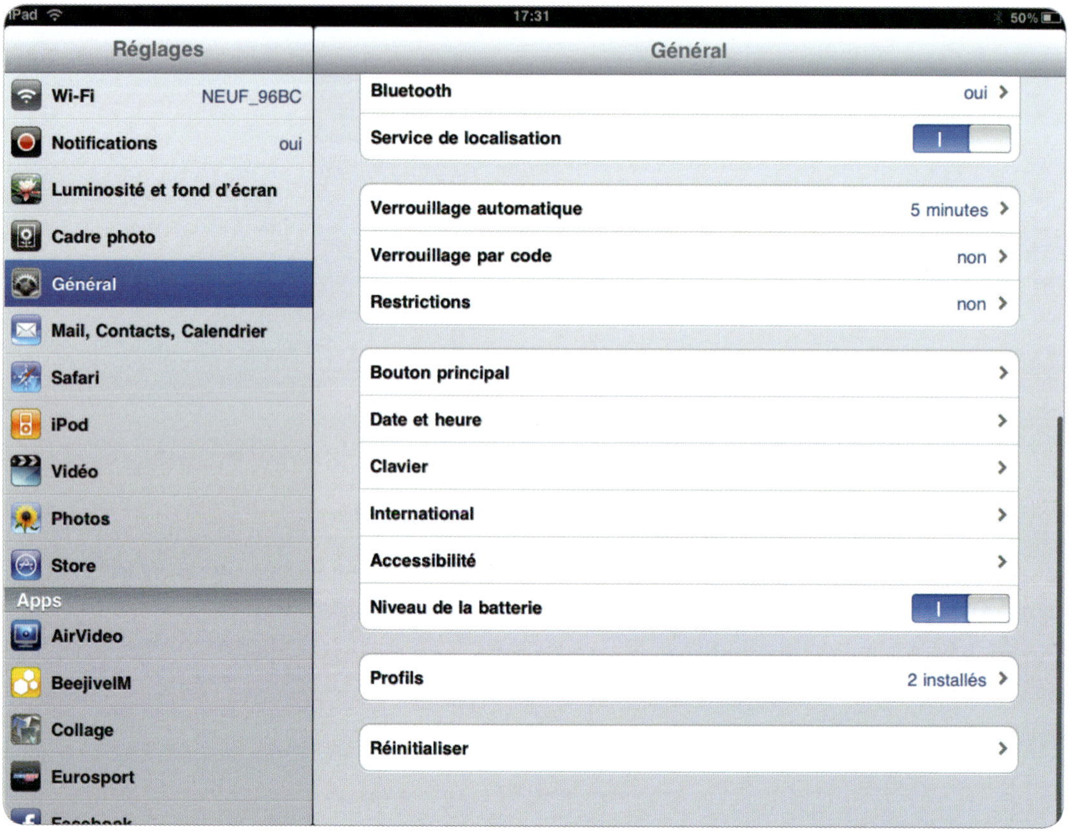

Le pourcentage d'énergie restante de la batterie donne une idée plus précise que la simple icône de pile

RECHARGER

Votre tablette est livrée avec un câble dock USB et un adaptateur secteur. Le connecteur dock trente broches sous l'iPad est le seul connecteur disponible sur l'engin. Si vous branchez un accessoire, il ne pourra pas être simultanément en charge, à moins qu'il s'agisse d'un support tel le dock d'Apple ou le dock clavier.

→ Branchez le câble de l'iPad sur l'adaptateur 10 W fourni. C'est la façon la plus rapide et efficace de le charger.

→ Branchez le câble de l'iPad sur l'adaptateur de l'iPhone. L'iPad se chargera, mais beaucoup plus lentement.

→ Branchez le câble de l'iPad sur le port USB de votre Mac récent. L'iPad se chargera plus lentement que par le secteur.

→ Branchez le câble de l'iPad sur le port USB de votre PC ou de votre vieux Mac. La charge sera très lente et ne s'opérera que lorsque l'iPad sera en mode Veille.

→ Si vous laissez branché le câble de l'iPad sur le port USB d'un ordinateur éteint ou en veille, la batterie de l'iPad risque de se décharger totalement.

Si le port USB de votre ordinateur fournit trop peu de courant, votre iPad affichera ceci

PRÉSERVER LA BATTERIE

Comme dans tout appareil nomade, la batterie est le composant qui a la durée de vie la plus faible. Au bout de quelques années, elle risque de perdre une grande partie de son autonomie. Votre façon d'utiliser l'iPad a une grande influence sur la durée de vie de sa batterie à long terme.

→ Gardez votre iPad à température ambiante. Il est censé fonctionner entre 0°C et 35°C, mais la température ambiante idéale est de 22°C.

→ Utilisez votre iPad régulièrement. Faites au moins une fois par mois une charge complète suivie d'un vidage complet jusqu'à extinction.

➔ Évitez de charger l'iPad dans un étui de protection. Si vous constatez que l'iPad est très chaud en phase de recharge, sortez-le de son étui.

➔ La batterie de l'iPad est conçue pour conserver au moins 80 % de sa capacité neuve après mille cycles de charge et décharge. Il faudra confier votre tablette à Apple le jour où vous aurez besoin de changer sa batterie. La procédure est détaillée à l'adresse www.apple.com/fr/support/ipad/service/battery. Tant que votre iPad est sous garantie, le changement de batterie est gratuit. Hors garantie, le changement de batterie coûte 99 €. Vous devrez préalablement sauvegarder tout le contenu de votre iPad, car Apple vous rendra un modèle vierge.

Astuce

Carte mère capricieuse

Si vous utilisez votre iPad avec un PC, peut-être avez-vous remarqué qu'il ne se recharge pas à travers le port USB. La raison est simple : la tablette utilise beaucoup plus d'énergie pour se recharger que la plupart des périphériques que l'on branche habituellement sur les prises USB, comme les disques durs, les souris, les claviers, les téléphones, etc. Les fabricants de PC fournissent généralement une puissance de courant sur le port USB suffisante dans la plupart des cas, mais incompatible avec le rechargement de l'iPad. Si votre PC a plusieurs années, il n'y a sans doute rien à faire, vous devrez brancher l'iPad sur le secteur pour le recharger. S'il est récent, nous vous conseillons de vérifier auprès du fabricant de la carte mère si une mise à jour est disponible. Elle débridera alors la quantité de courant délivrée sur le port USB, le rendant compatible avec l'iPad. Si vous êtes sur Mac, vous aurez besoin d'un ordinateur de moins de deux ans pour recharger pleinement l'iPad. Dans tous les cas, si vous laissez branché l'iPad à un ordinateur portable sur batterie, l'autonomie de ce dernier risque de chuter vertigineusement.

ÉCONOMISER LA BATTERIE

L'iPad possède moult composants qui consomment de l'électricité. Selon votre usage de la tablette, vous n'aurez sans doute pas besoin de toutes les fonctionnalités qu'elle propose. Dans certains, cas, il est donc recommandé de couper une partie de ces fonctionnalités.

● Couper le son

Quand le haut-parleur de l'iPad est sollicité, cela consomme de l'énergie. Plus le volume est fort, plus cela pompe votre batterie.

1/ Ajustez le volume en utilisant les boutons + et - dans la partie supérieure droite de l'écran.

2/ Appuyez pendant quelques secondes sur le bouton **Volume -** pour rendre l'iPad totalement muet.

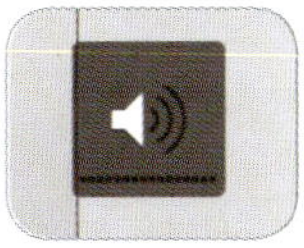

Rendez muet l'iPad pour économiser son haut-parleur

● Réduire la luminosité de l'écran

La fonction la plus consommatrice d'énergie sur l'iPad est son écran. Il est très lumineux et utilise la technologie LCD, bien plus gourmande que l'AMOLED de certains téléphones ou l'encre virtuelle des liseuses numériques. C'est aussi la raison pour laquelle les images sont si spectaculaires sur l'iPad.

1/ Touchez l'icône *Réglages* située sur l'écran d'accueil.

2/ Dans la colonne de gauche, repérez la ligne *Luminosité et fond d'écran*.

3/ Touchez le curseur qui s'affiche en haut de la colonne de droite.

4/ Faites glisser votre doigt latéralement pour régler finement la luminosité de l'écran.

5/ Touchez l'interrupteur à droite de la ligne *Réglage automatique*.

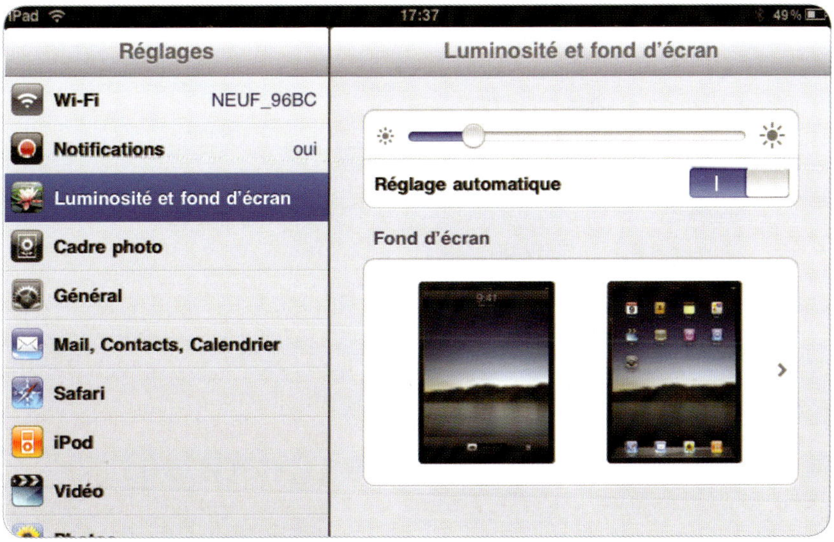

Ajustez la luminosité de l'écran

Le réglage automatique utilise un capteur situé sur la façade de la tablette. Lorsqu'il détecte beaucoup de lumière, il augmente la luminosité de l'écran pour qu'on le voie mieux en plein jour. Quand il détecte peu de lumière, il baisse la luminosité de l'écran, qui n'a pas besoin d'être poussée pour assurer une bonne visibilité de l'écran. Notez que le réglage automatique respecte tout de même le curseur de luminosité et fait varier la luminosité générale autour du point choisi.

● Mettre en veille

La tablette peut rester allumée en permanence, mais il vaut mieux éviter que son écran le soit aussi. Quand vous n'utilisez pas l'iPad, la sagesse vous recommande d'appuyer sur le bouton d'allumage et de mise en veille situé sur la tranche supérieure droite au-dessus de l'écran. Mais comme on n'y pense pas toujours, voici comment faire :

1/ Touchez l'icône *Réglages* située sur l'écran d'accueil.

2/ Touchez la ligne *Général* dans la colonne de gauche.

3/ Dans la colonne de droite, touchez la ligne *Verrouillage automatique*.

4/ Dans les choix qui s'affichent, touchez le délai au-delà duquel l'écran de l'iPad s'éteindra quand il ne sera pas sollicité.

5/ Choisissez **Jamais** uniquement quand vous avez vraiment besoin que l'iPad ne s'éteigne pas, comme lors d'une présentation professionnelle ou bien d'un concert avec une application musicale.

Le verrouillage automatique éteint l'écran au bout d'un temps défini

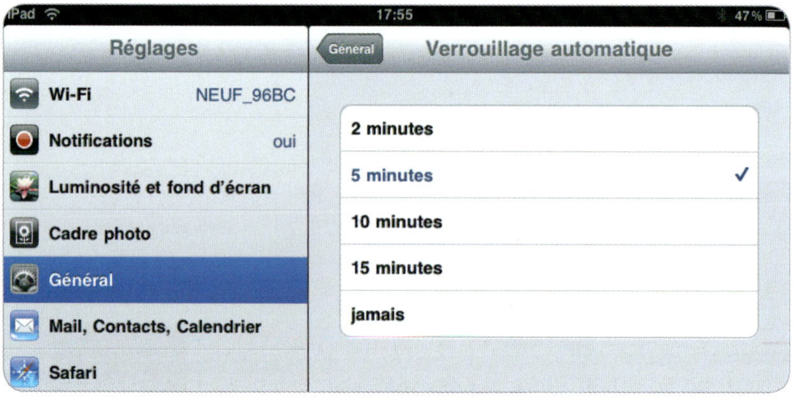

● Désactiver les services inutilisés

De nombreuses puces informatiques à l'intérieur de l'iPad consomment plus ou moins de courant électrique. Si vous ne les utilisez pas, il est sage de les désactiver totalement.

Arrêter les notifications

Le principe des notifications Push consiste à recevoir automatiquement des messages sur l'iPad un peu à la façon des textos sur les téléphones portables. L'utilisation la plus courante est le courrier électronique (Yahoo! MobileMe ou Microsoft Exchange), mais beaucoup d'autres applications exploitent le système Push pour vous envoyer des informations. Cela peut se paramétrer.

1/ Touchez l'icône *Réglages* située sur l'écran d'accueil.

2/ Touchez la ligne *Notifications*.

3/ Touchez l'interrupteur **Notifications** en haut à droite pour désactiver totalement les notifications sur votre tablette.

4/ Si vous désirez conserver les notifications pour certaines applications seulement, touchez chaque application de la liste pour désactiver un à un les trois types de notifications (sons, alertes, pastilles).

Désactivez le système de notifications Push

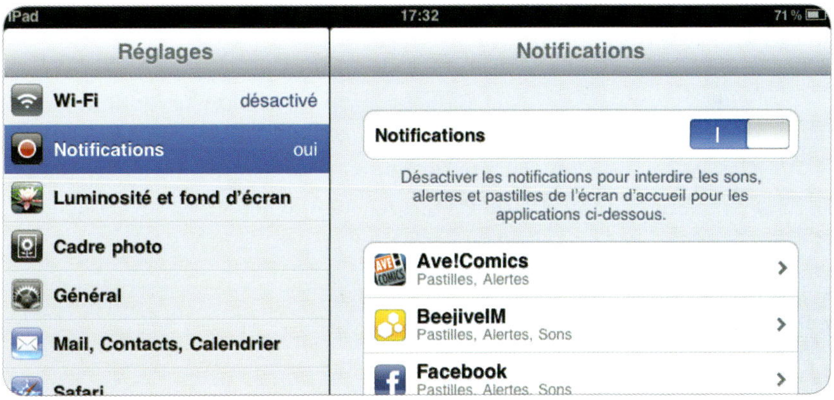

Désactiver la géolocalisation

Beaucoup d'applications utilisent la géolocalisation pour savoir où vous êtes et vous proposer des informations en rapport avec l'endroit où vous vous trouvez. C'est parfois superflu puisque que l'iPad n'est pas, contrairement à l'iPhone, un produit que l'on a toujours avec soi dans la poche, dans la rue, en ville ou à la campagne. Si vous êtes chez vous, vous n'avez aucun besoin que l'iPad vous indique sur un plan où vous vous trouvez.

1/ Touchez l'icône *Réglages* située sur l'écran d'accueil.

2/ Touchez la ligne *Général* dans la colonne de gauche.

3/ Repérez la ligne *Service de localisation* et touchez l'interrupteur situé juste à droite pour le désactiver.

4/ Si vous êtes abonné à MobileMe et que vous ayez activé la fonction **Localiser mon iPad** (dans le cas d'une perte ou d'un vol par exemple), touchez le bouton **Désactiver** dans la boîte de dialogue qui s'affiche.

Renoncez à la géolocalisation

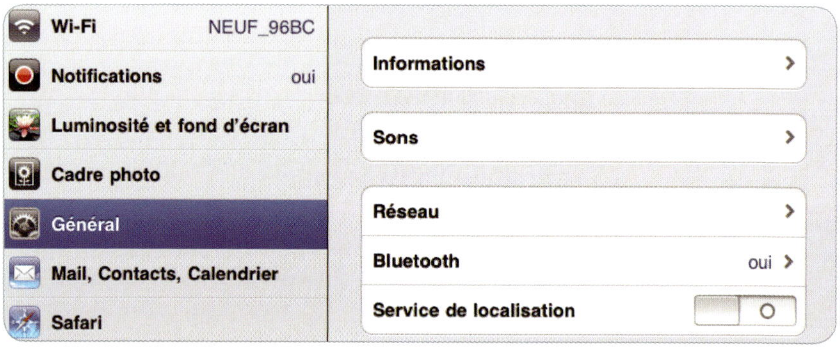

> Astuce
>
> **Économisez le GPS**
>
> À la différence de la version uniquement Wi-Fi, l'iPad 3G + Wi-Fi dispose d'une puce GPS qui permet un positionnement partout dans le monde tant que vous êtes en extérieur. Vous économiserez de l'électricité en évitant d'alimenter cette puce.

Désactiver le Bluetooth

La norme Bluetooth permet de connecter entre eux des périphériques numériques sur de courtes distances. Avec l'iPad, vous exploiterez le Bluetooth dans trois cas de figure :

- pour connecter un clavier physique sans fil ;
- pour exploiter un périphérique sonore, comme une oreillette, des écouteurs ou des enceintes ;
- pour communiquer avec un autre iPad (cela concerne des applications spécifiques, comme des jeux en réseau qui permettent d'affronter son voisin).

Si vous n'avez aucun de ces trois usages, le Bluetooth ne servira qu'à consommer du courant pour rien.

1/ Touchez l'icône *Réglages* située sur l'écran d'accueil.

2/ Touchez la ligne *Général* dans la colonne de gauche.

3/ Touchez la ligne *Bluetooth*.

4/ Touchez l'interrupteur à droite du mot *Bluetooth* qui s'affiche pour le désactiver.

Pas besoin de laisser le Bluetooth activé si vous ne l'utilisez pas

Optimiser le réseau Wi-Fi

Pour vous connecter à Internet, vous utilisez prioritairement le Wi-Fi. De fait, si vous êtes loin de la borne sur laquelle vous vous connectez régulièrement (comme la box de votre fournisseur d'accès Internet), l'iPad va constamment essayer de se connecter à d'autres réseaux dès qu'il aura besoin d'aller chercher une information sur Internet.

L'iPad vous propose les réseaux Wi-Fi disponibles si vous n'êtes pas connecté

1/ Touchez l'icône *Réglages* située sur l'écran d'accueil.

2/ Dans la colonne de gauche, touchez la première ligne *Wi-Fi*.

3/ Dans la colonne de droite, repérez la ligne *Confirmer l'accès*. Touchez l'interrupteur à droite de la ligne pour le désactiver. L'iPad ne vous proposera plus de vous connecter aux bornes alentour.

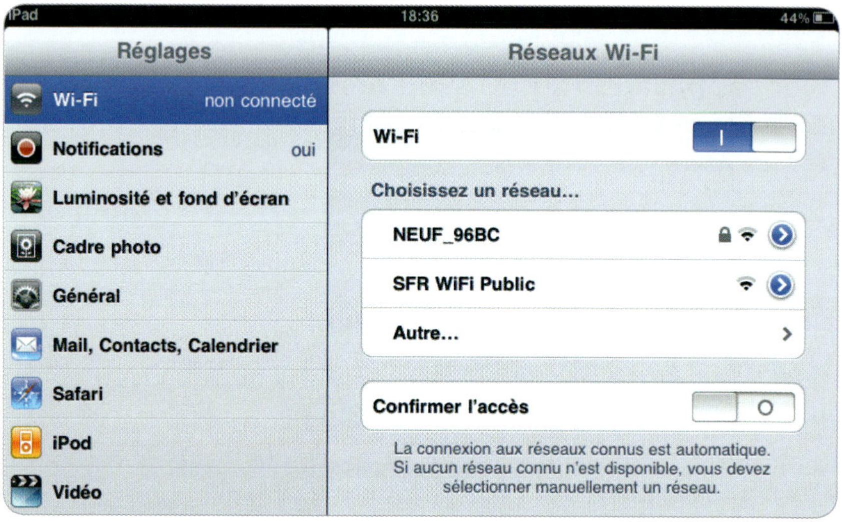

Empêchez l'iPad de vous proposer systématiquement une liste de bornes Wi-Fi

Désactiver totalement le Wi-Fi

Dans certaines situations, par exemple dans un voyage en train ou en avion où vous ne risquez pas de capter un réseau sans fil, il est plus sage de désactiver temporairement l'accès au réseau.

1/ Touchez l'icône *Réglages* située sur l'écran d'accueil.

2/ Dans la colonne de gauche, touchez la première ligne *Wi-Fi*.

3/ Dans la colonne de droite, repérez la ligne *Wi-Fi*. Touchez l'interrupteur à droite de la ligne pour désactiver totalement le Wi-Fi. Vous ne pourrez plus accéder à Internet.

Astuce

Le mode Avion

Comme l'iPhone, l'iPad possède un mode Avion pour que vous l'utilisiez lors des transports aériens sans interférer avec les appareils de l'aéronef. Mais au-delà de cette utilisation un peu marginale, le mode Avion permet de désactiver instantanément tous les services radio de votre tablette. Cela concerne le Wi-Fi, l'accès 3G, mais également la puce GPS ou la puce Bluetooth. Activer le mode Avion se fait d'une pichenette dans l'application Réglages. En mode Avion, une icône d'avion orange apparaît dans la partie supérieure gauche de l'écran de votre iPad.

Le mode Avion coupe immédiatement toute communication radio ou satellite

NAVIGUER EN CLASSE ÉCO

Avec l'application Safari, vous accédez à l'essentiel du Web (excepté les modules externes, comme Flash ou Silverlight), mais vous ne naviguez pas de manière économe.

Il existe d'autres navigateurs sur iOS, et l'un des plus complets s'appelle iCab. Il permet par exemple de surfer sans charger les images, ce qui accélère les chargements et économise le forfait dans le cas d'un accès en 3G. L'application iCabMobile coûte 1,59 € sur l'App Store.

1/ Achetez iCabMobile sur l'App Store.

2/ Touchez son icône pour lancer l'application.

3/ Dans la zone *URL*, saisissez une adresse web.

4/ Touchez le bouton + dans la partie supérieure droite de l'écran pour créer un nouvel onglet. Entrez une nouvelle adresse. Vous pouvez ainsi naviguer rapidement d'un site à l'autre en touchant les onglets.

iCabMobile permet la navigation par onglets pour plus de rapidité

La particularité du navigateur iCab se situe dans ses nombreuses options de personnalisation, comme le filtrage des publicités. Elles sont accessibles directement depuis l'interface du logiciel.

1/ Touchez le bouton en forme d'engrenage dans la partie supérieure droite de l'écran.

2/ Touchez la ligne *Paramètres généraux* dans la colonne de gauche.

3/ Dans la colonne de droite, activez l'interrupteur **Compression des sites** pour profiter de la fonction Google Mobilizer, qui crée une page légère à partir de la page originale.

4/ Activez l'interrupteur **Activer les filtres** pour empêcher l'affichage des publicités.

5/ Si vous voulez économiser au maximum, décochez *Voir les images* pour naviguer uniquement en mode Texte.

6/ Touchez le bouton OK dans la partie supérieure gauche de l'écran pour valider les changements.

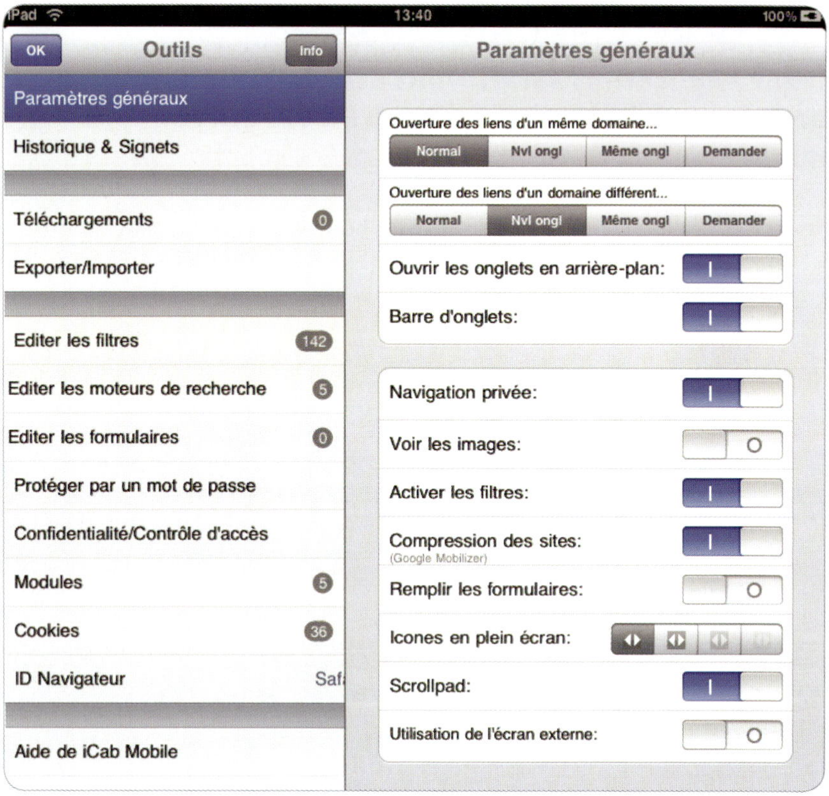

Optimisez les réglages pour économiser temps de chargement et débit de données

Cela dit, Safari reste le navigateur par défaut. Quand vous cliquez sur un lien dans une application, c'est en général Safari qui s'ouvre. Parfois le développeur a intégré un navigateur au sein même de son application pour que l'utilisateur puisse ouvrir des liens sans la quitter. En revanche, il est impossible de choisir un navigateur par défaut autre que Safari. Sur les ordinateurs (que ce soit sur Mac ou sur Windows), c'est une fonctionnalité de base que de pouvoir choisir son logiciel. Sur l'iPad, même si vous préférez iCab à Safari, vous devrez toujours le lancer manuellement avant de saisir une adresse, impossible d'ouvrir un lien directement dans iCab depuis une autre application. Cela changera peut-être à l'avenir, mais pour l'instant, Apple verrouille son système.

LIRE DES FLUX RSS

Sur le Web, l'essentiel des données chargées concerne l'habillage des contenus. Pourquoi ne pas charger directement les contenus ? C'est possible avec les flux RSS.

1/ Rendez-vous sur un site proposant un flux d'informations, comme un site d'actualités ou un blog.

2/ Repérez sur la page un lien baptisé *RSS*, que l'on reconnaît souvent à la petite icône orange représentant des ondes dans un carré. Touchez ce lien pour l'ouvrir.

Repérez le lien RSS d'une page web et touchez-le pour l'ouvrir (ici, en bas à droite)

Safari affiche alors une liste d'articles sur fond blanc avec, pour chacun, le début du texte.

1/ Touchez le titre d'un article pour le lire en entier. Le texte s'affiche sans aucune mise en page, en version brute.

2/ Si vous voulez retrouver l'article sur le site en question, touchez le lien *Afficher l'article d'origine* en bas de la page.

Pour continuer à consulter vos sites favoris sous forme de flux plutôt que sous l'apparence du site mis en page, il convient de sauvegarder ces flux RSS en favoris.

1/ Placez-vous sur la page du flux désiré.

2/ Touchez le bouton + juste à gauche de la barre d'adresse.

3/ Entrez un nom explicite pour ce favori et touchez le bouton **Enregistrer**. Votre lien est sauvegardé. Quand vous cliquerez dessus, c'est le flux qui s'affichera directement plutôt que le site complet.

Sauvegardez un flux en favori

S'INFORMER EN FLUX TENDU

À force de consulter de nombreux sites et de charger à chaque fois, non seulement la page d'accueil, mais aussi les pages de chaque article, on finit par perdre un temps fou et par charger trop de données inutilement.

Avec le principe des flux RSS, il est possible d'adopter des stratégies plus efficaces, en consultant plusieurs flux simultanément par exemple.

● Créer un compte Google Reader

De nombreuses applications sur l'iPad permettent de consulter un certain nombre de flux RSS en même temps. La plupart ont pour point commun de se baser sur le site Google Reader. C'est une fonction associée à un compte GMail qui permet de mémoriser des flux RSS.

1/ Avec votre ordinateur, rendez-vous à l'adresse http://reader.google.com.

2/ Connectez-vous avec vos identifiant et mot de passe de votre compte GMail.

3/ Cliquez sur le bouton **Ajouter un abonnement** pour afficher un champ de recherche.

4/ Entrez le nom d'un titre que vous désirez suivre ou bien un thème qui vous intéresse. Une liste de résultats s'affiche à droite de la fenêtre.

5/ Repérez le résultat qui correspond à vos attentes et cliquez sur le bouton **S'abonner** situé juste en dessous.

6/ Recommencez les mêmes étapes pour ajouter d'autres titres.

Abonnez-vous à différents flux d'actualités

Une fois que vous avez ajouté tous ces flux, vous pouvez les consulter sur la page de Google Reader. C'est satisfaisant sur un ordinateur, mais ça ne l'est pas vraiment sur un iPad.

1/ Cliquez sur le lien *Tous les éléments* en haut de la colonne de gauche. Tous les derniers articles publiés par les différents sites auxquels vous vous êtes abonné sont listés.

2/ Cliquez sur le titre en noir de l'un de ces articles pour en lire les premières lignes ou l'intégralité (cela varie selon les sites).

3/ Cliquez sur le titre en bleu pour ouvrir la page originale de l'article.

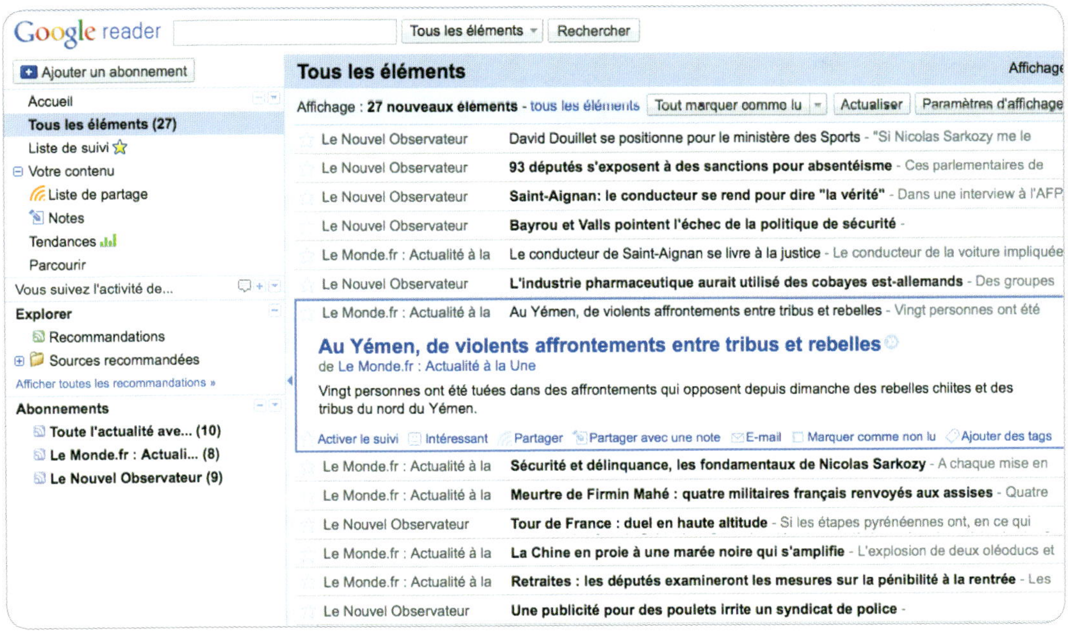

Lisez les articles dans Google Reader

Lire des flux avec Feeddler

Sur l'iPad, vous pouvez utiliser des applications pour lire des flux, notamment ceux mémorisés par votre compte Google Reader. En voici un exemple avec Feeddler. Il en existe une version gratuite, la payante offrant quelques options supplémentaires.

1/ Téléchargez Feeddler RSS Reader sur l'App Store.

2/ Touchez son icône sur l'écran d'accueil pour lancer l'application.

3/ Touchez le bouton **login** dans la partie supérieure gauche de la fenêtre.

4/ Entrez vos identifiant et mot de passe de compte GMail.

5/ Touchez le bouton **Sign in**.

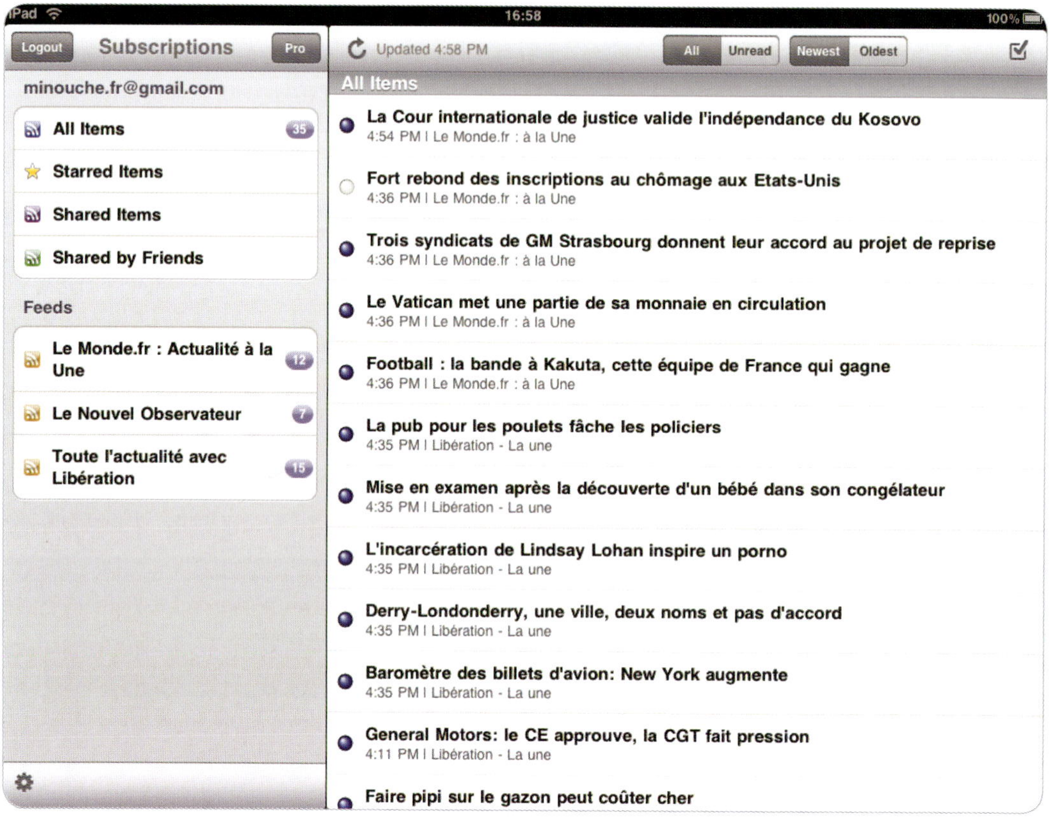

Feeddler liste tous les flux auxquels vous êtes abonné via Google Reader

Feeddler affiche alors tous les derniers articles en date. Vous pouvez maintenant consulter les dernières informations sans avoir à vous rendre sur un ou plusieurs sites. Toutes les nouvelles sont là dans un fil d'actualités.

1/ Touchez le bouton en forme de flèche arrondie pour mettre à jour les flux et télécharger les derniers articles.

2/ Touchez le titre d'un article pour le consulter ou consulter les premières lignes.

3/ Pour lire l'article entier ou lire l'article dans son site original, touchez le titre en bleu. L'article s'affiche sur le site, mais à l'intérieur de l'application. Chaque fois que vous touchez un article, il est alors marqué comme lu. Le petit point bleu à gauche du titre disparaît.

4/ Touchez le bouton **Unread** pour afficher uniquement les articles non encore consultés.

5/ Quand vous lisez un article, touchez le bouton en forme de carré avec une flèche pour partager l'article avec vos amis par courrier électronique ou par Facebook.

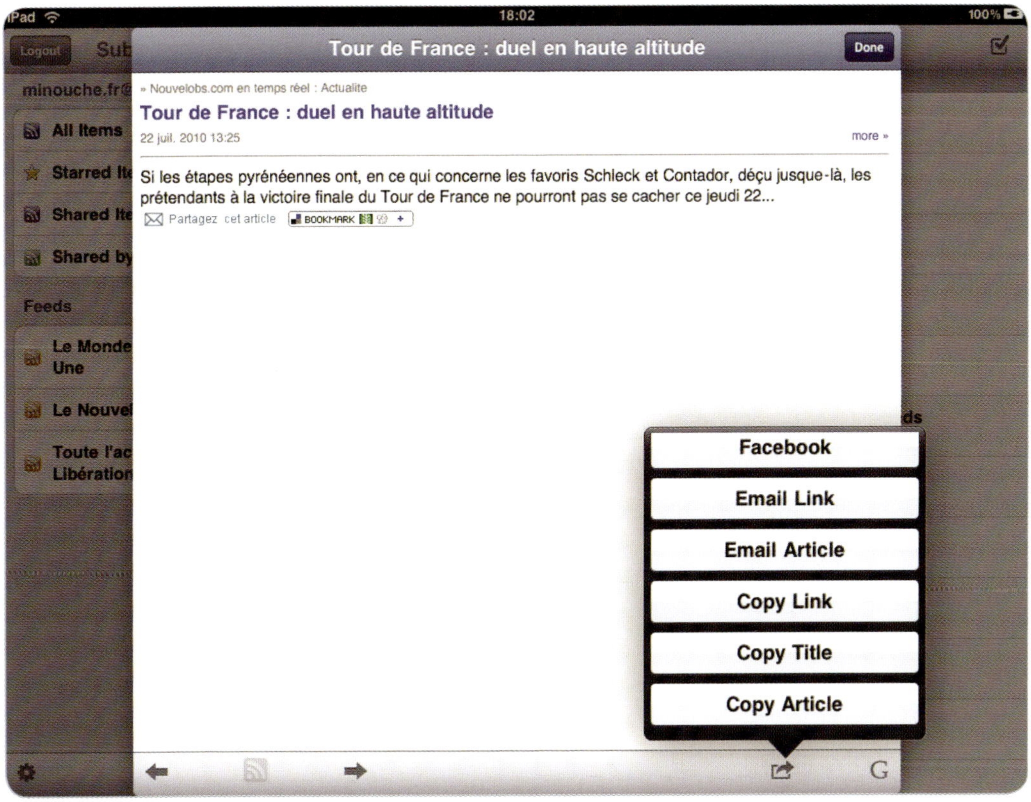

Partagez un article par courrier électronique

● Lire des flux avec Pulse News Reader

De toutes les applications d'actualités, Pulse est la plus spectaculaire et certainement la mieux réussie. Si elle ne permet pas de consulter un grand nombre de flux, elle en affiche une poignée avec un style inimitable. L'application coûte 2,99 €.

1/ Achetez Pulse News Reader sur l'App Store.

2/ Touchez son icône pour lancer l'application. Par défaut, l'application inclut quelques flux pour vous familiariser avec l'interface.

3/ Chaque flux s'affiche sous la forme d'une bande horizontale. D'un glissement de doigt latéral, faites défiler cette bande pour dévoiler les dernières informations.

4/ Un glissement de doigt vertical permet d'afficher les autres flux mis en mémoire. Chaque case carrée correspond à un article. S'il est associé à une photo, celle-ci s'affiche en fond.

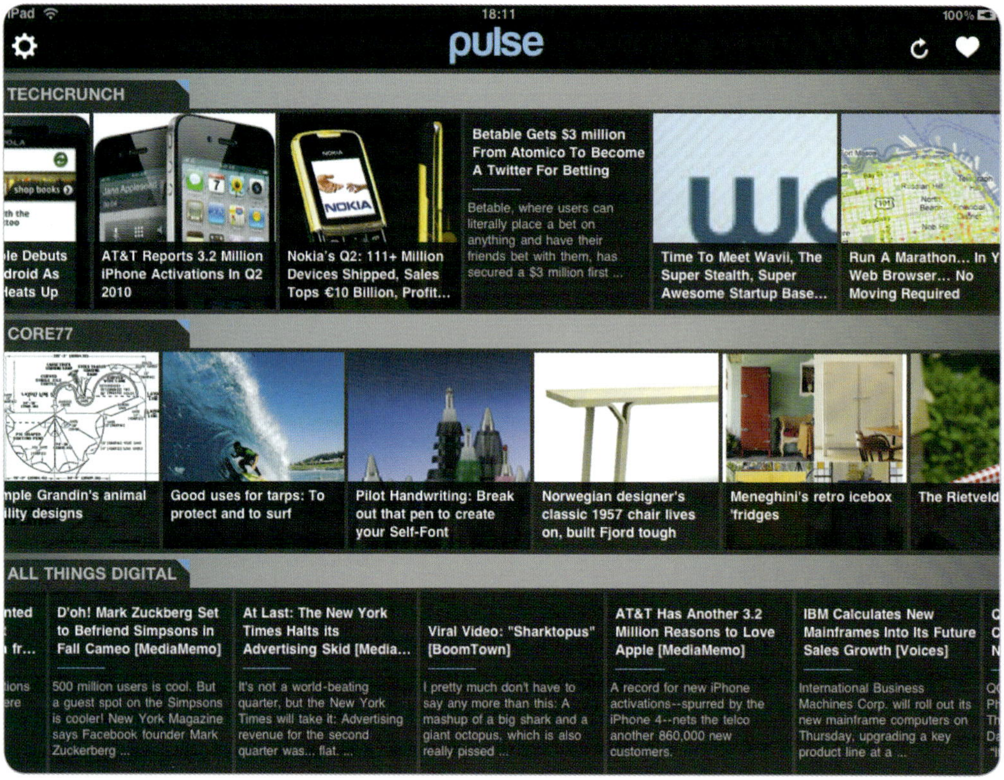

Faites glisser vos doigts latéralement et verticalement pour faire défiler les flux RSS

La lecture d'un article se fait soit en version texte, soit dans l'affichage de la page web originelle.

1/ Touchez une case si vous voulez afficher l'article complet correspondant. Il s'affiche alors à droite en mode Paysage et en haut en mode Portrait.

2/ Les flux sur la gauche ou en dessous restent disponibles et vous pouvez les faire défiler alors même que vous lisez l'article.

3/ Touchez le bouton **Web** pour afficher l'article dans sa page originelle.

4/ Touchez le bouton **Text** pour revenir à la version sans habillage.

5/ Touchez le bouton **aA** pour modifier la taille d'affichage de la police afin de faciliter la lecture.

6/ Touchez l'icône de maison en bas à droite ou bien le bouton **Home** en haut à gauche pour revenir à la globalité des flux.

7/ Touchez le bouton en forme de flèche circulaire pour rafraîchir la liste des articles.

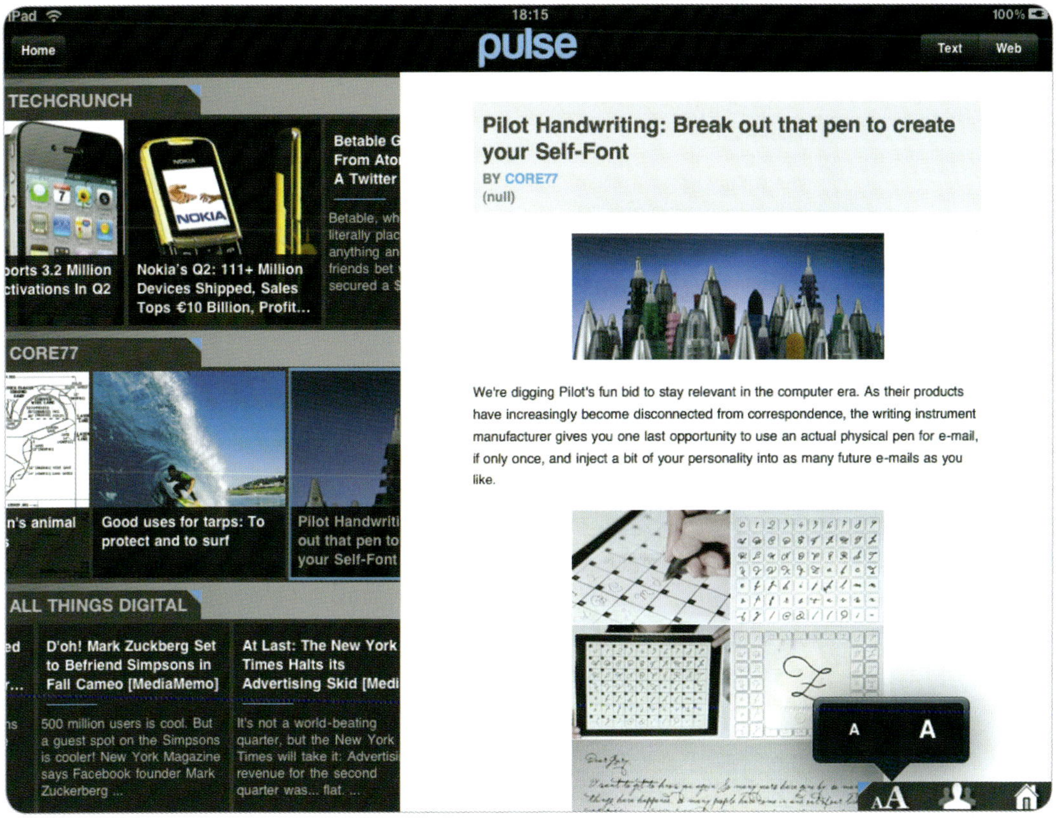

Lisez un article tout en continuant à faire défiler les flux

Maintenant que vous avez bien compris le fonctionnement convivial de l'application, il est temps de la «gaver» avec des flux qui vous intéressent.

1/ Touchez le bouton en forme d'engrenage dans la partie supérieure gauche de l'écran.

2/ Touchez les sens interdits en regard de chaque flux pour afficher le bouton **Delete** afin de les supprimer un à un.

3/ Touchez le bouton **Search** dans la boîte de dialogue.

4/ Entrez un terme de recherche pour trouver votre journal ou un type d'information voulu.

5/ Touchez le résultat qui correspond à votre attente.

6/ Répétez l'opération pour chaque flux que vous voulez ajouter.

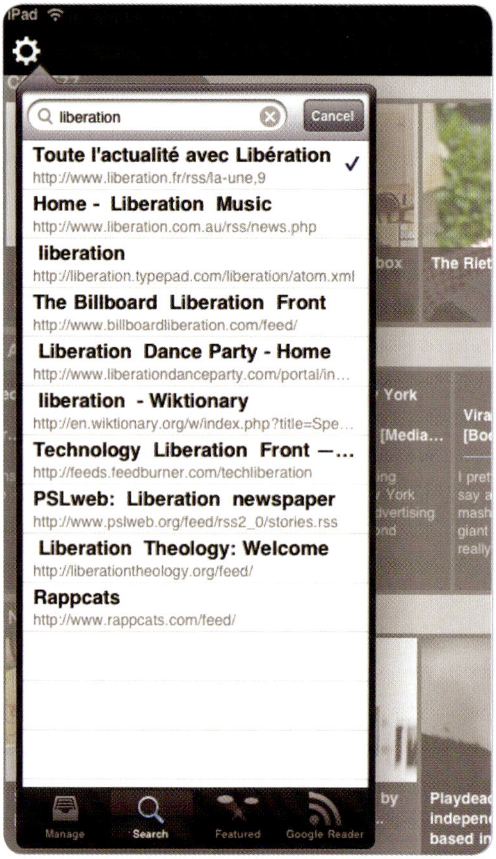

Ajoutez un à un vos flux d'informations

Ajouter des flux favoris avec Google Reader

Si vous possédez un compte Google Reader, vous pouvez récupérer la liste de vos flux favoris.

1/ Touchez l'icône en forme d'engrenage.

2/ Touchez le bouton **Google Reader** dans la partie inférieure droite de la boîte de dialogue.

3/ Touchez le bouton **Login** dans la partie supérieure droite de la boîte de dialogue.

4/ Entrez vos identifiant et mot de passe de votre compte GMail.

5/ La liste de vos flux s'affiche, touchez-les un à un pour les ajouter à votre liste favorite.

Ajoutez les flux avec Google Reader

Astuce

Les meilleures applications d'informations

La plupart des grands médias ont vu, dans l'iPad, une opportunité de vendre leur contenu au lieu de le rendre disponible gratuitement, comme il est de coutume sur le Web. Ils ont donc créé des applications qui sont de véritables kiosques à journaux. L'offre est encore très mouvante, mais nous pouvons distinguer quelques médias qui ont choisi des formats intéressants :

— L'application BFM TV HD permet à la fois de regarder le direct de la chaîne de la TNT et de consulter à la demande les sujets vidéo réalisés pour l'antenne sur un mur d'info.

— L'application de L'Équipe permet d'acheter à l'unité ou par abonnement le quotidien sportif. C'est moins cher que la version papier, et vous pouvez feuilleter l'édition du jour ou zoomer sur les articles ou les photos qui vous intéressent.

— L'application Zinio permet de s'abonner à une multitude de titres de la presse magazine.

— Libération, Le Monde ou encore Le Figaro proposent tous des formules payantes pour consulter le journal du jour sous forme électronique. Il y a encore peu d'interactivité, mais cela vous évite d'avoir à sortir de chez vous tout en profitant d'articles plus fouillés que ceux disponibles sur leurs sites respectifs.

— Paris Match se distingue en ayant revu sa mise en page pour permettre une expérience différente du papier. Et les photos sont encore plus «chocs» sur l'écran de l'iPad.

Surveillez régulièrement la catégorie *Actualités* de l'App Store pour voir les nouvelles applications de presse disponibles.

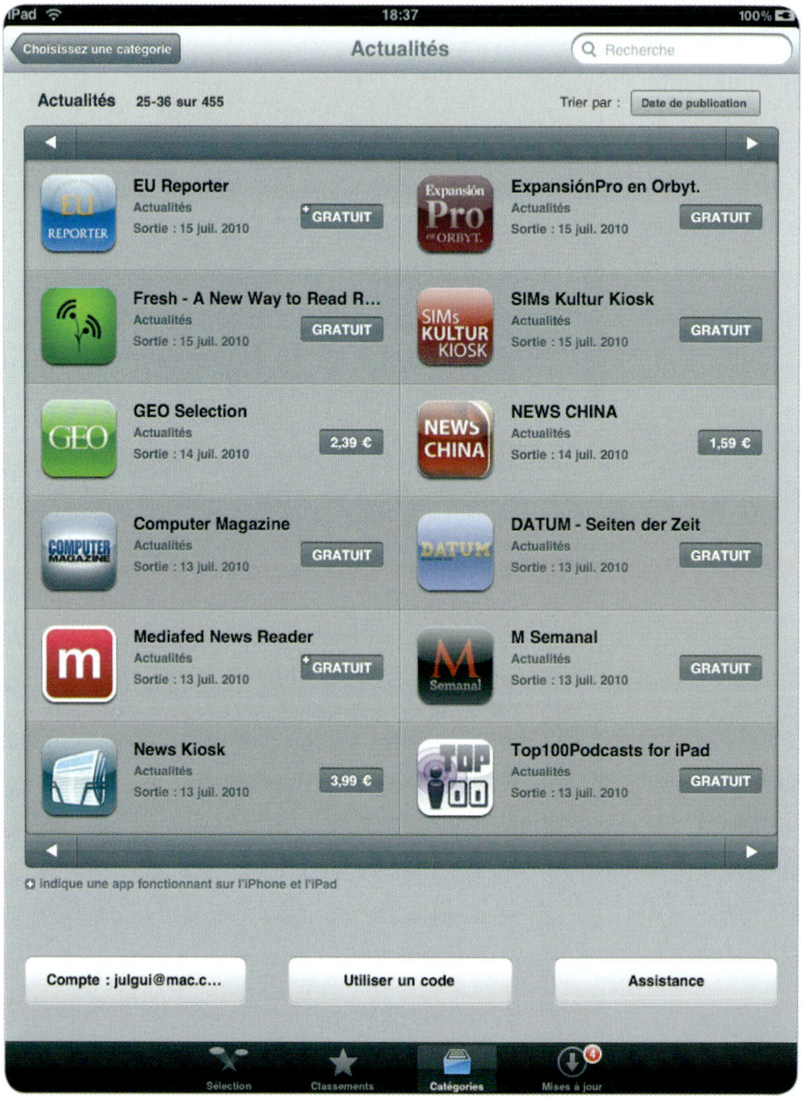

Les dernières applications d'informations sur l'App Store

3

Aller plus vite

L'iPad est bien plus réactif que la plupart des netbooks. Mais en matière d'informatique, on n'est jamais satisfait de la vitesse des machines. Il est possible d'améliorer vos performances rien qu'en prenant de bonnes habitudes. Grâce à ces conseils, vous allez fortement améliorer votre productivité avec la tablette d'Apple.

SAISIR PLUS VITE AVEC LE CLAVIER

Voici quelques conseils pour vous servir de manière efficace du clavier virtuel de l'iPad. Dès que vous touchez une zone où vous pouvez entrer du texte, il apparaît automatiquement. Quand vous n'en avez pas besoin, il s'efface pour que vous puissiez profiter de l'intégralité de l'écran.

- Les lettres de l'alphabet possèdent chacune leur touche associée.

- Deux touches [Maj] (majuscules) sont disposées de chaque côté du clavier. Lorsqu'elles sont activées, la flèche devient bleue. Les lettres passent alors momentanément en capitales. Quant aux signes de ponctuation, ce sont ceux inscrits sur le haut de la touche qui sont pris en compte.

- La touche tout en bas à droite permet de masquer le clavier. Pour le faire réapparaître, touchez à nouveau une zone de texte.

- La touche [Suppr] (suppression) est située dans la partie supérieure droite du clavier, elle permet d'effacer le caractère précédent.

- La touche [Retour] permet de sauter une ligne. Selon les circonstances, cette touche change de nom et correspond généralement à la validation d'une action.

Le clavier virtuel de l'iPad reprend la disposition d'un vrai clavier physique

> **Astuce**
>
> **Portrait ou Paysage**
>
> Comme sur l'iPhone, le clavier de l'iPad s'adapte selon l'orientation de l'écran. Si vous le tenez à l'horizontale, la taille des touches du clavier virtuel est alors quasiment identique à celle d'un clavier physique traditionnel. Si vous inclinez légèrement l'iPad avec un support ou un étui, c'est une position idéale pour saisir du texte, même avec tous les doigts des deux mains. À l'inverse, lorsque vous positionnez l'écran à la verticale, le clavier est alors beaucoup plus petit. Il est plus pratique de ne l'utiliser qu'avec un doigt. Ce n'est pas l'idéal pour une saisie rapide. Sur l'iPhone, la position verticale est plus efficace car elle permet de taper très vite avec ses deux pouces. Sur l'iPad, le clavier vertical est trop large pour une saisie avec les deux pouces et trop étroit pour une saisie traditionnelle.

Accéder aux caractères cachés

Il existe deux techniques pour accéder aux caractères accentués ou aux caractères spéciaux des lettres de l'alphabet.

1/ Choisissez une lettre qui dispose de caractères accentués, à savoir les voyelles et le c pour obtenir le c cédille.

2/ Posez votre doigt sur cette lettre et laissez-le appuyé. Au bout d'un instant, une liste de caractères accentués apparaît au-dessus de la touche.

3/ Tout en maintenant votre doigt posé sur la vitre de l'écran, faites-le glisser vers le caractère que vous désirez saisir.

4/ Relâchez votre doigt. Le caractère est alors inséré dans le texte.

Accédez aux caractères accentués d'un appui long sur une touche

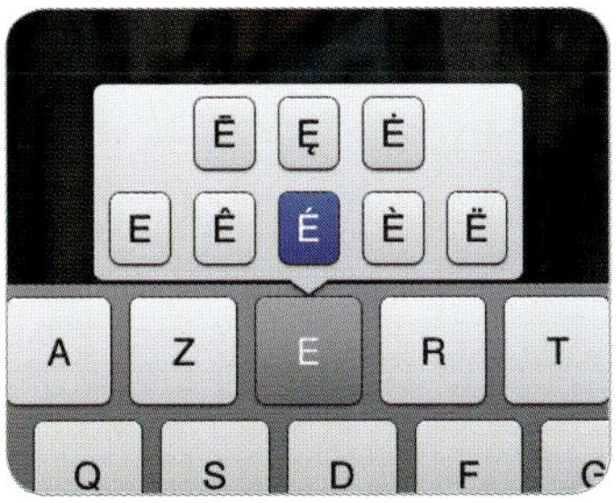

Il existe un moyen plus rapide pour obtenir un caractère accentué. Dans le cas précédent, ce sont tous les caractères dans toutes les langues qui sont affichés. Or, en français, on n'utilise qu'une partie de ces caractères.

1/ Repérez la touche de la lettre que vous voulez accentuer.

2/ D'un mouvement rapide, posez votre doigt sur la touche tout en le faisant glisser vers le haut.

3/ Seules les accentuations utilisées dans la langue française s'affichent. Faites glisser votre doigt sur celle qui convient.

Avec la pratique, vous pourrez faire ce geste rapidement en un seul mouvement du bas vers le haut et en relâchant la pression immédiatement. Selon l'angle de votre mouvement, vous sélectionnerez l'un ou l'autre des accents.

Une pichenette permet d'accéder immédiatement aux accents français

Saisir des chiffres et autres caractères

Le clavier n'est pas fait que pour entrer des lettres et de la ponctuation. Il y a bien d'autres caractères utilisés quotidiennement auxquels vous pouvez accéder avec le clavier virtuel. À commencer par les chiffres.

1/ Sur le clavier virtuel, repérez les deux touches baptisées .?123 et situées de part et d'autre de la Barre d'espace.

2/ Appuyez sur l'une de ces deux touches. Le clavier liste alors les dix chiffres sur la rangée supérieure, des caractères de ponctuation, des caractères spéciaux, comme les symboles des monnaies ou l'arobase.

3/ Là encore, l'appui long sur certaines touches affiche des caractères supplémentaires.

4/ Pour revenir au clavier alphabétique, posez votre doigt sur l'une des deux touches ABC situées de part et d'autre de la Barre d'espace.

Accédez aux chiffres d'un appui sur une touche

Le clavier virtuel recèle encore des ressources cachées. Après les lettres et les chiffres, il reste encore les caractères mathématiques.

1/ Positionnez le clavier virtuel en mode Chiffres, comme expliqué précédemment.

2/ Appuyez sur l'une des deux touches #+= situées de part et d'autre du clavier. Vous avez désormais accès à d'autres caractères, comme les crochets, les accolades, les symboles d'autres monnaies, les pourcentages, etc.

3/ Revenez à l'affichage des chiffres en appuyant sur l'une des deux touches 123 situées de part et d'autre du clavier.

Les signes mathématiques sont accessibles dans une troisième version du clavier

Annuler et rétablir la saisie

Lorsque vous écrivez, vous pouvez revenir en arrière en effaçant avec la touche dédiée, mais vous pouvez aussi aller plus vite en annulant la dernière frappe. Vous pouvez même rétablir les caractères supprimés si vous ne vouliez finalement pas effacer. Ce sont les fameuses fonctions **Undo** et **Redo** bien connues sur les applications Mac ou PC.

La fonction d'annulation se trouve sur le clavier des chiffres

1/ Positionnez le clavier en mode Chiffres.

2/ Juste au-dessus de la touche [ABC] se trouve la touche [Annuler].

3/ Touchez-la pour revenir en arrière et annuler la dernière saisie.

Pour rétablir une annulation un peu trop rapide, la technique est similaire.

La fonction de rétablissement se trouve sur le clavier des signes mathématiques

1/ Positionnez le clavier en mode Signes mathématiques.

2/ Juste au-dessus de la touche [ABC] se trouve la touche [Rétablir].

3/ Touchez-la pour réintégrer la dernière saisie annulée à mauvais escient.

> **Astuce**
>
> **Secouez-moi**
>
> Sur l'iPad, la fonction d'annulation est généralement liée à un geste simple et intuitif, bien plus rapide que l'usage du bouton adéquat. Secouez la tablette brièvement mais fermement. Une boîte de dialogue surgit alors à l'écran vous demandant si vous souhaitez annuler. La traduction française est sujette à caution. En effet, la version anglaise propose **Undo** (la fonction d'annulation) comme premier choix et **Cancel** comme deuxième choix (renoncer à annuler). En français, c'est **Annuler la saisie** et **Annuler**. Le premier choix annulera la dernière frappe au clavier, le second ne fera rien d'autre que de fermer la boîte de dialogue.

● Laisser l'iPad corriger

Vous pouvez faire des erreurs, cela ne vous ralentira pas, car l'iPad les détecte et les corrige, qu'il s'agisse d'une faute de frappe (vous avez raté la bonne touche) ou bien d'un problème de langue (vous avez mal orthographié un mot).

La correction de frappe

1/ Commencez à saisir du texte naturellement. Par inadvertance, vous avez entré des caractères qui ne sont pas ceux que vous aviez l'intention de saisir. Une petite vignette s'affiche sous le mot que vous venez de taper. Il contient une proposition de correction.

2/ Si vous êtes d'accord avec la proposition de l'iPad et que vous vouliez valider la proposition, touchez la Barre d'espace. Le mot est alors remplacé par la proposition.

3/ Si vous pensez avoir bien écrit le mot (un nom propre par exemple), vous pouvez refuser la proposition de l'iPad en touchant la vignette qui porte la proposition.

Acceptez la proposition de correction en touchant la Barre d'espace, refusez-la en touchant le mot proposé

> **Astuce**
>
> **Ponctuation automatique**
>
> Quelques astuces permettent de saisir plus vite. Elles sont héritées du clavier de l'iPhone. La première consiste à ajouter automatiquement un point à la fin d'une phrase. Pour cela, touchez deux fois successivement la Barre d'espace. Un point suivi d'une espace s'ajoute. En outre, l'iPad est assez intelligent pour ajouter lui-même les apostrophes. Saisissez `aujourdhui` et l'iPad corrigera automatiquement en *aujourd'hui*. Vous pouvez aussi saisir `cest` pour entrer rapidement *c'est*.

La correction orthographique

Avec l'iPad, Apple a ajouté une fonction de correction orthographique. Elle vous indique si un mot ne fait pas partie de son dictionnaire et peut même vous faire plusieurs propositions en fonction de ce que vous avez écrit.

1/ Saisissez un mot même sans en connaître l'orthographe. S'il est inconnu du dictionnaire de l'iPad, le mot est alors souligné en rouge.

Ce mot est souligné en rouge car mal orthographié

2/ Touchez une fois le mot en question. Le mot est alors surligné en rose et un menu s'affiche au-dessus de lui avec une ou plusieurs propositions.

3/ Touchez l'un des mots proposés pour remplacer celui que vous avez entré.

L'iPad propose plusieurs orthographes existantes correspondant au mot saisi

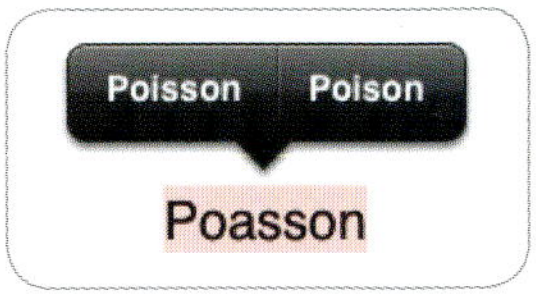

Même si vous avez écrit un mot existant, ce n'est peut-être pas celui que vous vouliez entrer. Voici comment obtenir quand même des propositions de remplacement.

1/ Touchez deux fois rapidement le mot que vous voulez remplacer. Le mot est sélectionné et un menu contextuel s'affiche au-dessus de lui.

2/ Touchez le mot *Remplacer* pour obtenir des propositions d'orthographes différentes.

Demandez des propositions d'orthographes différentes en touchant deux fois rapidement un mot

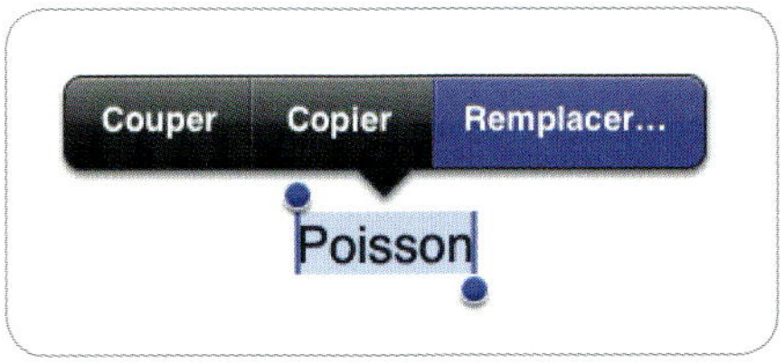

Astuce

Entrez rapidement une adresse web

Dans les adresses des sites Internet, il y a toujours une extension. La plus courante est .com, mais d'autres sont usuelles, comme .net, .org ou encore .fr en France. Au lieu de saisir chaque caractère, vous pouvez entrer directement .com par l'intermédiaire d'une touche virtuelle du même nom. Si vous voulez insérer l'une des autres extensions, laissez votre doigt appuyé sur la touche .com puis faites glisser votre doigt sur celle que vous souhaitez et relâchez votre doigt.

Écrire dans une langue étrangère

Vous avez besoin de saisir ponctuellement quelques textes ou messages dans une langue étrangère pour communiquer avec des collègues ou amis qui ne parlent pas français ? Dans ce cas, le clavier risque de vous corriger de manière erronée quasiment à chaque mot, vous forçant à refuser chaque proposition. Pour éviter ce ralentissement désagréable, il faut utiliser le clavier correspondant à cette langue. Fautes de frappe et d'orthographe seront corrigées en fonction de la langue du clavier.

1/ Touchez l'icône *Réglages* sur l'écran d'accueil.

2/ Dans la colonne de gauche, touchez la ligne *Général*.

3/ Dans la colonne de droite, touchez le mot *Clavier*.

4/ Dans la page qui s'affiche, touchez le mot *Claviers internationaux* pour accéder à la liste des claviers disponibles.

Accédez aux claviers internationaux

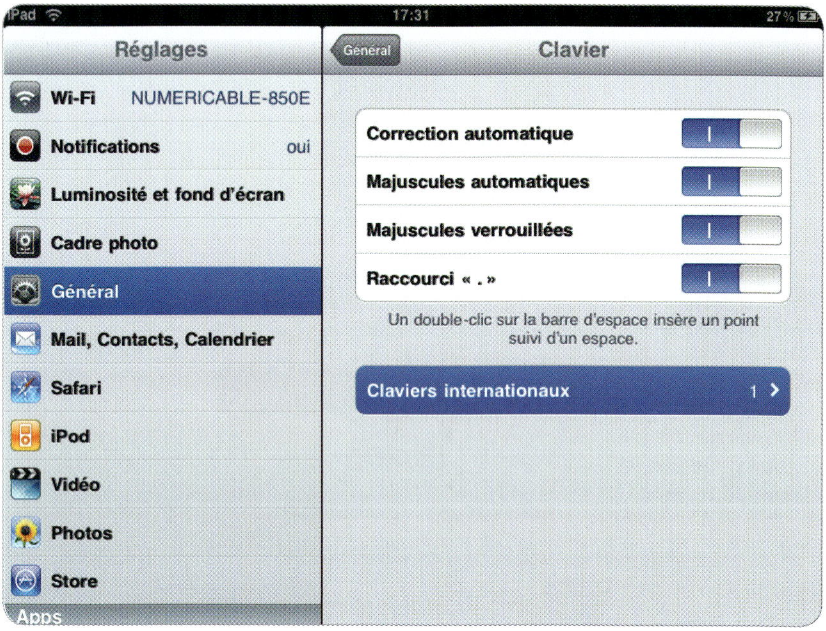

La liste n'affiche a priori qu'un seul clavier, le français, qui correspond à la langue générale utilisée par défaut sur votre iPad. Ajouter un clavier ne change pas du tout la langue d'affichage de l'interface des applications.

1/ Touchez la ligne *Ajouter un nouveau clavier*.

2/ Dans la liste, touchez la langue que vous voulez employer. La langue s'ajoute à la liste.

Changer de clavier

Une fois que vous avez plusieurs claviers à disposition, il s'agit maintenant de pouvoir en changer facilement et rapidement, à la volée au moment de les utiliser.

1/ Positionnez-vous dans une zone pour écrire du texte, par exemple un courrier électronique.

2/ Notez l'apparition d'une nouvelle touche sur le clavier virtuel, juste à gauche de la Barre d'espace. Elle représente l'icône d'un globe.

3/ Appuyez sur cette touche pour passer d'un clavier à l'autre. Chaque fois que vous la touchez, c'est le clavier suivant dans la liste qui s'affiche. Au moment du basculement, la [Barre d'espace] affiche le nom de la langue du clavier.

Basculez d'un clavier à un autre d'un simple appui sur une touche

Écrire avec le clavier étranger

Vous pouvez maintenant saisir normalement dans la même langue que le clavier pour constater le changement de comportement.

1/ Entrez du texte dans la langue choisie, en écrivant par exemple sans apostrophe les mots qui en comprennent. L'iPad corrige par exemple *dont* en *don't* ou *weve* en *we've*, qui sont des tournures de phrases propres à l'anglais.

2/ Si un mot est souligné en rouge, touchez-le une fois pour afficher des propositions de correction en anglais.

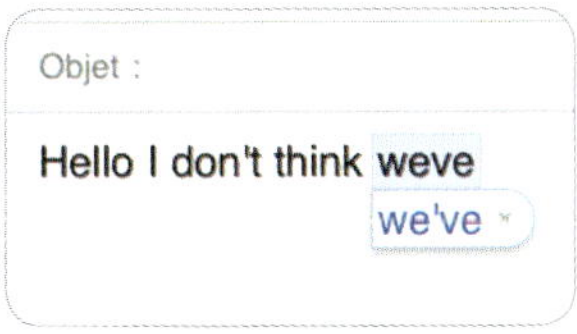

Laissez l'iPad corriger votre prose anglaise automatiquement

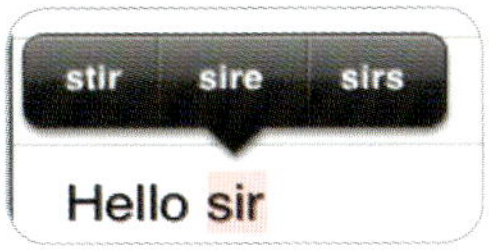

Demandez des suggestions de mots anglais à l'iPad

Modifier un clavier étranger

En utilisant un clavier d'une autre langue, vous avez peut-être tendance à perdre vos repères à cause de l'implantation différente des touches. En effet, les Anglais utilisent le clavier QWERTY alors que les Français favorisent le clavier AZERTY. Il est parfaitement possible d'appliquer l'implantation des touches françaises sur le clavier anglais. Vous gardez ainsi les corrections propres à la langue, mais en conservant vos habitudes de frappe.

1/ Touchez l'icône *Réglages* sur l'écran d'accueil.

2/ Touchez la ligne *Général* dans la colonne de gauche.

3/ Dans la colonne de droite, touchez la ligne *Clavier*.

4/ Touchez ensuite la ligne *Claviers internationaux*.

5/ Touchez la ligne correspondant au clavier étranger dont vous voulez modifier l'implantation des touches, ici l'anglais.

6/ Dans la section supérieure consacrée au clavier logiciel, repérez les différentes implantations. Touchez celle qui correspond à vos habitudes, *AZERTY* pour les Français.

Transformez le clavier virtuel anglais en clavier AZERTY

Vous pouvez maintenant utiliser le clavier anglais transformé.

1/ Positionnez-vous dans une zone pour écrire du texte, un courrier électronique par exemple, et faire apparaître le clavier virtuel.

2/ Appuyez sur la touche en forme de globe à gauche de la Barre d'espace. Notez que la Barre d'espace affiche le nom du clavier, ici US English. Pourtant l'implantation des touches n'a pas changé et reste en AZERTY.

Le clavier anglais n'a désormais plus de secrets pour vous

Exploiter les claviers contextuels

La magie de l'iPad, c'est que le clavier n'est pas gravé dans le marbre. Il peut s'adapter en fonction des circonstances, contrairement à un clavier physique. Si vous avez besoin de définir une date, il est absurde d'avoir un clavier avec des lettres et d'appuyer sur la touche Maj pour accéder aux chiffres. Avec l'application Numbers (7,99 € sur l'App Store), Apple propose un fonctionnement plus rationnel et bien plus rapide pour entrer des données dans un tableau.

Créez une feuille de calcul dans Numbers

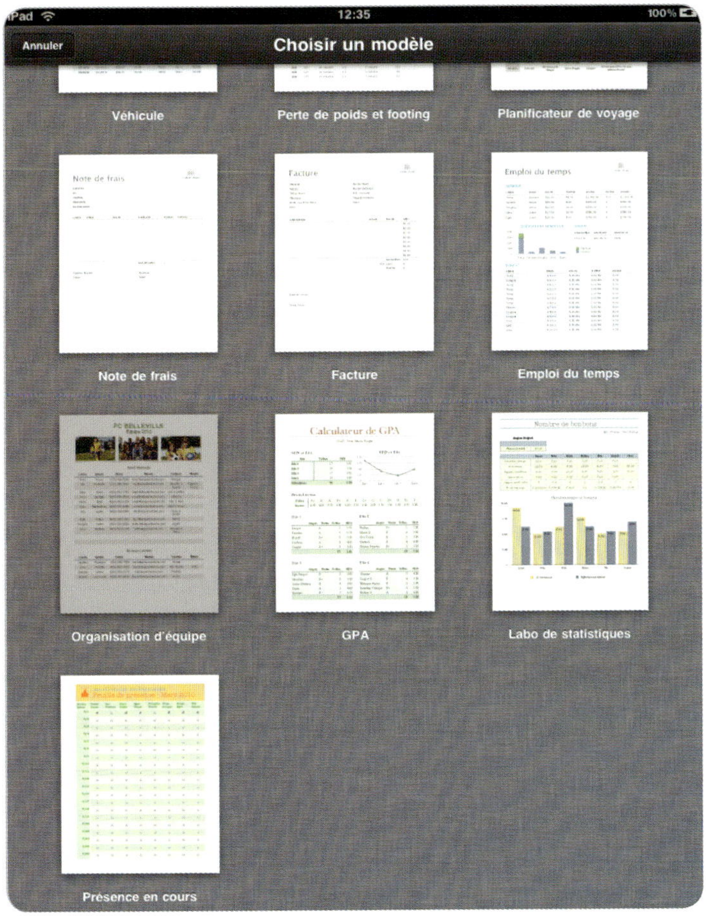

1/ Achetez Numbers sur l'App Store.

2/ Touchez son icône pour lancer l'application.

3/ Touchez le bouton + en bas de l'écran pour créer un nouveau document.

4/ Touchez le bouton **Nouvelle feuille de calcul**.

5/ Faites défiler la liste des modèles qui s'affiche et touchez celui que vous voulez, ici *Organisation de l'équipe*.

Le modèle est déjà prérempli avec des données, mais vous pouvez évidemment partir de zéro. Avec cet exemple, apprenez à maîtriser l'interface de Numbers.

1/ Touchez le tableau de la première feuille. La case où se situe le point de contact se met en surbrillance.

2/ Touchez deux fois rapidement une case pour éditer son contenu, ici la première case *Prénom*.

3/ Le clavier virtuel s'affiche. Vous pouvez entrer un nom avec les touches qui représentent les lettres de l'alphabet.

4/ Touchez OK dans la partie supérieure droite du clavier pour valider le changement.

Entrez un nom avec le clavier virtuel de texte

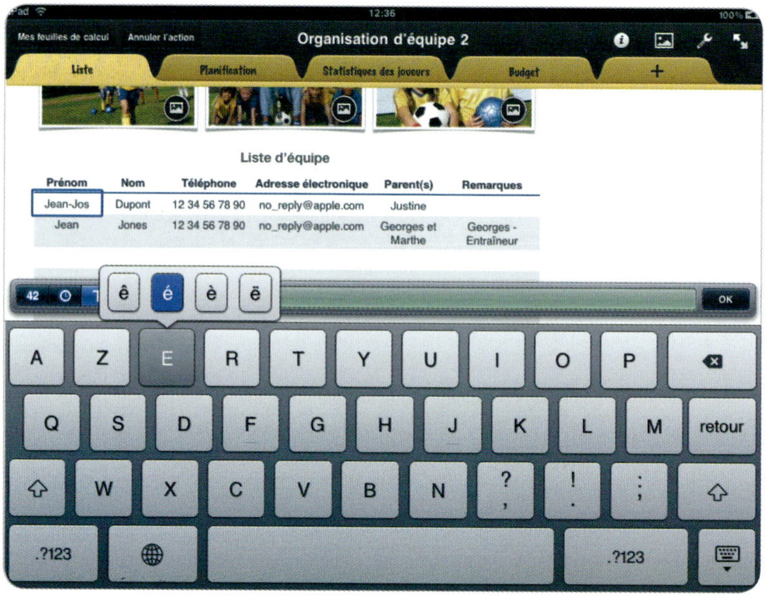

C'est le cas de figure le plus simple, avec uniquement du texte. Il existe trois autres types de claviers dans Numbers.

1/ Touchez l'onglet **Statistiques des joueurs** pour afficher un autre tableau.

2/ Touchez deux fois rapidement une case avec un chiffre, par exemple le nombre de buts. Un clavier apparaît, avec cette fois, uniquement des chiffres.

3/ Entrez une valeur numérique et touchez OK dans la partie supérieure droite du clavier pour valider le changement.

Entrez une valeur numérique avec le clavier à chiffres

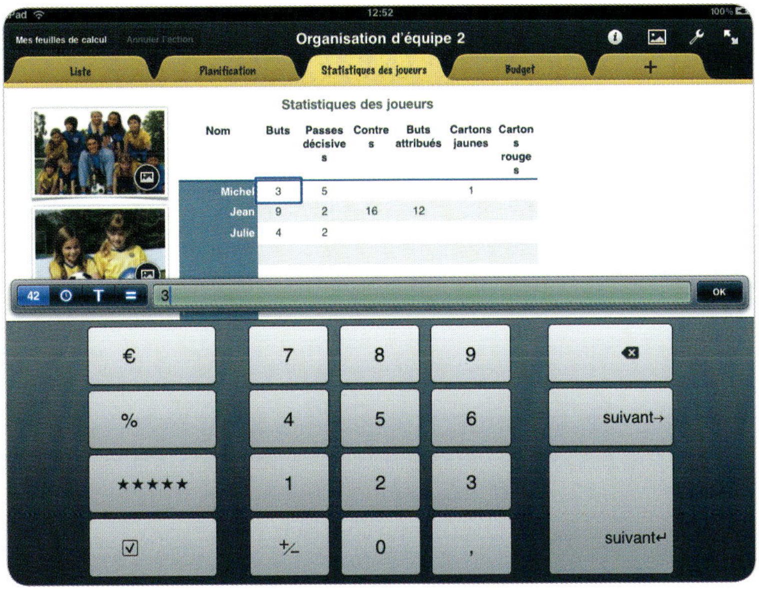

La version numérique du clavier permet plus que le simple ajout de chiffres : il est aussi possible de définir des types de valeurs.

1/ Touchez l'onglet **Budget** situé en haut du document.

2/ Touchez deux fois rapidement la cellule d'un tableau pour afficher le clavier numérique.

Définissez une valeur pécuniaire pour une cellule de tableau

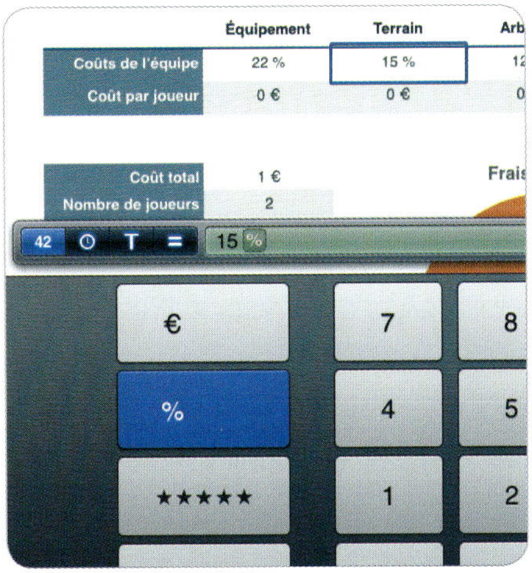

3/ Les valeurs sont données en euros car il s'agit de coûts. Notez que la touche dans la partie supérieure gauche du clavier numérique est en surbrillance bleue. Touchez-la pour désactiver l'affichage de prix.

4/ Touchez-la à nouveau pour rétablir l'affichage de prix. Si vous la touchez dans n'importe quel tableau, cela transformera la cellule en valeur pécuniaire.

5/ Touchez [%] si vous voulez que le chiffre ne soit pas une valeur absolue, mais un pourcentage.

Les deux autres touches du clavier numérique permettent de créer des cases avec une appréciation (1 à 5 étoiles) et une case à cocher.

1/ Touchez deux fois rapidement une case d'un tableau.

2/ Appuyez sur la touche avec les étoiles pour remplir la case d'une appréciation.

3/ Appuyez sur la touche en forme de case cochée pour remplir la case avec une case à cocher.

4/ Pour modifier les valeurs de ces deux types de cases, touchez deux fois une case pour afficher le clavier puis touchez la zone verte au-dessus du clavier pour changer les valeurs.

5/ Validez les changements en touchant [OK] dans la partie supérieure droite du clavier.

Étoile ou case à cocher agrémentent vos cellules

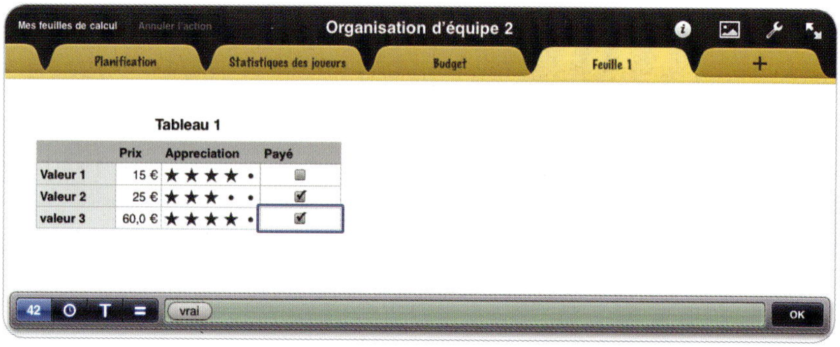

Après le clavier textuel et le clavier numérique, voici le clavier sélectionneur de date.

1/ Touchez l'onglet **Planification** du document *Organisation d'équipe*.

2/ Touchez deux fois rapidement une cellule dans la colonne *Date*. Le clavier sélectionneur de date s'affiche.

3/ Touchez le nom du mois dans l'afficheur vert au-dessus du clavier. Les touches représentent alors les douze mois de l'année. Touchez-en une pour sélectionner le mois correspondant.

4/ Touchez la deuxième case dans l'afficheur vert, pour choisir le jour. Continuez ainsi avec chaque case pour définir la date et l'heure précises.

5/ Si vous voulez aller plus vite pour définir la date du jour, appuyez sur la touche [Auj'hui] en bas à droite des chiffres.

6/ Validez les changements en touchant [OK] dans la partie supérieure droite du clavier.

Définissez une date avec le clavier

Ce clavier permet également de définir rapidement une durée.

1/ Touchez deux fois rapidement une cellule dans la colonne *Durée*.

2/ Appuyez sur la touche [Durée] dans la partie inférieure gauche du clavier.

3/ Sélectionnez un à un les éléments dans l'afficheur vert au-dessus du clavier (semaines, jours, heures, minutes, secondes, millisecondes).

4/ À chaque fois, définissez une valeur via le pavé numérique virtuel.

5/ Validez les changements en touchant [OK] dans la partie supérieure droite du clavier.

Définissez une durée

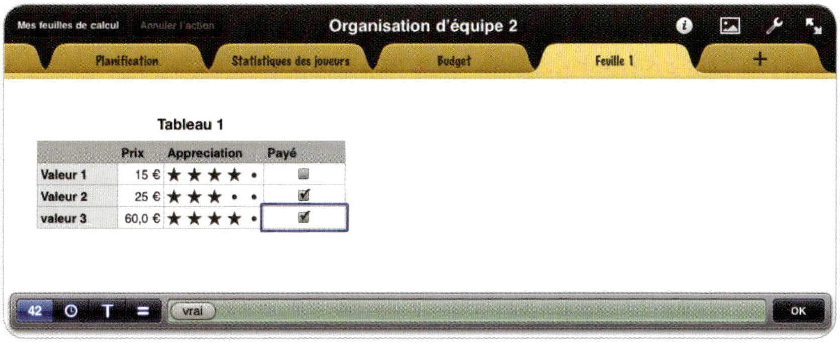

La fonction première d'un tableur est d'effectuer des calculs mathématiques automatiquement. Là aussi, le clavier virtuel vous permet d'aller plus vite.

1/ Sélectionnez un tableau avec une série de valeurs numériques dans une colonne.

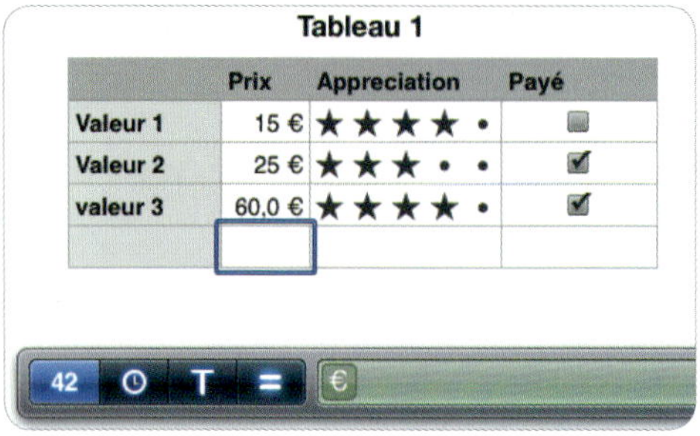

Sélectionnez le clavier des formules mathématiques

2/ Touchez deux fois rapidement une cellule vide située en dessous.

3/ Le clavier virtuel s'affiche. Appuyez sur la touche [=] dans la partie supérieure gauche du clavier, juste à côté de l'afficheur vert.

Le clavier des formules permet de définir des calculs simples ou complexes dans les cases de vos tableaux.

1/ Appuyez sur la touche [Somme] située au milieu du clavier, dans la partie inférieure. Cela ajoute une fonction d'addition des valeurs dans votre cellule. Par défaut, Numbers propose les cellules concernées par le calcul. Elles sont en surbrillance bleue.

2/ Touchez l'un des deux points ronds en haut et en bas des cellules sélectionnées et faites glisser votre doigt pour définir précisément ces cellules. L'afficheur vert montre le détail du calcul et reflète les changements de sélection des cellules.

3/ Validez votre calcul en touchant la coche verte dans la partie supérieure droite du clavier virtuel.

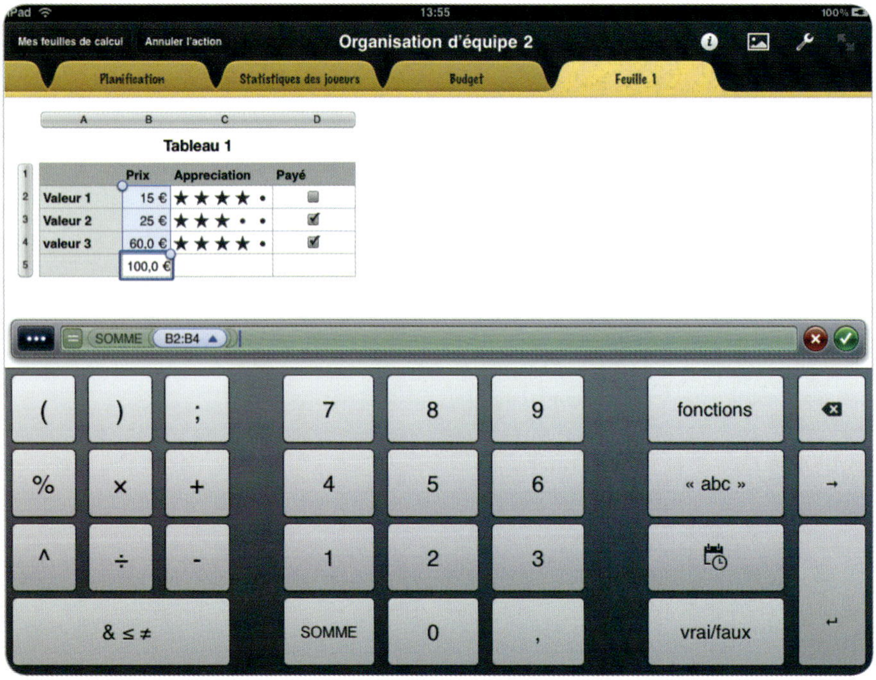

Définissez rapidement une somme de chiffres

Comme tout tableur, Numbers est capable de bien plus qu'une simple addition. Pour cela, le clavier virtuel vous donne tous les outils.

1/ Touchez deux fois rapidement une cellule avec une fonction mathématique. Le clavier des formules mathématiques s'affiche.

2/ Appuyez sur la touche Fonctions dans la partie supérieure droite du clavier pour choisir une fonction différente de la somme. Une liste complète s'affiche dans une boîte de dialogue.

3/ Touchez la flèche bleue en regard de chaque dénomination pour obtenir une description complète de la nature de cette fonction.

4/ Touchez la dénomination de la fonction pour l'ajouter dans la formule de votre cellule.

Après avoir choisi une fonction, il faut définir les données sources du calcul.

1/ Dans l'afficheur vert, touchez le bouton **Valeur** situé dans la fonction *Moyenne* pour le mettre en surbrillance.

2/ Posez votre doigt sur la première cellule source et faites-le glisser jusqu'à la dernière cellule source. Le nom des cellules se reflète dans l'afficheur.

3/ Touchez une autre cellule et faites glisser votre doigt pour ajouter d'autres cellules à votre calcul.

4/ Validez en touchant la coche verte dans la partie supérieure droite du clavier.

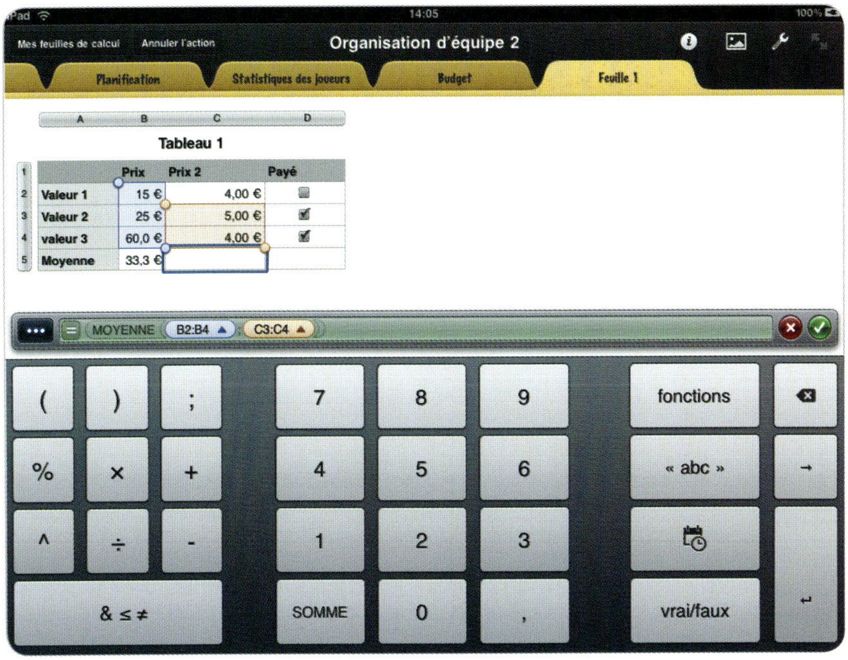

Définissez les cellules sources pour le calcul de la fonction choisie

Astuce

Choisissez la bonne formule
Le clavier virtuel des formules mathématiques propose de nombreuses fonctions aptes à satisfaire vos besoins en calculs les plus variés. La partie gauche du clavier réunit les signes mathématiques. Appuyez sur la touche [...] dans la partie supérieure gauche du clavier pour revenir aux autres claviers (chiffres, dates, texte).

Utiliser un clavier physique

Si vous voulez saisir encore plus efficacement, le plus sage consiste à remplacer le clavier virtuel par un vrai clavier physique. Il existe trois solutions :

- Procurez-vous le dock avec clavier, qui fait office à la fois de support, de chargeur et de clavier pour l'iPad. Il suffit de le brancher pour qu'il soit actif automatiquement.
- Utilisez un clavier Bluetooth.
- Plus surprenant : branchez un clavier USB au kit de connexion pour appareil photo.

Les deux dernières solutions méritent quelques éclaircissements.

Utiliser un clavier Bluetooth

1/ Procurez-vous un clavier sans fil à la norme Bluetooth. Celui que commercialise Apple est le plus adéquat, mais n'importe lequel fera l'affaire.

2/ Touchez l'icône *Réglages* sur l'écran d'accueil de l'iPad.

3/ Touchez la ligne *Général* dans la colonne de gauche.

4/ Touchez la ligne *Bluetooth* dans la colonne de droite.

5/ Touchez l'interrupteur à droite du mot *Bluetooth* pour l'activer le cas échéant.

6/ Allumez votre clavier. Son nom apparaît dans la liste de la section *Appareils*.

7/ Touchez le nom du clavier à l'écran. Une boîte de dialogue vous demande de saisir un code chiffré indiqué sur le clavier pour activer le jumelage.

8/ Entrez le code mentionné sur le clavier. Il est désormais jumelé. Le clavier virtuel n'apparaîtra plus à l'écran, vous devrez désormais utiliser le clavier physique.

Jumelez le clavier Bluetooth

Brancher un clavier USB au kit de connexion appareil photo

Cette solution n'est pas recommandée par Apple, même si elle fonctionne parfaitement. Il faut posséder le kit de connexion appareil photo pour iPad et un clavier à la norme USB 1. Cela concerne par exemple les anciens claviers blancs d'Apple, mais pas les claviers plats en aluminium, qui sont à la norme USB 2. Quant aux claviers de PC, ils sont à déconseiller car l'implantation des touches de l'iPad respecte celle du Mac, différente du PC.

1/ Branchez à l'iPad le connecteur USB du kit de connexion appareil photo.

2/ Branchez votre clavier USB sur la prise du kit. L'écran de l'iPad affiche un message d'erreur en anglais, vous indiquant que l'iPad ne gère pas ce périphérique.

3/ Touchez le bouton **Dismiss**.

4/ Votre clavier USB est désormais utilisable avec votre iPad. Positionnez-vous dans une zone de texte pour constater que le clavier virtuel n'apparaît plus, mais que vous pouvez bien écrire avec le clavier physique.

Passez outre le message d'erreur et profitez d'un clavier physique USB avec votre iPad

De par sa conception, le clavier physique ne peut pas s'utiliser exactement comme le clavier tactile de l'iPad, principalement pour la raison suivante : lorsqu'on utilise un clavier externe, les mains ne se posent que rarement sur l'écran. Il y a donc quelques réglages à opérer et quelques raccourcis à connaître.

Paramétrer le clavier physique

1/ Touchez l'icône *Réglages* sur le fond d'écran de l'iPad.

2/ Dans la colonne de gauche, sélectionnez *Général*.

3/ Dans la colonne de droite, touchez *Clavier*.

4/ Touchez maintenant *Claviers internationaux*.

5/ Touchez *Français* pour afficher les réglages.

6/ Dans la deuxième section, vous pouvez choisir des options qui ne s'appliqueront qu'au clavier physique.

7/ Touchez la ligne *Français - numérique* si vous voulez entrer des chiffres directement en utilisant la rangée de touches supérieures du clavier. Il faudra appuyer sur la touche [Maj] pour accéder aux caractères accentués.

Faites correspondre l'implantation des touches de votre clavier avec le paramétrage de l'iPad

Passer rapidement d'un clavier à l'autre

Vous utilisez un clavier physique avec votre iPad et vous avez ajouté des claviers internationaux pour profiter de plusieurs langues. Pour passer de l'un à l'autre, rien de plus simple !

1/ Sur le clavier, appuyez sur les touches [Cmd] et [Barre d'espace]. Une palette s'affiche pour vous indiquer la liste des claviers disponibles. Le clavier sélectionné est surligné en bleu.

2/ Appuyez à nouveau sur les touches [Cmd] et [Barre d'espace] pour passer au clavier suivant.

Passez rapidement d'une langue à une autre, même avec un clavier physique

Les raccourcis du clavier physique

Comme sur un Mac ou un PC, de nombreuses fonctions de l'iPad sont accessibles par des raccourcis clavier. Cela permet de réaliser rapidement des actions, sans avoir à lever ses mains du clavier ni à toucher l'écran. Voici quelques raccourcis :

- Appuyez sur Cmd+A pour sélectionner tout le texte.
- Appuyez sur Cmd+C pour copier le texte sélectionné.
- Appuyez sur Cmd+V pour coller le texte copié.
- Appuyez sur Cmd+X pour couper le texte sélectionné.
- Combinez la touche Maj avec les flèches de direction pour sélectionner une partie du texte.
- Appuyez sur les touches de contrôle de volume pour augmenter ou réduire le son ou bien pour le couper totalement.
- Appuyez sur les boutons de transport (lecture, retour rapide et avance rapide) pour contrôler la lecture de musique de la fonction iPod. Si vous ouvrez une vidéo, ces contrôles s'appliquent alors à la vidéo en cours.
- Appuyez sur Echap pour revenir à l'écran d'accueil. C'est l'équivalent du bouton **Accueil** de l'iPad.

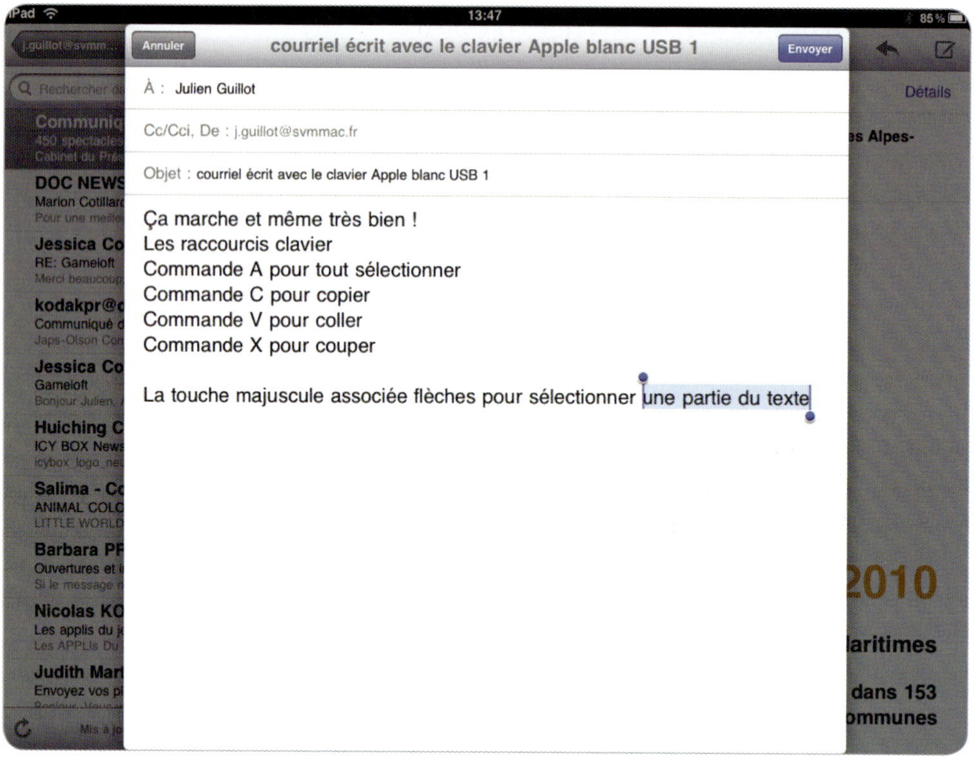

Vous pouvez utiliser des raccourcis clavier dans les applications de l'iPad

ACCÉLÉRER LE SURF

Il existe des techniques pour optimiser votre navigation et éviter d'avoir à saisir systématiquement au clavier des informations que vous pouvez mémoriser.

● Ajouter un raccourci à l'écran d'accueil

Pour accéder plus rapidement aux sites que vous consultez le plus souvent, de manière quotidienne, voici une solution qui vous évitera de lancer Safari préalablement : installez un raccourci sur l'écran d'accueil.

1/ Lancez Safari en touchant son icône sur l'écran d'accueil.

2/ Entrez l'adresse d'un site dans la barre d'adresse.

3/ Une fois la page chargée, touchez le bouton + situé juste à gauche de la barre d'adresse.

4/ Dans les choix proposés, touchez **Ajouter à l'écran d'accueil**.

Ajoutez une icône de raccourci pour vos sites web préférés

5/ Entrez un nom pour le favori. Ne le choisissez pas trop long. Si le site est conçu pour cela, une icône spécifique s'affiche. Sinon l'icône représentera une version miniature de la page web.

6/ Touchez le bouton **Ajouter**.

Vous pouvez créer de nombreux raccourcis sur l'écran d'accueil. Pour consulter ces sites, il suffit de toucher leur icône : Safari s'ouvre alors directement sur le site concerné. Gain de temps et de mouvements !

Cette icône sur l'écran d'accueil permet d'accéder directement à un site

● Enregistrer les mots de passe

Quand vous surfez régulièrement sur des sites, vous avez souvent besoin d'être inscrit. C'est le cas des réseaux sociaux comme Facebook, ou de services de messagerie comme Hotmail ou GMail. Il est laborieux de saisir à chaque fois son identifiant et son mot de passe. En outre, il faut se souvenir des différentes coordonnées pour chaque site. Safari a la solution.

1/ Touchez l'icône *Réglages* sur l'écran d'accueil de votre iPad.

2/ Touchez la ligne *Safari* dans la colonne de gauche.

3/ Touchez la ligne *Auto-remplissage* dans la colonne de droite.

4/ Activez le bouton en regard de la phrase *Noms et mots de passe*.

Activez la mémorisation des noms et mots de passe

Une fois que l'option est activée, il faut vous rendre sur un site qui requiert une identification et mémoriser identifiant et mot de passe. La manipulation suivante est à réaliser sur chaque site, mais vous n'aurez plus à la refaire.

1/ Lancez Safari et rendez-vous sur un site qui requiert une authentification, dans notre exemple Facebook.

2/ Touchez les champs de texte pour entrer au clavier d'abord votre adresse puis votre mot de passe.

3/ Touchez le bouton **Accéder** à droite sur le clavier virtuel pour valider votre connexion.

4/ Dans la boîte de dialogue qui s'affiche, touchez le bouton **Oui** pour enregistrer les identifiants. À la prochaine visite de ce site, les champs *Identifiant* et *Mot de passe* seront déjà remplis, vous n'aurez plus qu'à valider.

Mémorisez les identifiant et mot de passe pour chaque site

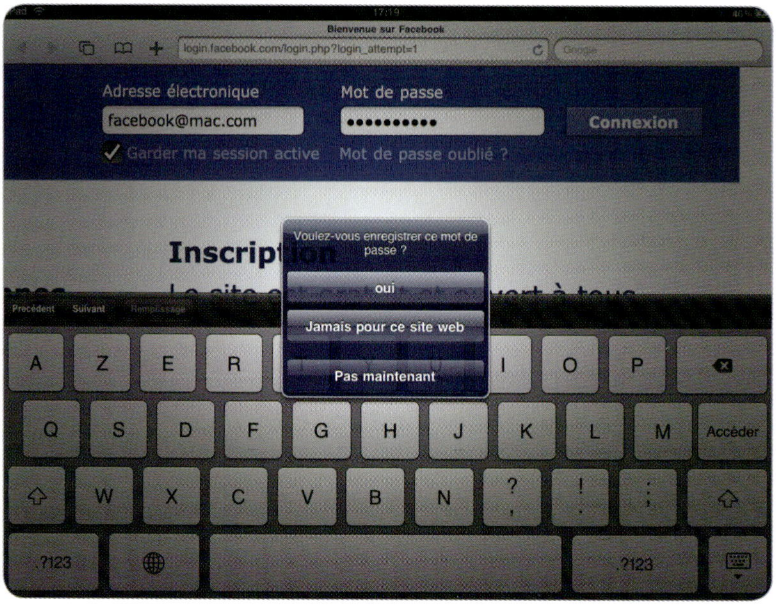

Remplir automatiquement les fiches

De nombreux sites demandent que vous entriez des informations personnelles, comme votre adresse, votre numéro de téléphone, etc. C'est utile pour remplir un bon de commande sur un site de vente en ligne. Il est laborieux de fournir ces informations (comme les identifiant et mot de passe) à chaque fois. Autant laisser l'iPad le faire pour vous.

1/ Touchez l'icône *Réglages* sur l'écran d'accueil de votre iPad.

2/ Touchez la ligne *Safari* dans la colonne de gauche.

3/ Touchez la ligne *Auto-remplissage* dans la colonne de droite.

4/ Activez le bouton en regard du texte *Coordonnées*.

5/ Touchez ensuite la ligne *Mes infos* juste en dessous.

6/ Dans le menu *Contacts* qui s'affiche, faites défiler la liste jusqu'à votre nom ou utilisez le champ de recherche pour le trouver.

7/ Touchez votre nom. Votre fiche de carnet d'adresses servira de base aux informations entrées automatiquement sur les sites.

Choisissez votre fiche de contact pour remplir automatiquement les formulaires des sites

Votre fiche sert maintenant de base au remplissage automatique des formulaires sur Internet. Si vous avez plusieurs adresses (une personnelle et une professionnelle par exemple), Safari saura faire la différence entre les deux.

1/ Rendez-vous sur un site sur lequel vous avez besoin d'entrer votre adresse complète.

2/ Touchez le champ *Nom* pour faire apparaître le clavier.

3/ Commencez à saisir votre nom. Quand Safari détecte que vous remplissez un formulaire, il complète votre nom de famille et le met en surbrillance jaune.

4/ Touchez la [Barre d'espace] du clavier virtuel. Safari a maintenant rempli automatiquement tous les champs possibles correspondant aux informations de votre fiche dans le carnet d'adresses.

Safari sait remplir les formulaires tout seul

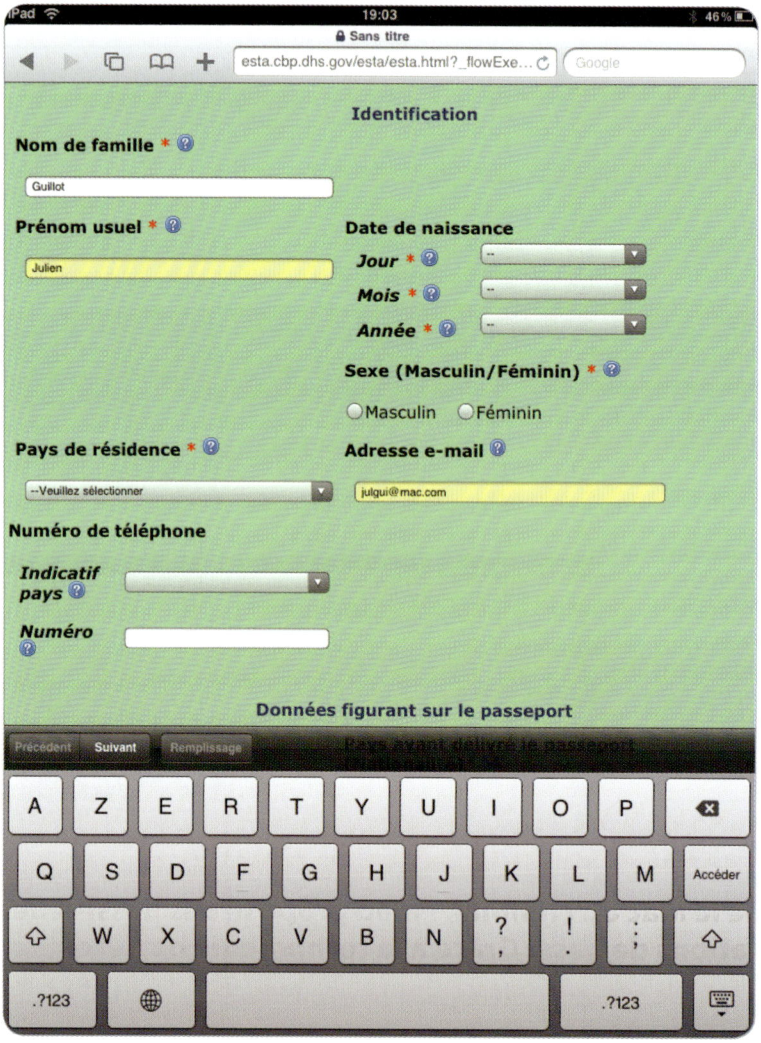

Tous les champs préremplis s'affichent sur un fond jaune pour que vous les repériez. Il convient dès lors de vérifier que les informations sont justes. Si elles sont erronées, vous pouvez bien évidemment les modifier.

1/ Touchez le champ de texte dans lequel des informations sont erronées.

2/ Supprimez le texte avec la touche d'effacement dans la partie supérieure droite du clavier.

3/ Commencez à entrer les bonnes informations.

Si Safari a indiqué votre adresse personnelle alors que vous vouliez donner votre adresse professionnelle, vous pouvez faire la modification ad hoc. Mais attention, le fait de changer une information influera sur les autres. Si vous modifiez le numéro de la rue, Safari modifiera en conséquence les champs *Rue*, *Ville* et *Code postal* automatiquement. Validez toujours la modification en touchant la [Barre d'espace] du clavier virtuel.

Astuce

Passez rapidement d'un champ à un autre

Sur un ordinateur, lors du remplissage d'un formulaire, vous pouvez passer d'un champ à un autre en utilisant la touche [Tab]. Il n'y a pas de telle touche sur le clavier virtuel de l'iPad, mais peu importe. Comme le clavier est virtuel, il peut afficher un contenu différent selon les situations. Lorsqu'il y a plusieurs champs, une bande s'affiche au-dessus du clavier avec trois boutons : **Précédent**, **Suivant** et **Remplissage**. Passez d'un champ à un autre en touchant **Précédent** et **Suivant**. Pour tenter de remplir automatiquement, touchez le bouton **Remplissage**.

Le clavier se pare de boutons pour faciliter le remplissage de formulaires

LOCALISER RAPIDEMENT UNE ADRESSE

Comme le Mac ou l'iPhone, l'iPad propose des passerelles entre ses applications de base. Grâce à la technologie de détection de données, des portions de texte écrit sont interprétées pour être transformées en informations utilisables par les applications Contacts ou Plans.

● Mémoriser un contact

Vous avez reçu un courrier électronique dans lequel votre correspondant a ajouté une signature avec ses informations personnelles ? Pour mémoriser une fiche à son nom, il suffit d'utiliser ce courriel.

1/ Touchez l'icône *Mail* sur le fond d'écran de l'iPad pour lancer l'application.

2/ Sélectionnez un message avec un expéditeur qui n'est pas dans votre carnet d'adresses.

3/ Touchez le bouton bleu qui porte son adresse dans la section *De*. Une fenêtre s'ouvre avec les informations récupérées par le logiciel.

4/ Touchez le bouton **Créer un nouveau contact**.

5/ La fenêtre affiche alors les champs de base d'une fiche de contact. Notez que les prénom, nom et adresse de courrier électronique sont déjà inscrits.

Ajoutez rapidement un expéditeur à vos contacts

Les informations situées dans la signature peuvent aussi être rapidement enregistrées.

1/ Sélectionnez un message de l'expéditeur dont vous voulez compléter la fiche. S'il a indiqué son numéro de téléphone, il s'affiche en bleu et il est souligné.

2/ Touchez le numéro. Un menu contextuel s'affiche.

3/ Choisissez **Ajouter à un contact**.

4/ La liste de tous vos contacts s'affiche, faites-la défiler pour choisir celui qui correspond. Touchez son nom.

Ajoutez rapidement un numéro de téléphone à un contact

Cela fonctionne de la même manière pour une adresse postale.

1/ Sélectionnez un message de l'expéditeur dont vous voulez compléter la fiche. S'il a indiqué son adresse, elle s'affiche en bleu et elle est soulignée.

Ajoutez rapidement une adresse à un contact

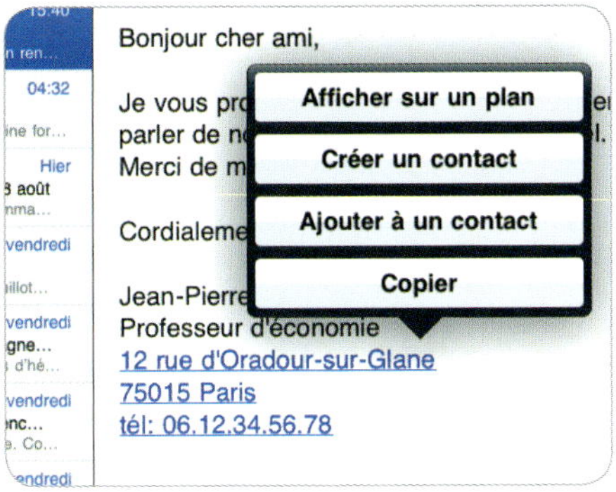

2/ Posez votre doigt sur l'adresse et maintenez l'appui. Un menu contextuel s'affiche.

3/ Choisissez **Ajouter à un contact**.

4/ La liste de tous vos contacts s'affiche, faites-la défiler pour choisir celui qui correspond. Touchez son nom.

● Situer une adresse

Dans un message électronique ou sur une page web, le texte d'une adresse postale est détecté par l'iPad.

1/ Ouvrez un message avec une adresse postale dans le corps du texte. Elle est affichée en bleu et elle est soulignée, comme un lien hypertexte.

2/ Touchez le lien directement. Vous pouvez également poser votre doigt sur le lien et maintenir l'appui pour afficher le menu contextuel.

3/ Choisissez alors **Afficher sur un plan**. L'application Plans se lance et pose une épingle sur l'adresse exacte.

4/ Vous pouvez alors toucher le bouton **i** à droite du nom du repère pour dévoiler les options d'affichage.

Repérez rapidement une adresse à partir d'un courrier électronique

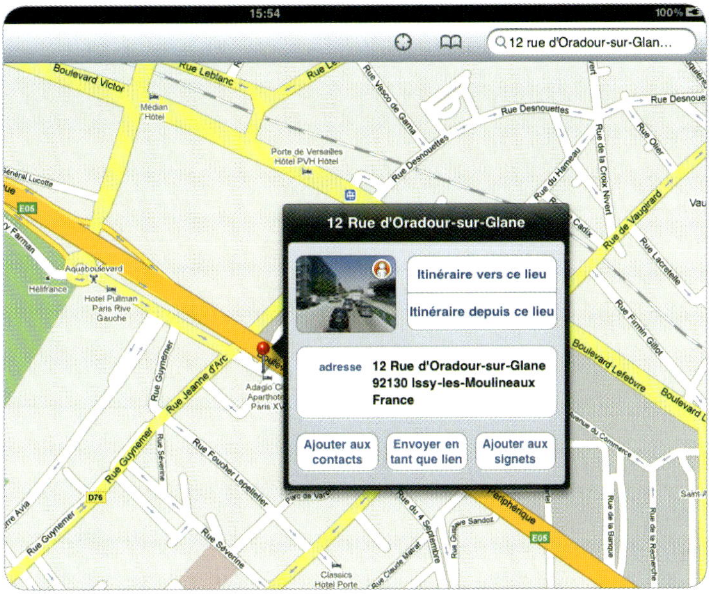

4

L'iPad pour travailler

D'aucuns la prennent pour un gadget à la mode, mais la tablette d'Apple est en réalité l'incarnation du futur de l'informatique. Dans quelques années, les écrans tactiles remplaceront un grand nombre de nos micro-ordinateurs, et ce non seulement pour les loisirs, mais également en situation professionnelle. Déjà l'iPad est parfaitement adapté pour le travail, de nombreux outils sont à disposition pour la bureautique ou l'organisation. En voici un tour d'horizon.

REMPLACER OFFICE

De tous les logiciels utilisés dans le monde professionnel, Microsoft Office est de loin le plus répandu. Qu'on le veuille ou non, c'est devenu un standard, voilà pourquoi il est important de pouvoir lire et partager des documents Word, Excel ou PowerPoint. L'iPad en est parfaitement capable, et de plusieurs façons.

● Lire des documents Office

Apple a intégré un dispositif baptisé **Coup d'œil** dans les arcanes du système de l'iPad. **Coup d'œil** permet d'afficher de nombreux formats de fichiers différents, y compris ceux de Microsoft Office. Mais si la plupart des applications peuvent ainsi ouvrir des fichiers Office, il est toutefois impossible de les modifier par ce biais.

1/ Touchez l'icône *Mail* sur l'écran d'accueil pour lancer l'application.

2/ Sélectionnez un message qui contient un document Word par exemple. Le fichier s'affiche à la fin du message sous la forme d'une icône avec un W dessus.

3/ Touchez l'icône pour l'afficher. Vous pouvez aussi poser votre doigt dessus quelques secondes pour afficher le menu contextuel et toucher le bouton **Coup d'œil**.

Lancez Coup d'œil pour voir un document Office

L'iPad affiche alors le document en plein écran. Vous pouvez le faire défiler avec le doigt, zoomer en écartant deux doigts. Touchez-le une fois pour afficher la barre de titre et touchez le bouton OK dans la partie supérieure gauche de l'écran pour revenir au message.

Consultez tranquillement le contenu de ce fichier PowerPoint

Astuce

Les extensions de documents

On reconnaît les documents Office à leur extension de fichier. Si le nom se termine par *.doc* ou *.docx*, c'est un document Word ; s'il se termine par *.xls* ou *.xlsx*, c'est une feuille de calcul Excel ; s'il se termine par *.pps*, *.ppt*, *.ppsx* ou *.pptx*, c'est une présentation PowerPoint.

● Utiliser iWork pour iPad

Apple vend trois applications de bureautique pour l'iPad, qui sont proches de leurs équivalents de la suite Microsoft Office. D'un côté, Pages, Numbers et Keynote, de l'autre Word, Excel et PowerPoint. Avec ces logiciels, vous pourrez non seulement ouvrir des documents Office pour les éditer, mais aussi en créer et les partager avec l'extérieur.

L'interface d'iWork

Chacune des trois applications iWork est vendue 7,99 € sur l'App Store. Au-delà des spécificités de chaque logiciel, les trois adoptent un fonctionnement général similaire. Prenons l'exemple de Pages, sachant que Numbers et Keynote adoptent la même logique.

1/ Une fois l'achat effectué et l'outil installé, touchez l'icône *Pages* sur l'écran d'accueil. Le dernier document ouvert s'affiche dans l'interface. Dans ce cas, c'est le document *Premiers contacts* proposé par défaut à l'utilisateur pour qu'il se familiarise avec l'application.

2/ Touchez le bouton [+] en bas de l'écran.

3/ Dans le menu qui s'ouvre, touchez le bouton **Nouveau document**. Vous pouvez aussi toucher directement le bouton **Nouveau document** dans la partie supérieure gauche de l'écran.

Créez un nouveau document

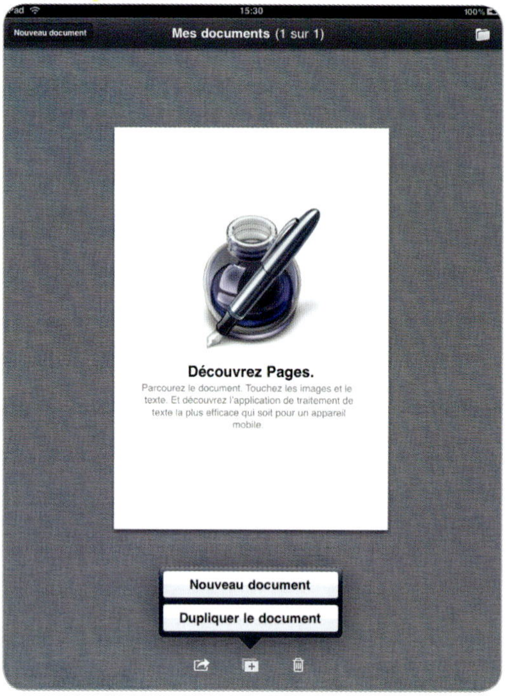

Pages affiche alors une grille de documents modèles pour que vous ne démarriez pas de zéro. Vous pouvez évidemment choisir le modèle *Vierge* pour partir d'une page blanche.

1/ Faites défiler la grille en faisant glisser votre doigt verticalement pour prévisualiser tous les modèles.

2/ Touchez le modèle que vous avez choisi pour l'ouvrir.

3/ À tout moment, vous pouvez revenir à la liste de vos fichiers en touchant le bouton **Mes documents** dans la partie supérieure gauche de l'écran.

Astuce

Sauvegarde inutile

Sur l'iPad (comme sur l'iPhone), les documents sont automatiquement liés à leur logiciel, alors que sur les ordinateurs Mac ou PC, ce sont des gestionnaires de fichiers qui permettent de classer les documents. Ainsi, sur l'iPad, chaque fichier Pages est disponible dans l'interface de Pages. Vous êtes sûr de ne pas le perdre dans les méandres d'un disque dur. Par conséquent, vous n'avez pas besoin d'enregistrer vos documents en cours. Ils sont en permanence archivés avec la dernière version en date. Si vous quittez l'application pour faire autre chose et que vous y reveniez, vous trouverez votre dernier fichier ouvert.

Naviguer dans les documents

Dans chaque application iWork, tous les documents sont accessibles via le bouton **Mes documents** dans la partie supérieure gauche de l'écran.

1/ Faites glisser votre doigt de manière latérale pour prévisualiser un document.

2/ Quand vous avez trouvé le document voulu, touchez-le pour l'ouvrir.

3/ Si vous voulez en produire une nouvelle version, touchez le bouton + en bas de l'écran.

4/ Touchez ensuite le bouton **Dupliquer le document**. Cela créera une nouvelle version identique sur laquelle vous pourrez travailler, sans altérer l'original.

5/ Pour supprimer définitivement un fichier, touchez le bouton **Corbeille** en bas de l'écran.

6/ Touchez ensuite le bouton **Supprimer le document**.

Supprimez le document voulu

Pour donner un nom explicite à un document ou pour renommer un document existant, il faut passer par l'écran d'accueil de l'application.

1/ Touchez le bouton **Mes documents** pour revenir à l'écran d'accueil de l'application.

2/ Faites défiler les documents pour trouver celui dont vous voulez changer le nom.

3/ Touchez le nom qui se trouve sous l'aperçu.

4/ Utilisez le clavier pour modifier le nom.

Modifiez le nom d'un document

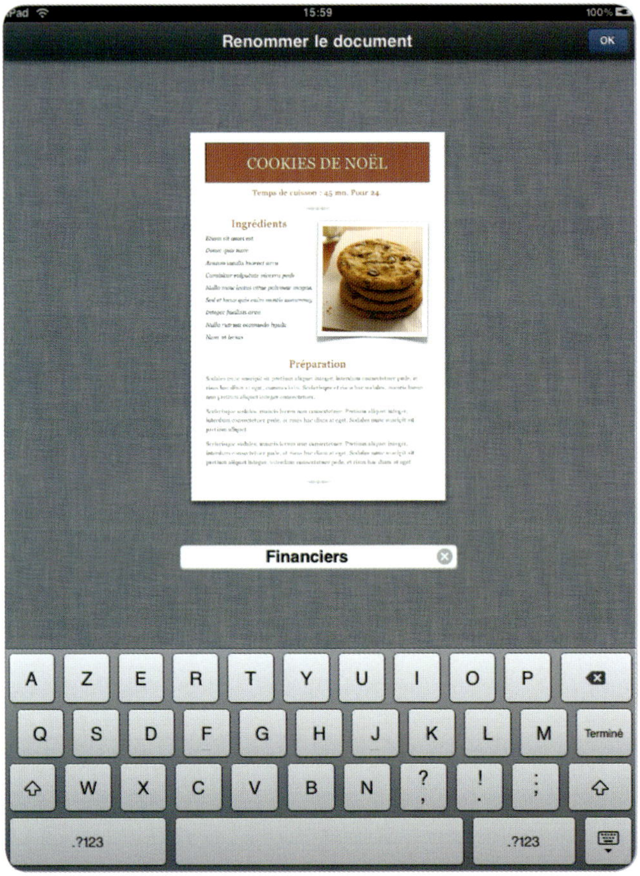

Éditer un document

Lorsqu'il s'agit de modifier le contenu d'un fichier iWork, les procédures sont similaires sur les trois logiciels. Voici comment ajouter du texte ou des images et modifier les éléments.

1/ Ouvrez un document en touchant son aperçu ou créez un nouveau document à partir d'un modèle.

2/ Pour modifier le texte initial, touchez un paragraphe. Il se met alors en surbrillance et le clavier apparaît.

3/ Saisissez votre texte via le clavier ou bien touchez le bouton **Coller** si vous aviez préalablement copié du texte dans une autre application.

Modifiez le texte initial

Une fois le texte saisi ou collé, vous pouvez aussi modifier les images fictives.

1/ Repérez une image dans le document. Touchez le bouton rond dans la partie inférieure droite de l'image. Une palette donnant accès à votre photothèque s'affiche.

2/ Naviguez à l'intérieur pour choisir l'image voulue.

Changez les images fictives

Vous pouvez prévisualiser votre document en plein écran en touchant le bouton dans la partie supérieure droite de l'écran. Cela fera disparaître les barres d'outils. Pour faire défiler les pages, faites glisser votre doigt, et si besoin, zoomez en écartant deux doigts. Touchez une fois brièvement l'écran pour rétablir l'affichage normal.

Travaillez en plein écran

> **Astuce**
>
> **Annulez l'action**
>
> Quoi que vous fassiez, vous pouvez revenir en arrière grâce au bouton **Annuler l'action**. En le touchant, vous aurez accès à deux boutons, l'un pour revenir en arrière, l'autre pour rétablir la dernière action annulée. Mais peut-être trouverez-vous plus rapide de secouer brièvement mais fermement votre iPad. Une boîte de dialogue s'ouvre alors pour vous proposer soit d'annuler l'action, soit de rétablir l'action. Rapide et intuitif !
>
> 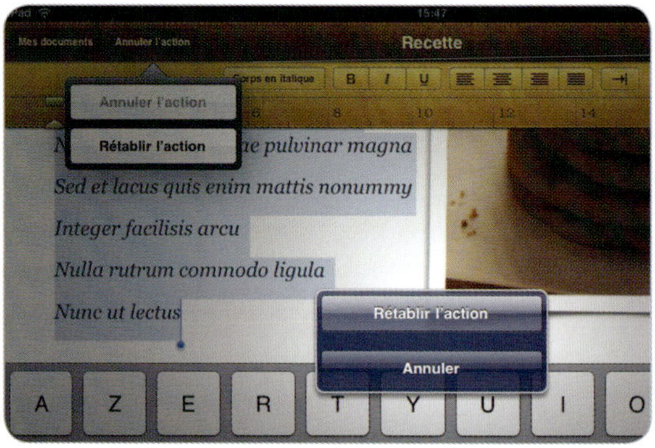
>
>
> **Secouez pour annuler**

Modifier les attributs du texte

Vous pouvez modifier l'apparence du texte en changeant le type de police, la taille, la couleur, etc. Cela passe par un Inspecteur et la palette afférente. Elle s'adapte en fonction des éléments sélectionnés.

1/ Sélectionnez du texte en touchant deux fois brièvement un mot et en déplaçant les deux bornes bleues à gauche et à droite des lettres.

2/ Touchez le bouton **i** dans la partie supérieure droite de l'écran pour afficher l'Inspecteur.

3/ Touchez le bouton **Style** pour sélectionner l'un des styles prédéfinis.

4/ Touchez le bouton **Disposition** pour définir l'alignement du texte, le nombre de colonnes dans la portion sélectionnée et l'interlignage.

Changez le style du texte

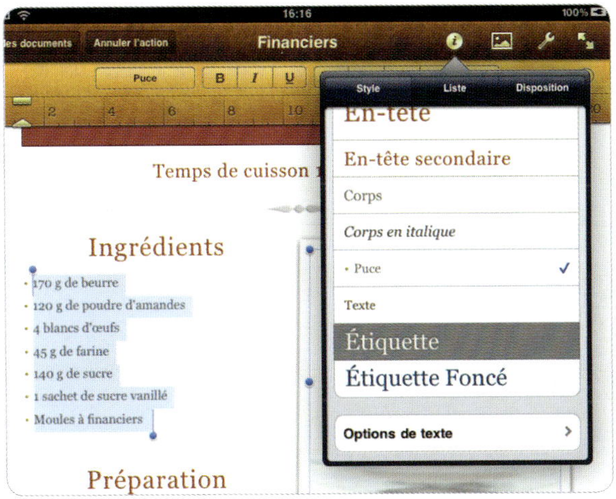

Au-delà de ces modifications générales, vous pouvez aller plus loin et afficher d'autres paramètres.

1/ Sélectionnez du texte en touchant deux fois brièvement un mot et en déplaçant les deux bornes bleues à gauche et à droite des lettres.

2/ Touchez le bouton **i** dans la partie supérieure droite de l'écran pour afficher l'Inspecteur.

3/ Touchez le bouton **Style** et faites défiler la liste jusqu'en bas.

4/ Touchez le bouton **Options de texte**.

5/ Vous pouvez maintenant modifier la taille, sélectionner une autre couleur ou bien changer la police de caractères.

Une autre police pour votre texte

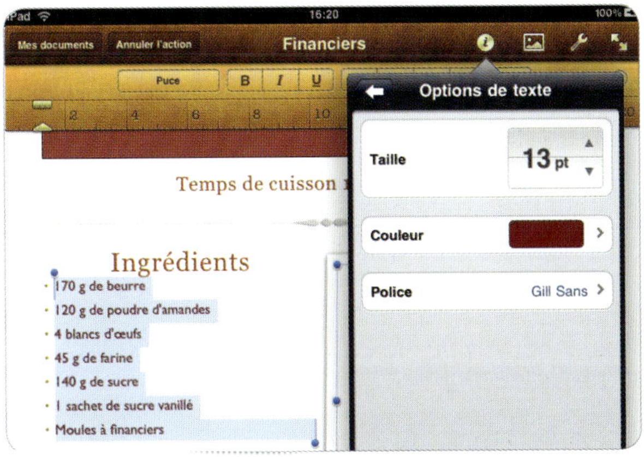

> **Astuce**
>
> **Utilisez la barre**
>
> La barre d'outils située en haut de l'écran affiche les attributs de base des caractères dès le moment où du texte est sélectionné. Vous pouvez ainsi mettre en gras, en italique, souligner ou en encore ferrer le texte à gauche, au centre ou à droite, voire le justifier. Le bouton à gauche permet d'accéder rapidement aux feuilles de style.

Modifier les attributs des images

Vous êtes libre d'agencer les images à votre convenance. Vous pouvez les manipuler, d'une part grâce à l'interface tactile multipoint, et d'autre part avec la palette de l'Inspecteur.

1/ Touchez une image. Des poignées bleues apparaissent tout autour.

2/ Touchez à nouveau l'image et faites glisser votre doigt pour déplacer l'illustration sur la page.

3/ Touchez l'une des poignées et faites glisser votre doigt pour modifier la taille de l'image.

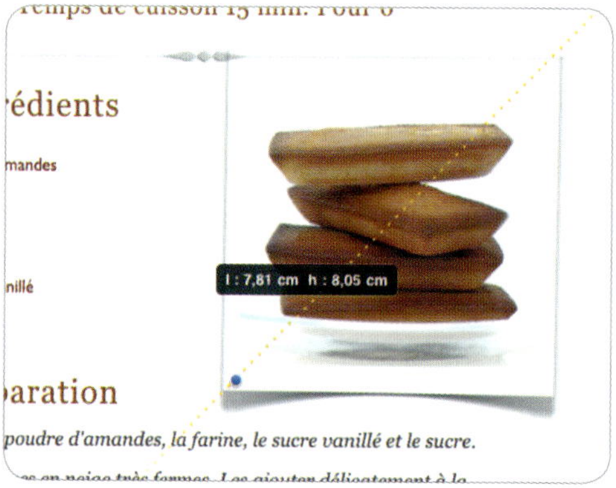

Faites glisser vos doigts pour déplacer ou changer la taille d'une image

Le déplacement et l'agrandissement d'une image se font en temps réel à l'écran. Vous pouvez voir le texte s'adapter en fonction de la position de l'image. Mais avec le multipoint, vous pouvez aussi faire pivoter l'image.

1/ Touchez une image pour la mettre en surbrillance.

2/ Posez deux doigts dessus.

3/ Sans changer l'écartement, faites pivoter vos deux doigts dans un sens ou dans l'autre.

4/ Relâchez vos doigts quand l'image est bien positionnée.

Utilisez deux doigts pour faire pivoter une image

Insérer une deuxième image

Voici encore une démonstration de l'avantage du multipoint sur la souris. Quand vous insérez une image, vous pouvez lui donner les dimensions d'une autre.

1/ Touchez le bouton en forme de paysage dans la partie supérieure droite de l'écran pour ouvrir la palette de sélection de photos.

2/ Touchez l'image que vous voulez insérer dans le document.

3/ Touchez n'importe où le document pour fermer la palette.

4/ Touchez l'image pour la sélectionner et déplacez-la sur la page. Quand vous approchez des bords, des guides d'alignement s'affichent et magnétisent le bloc pour faciliter l'alignement.

Les guides d'alignement vous aident à positionner les objets que vous déplacez

Vous pouvez aussi utiliser les guides d'alignement pour redimensionner votre image à la même taille qu'une autre. Mais il y a plus simple.

1/ Sélectionnez une image pour la mettre en surbrillance.

2/ Touchez l'une des poignées bleues destinées à redimensionner l'image.

Utilisez deux doigts pour faire correspondre la taille de deux images

3/ Avec un autre doigt, touchez une autre image. Votre image adopte alors exactement la même dimension que celle que vous venez de toucher.

4/ Retirez d'abord votre premier doigt de la poignée bleue pour valider le changement de taille.

5/ Retirez le deuxième doigt sur l'autre image.

Inspecter les images

Avec la palette d'Inspecteur, vous pourrez changer l'habillage et le cadre d'une photo.

1/ Touchez une image pour la sélectionner.

2/ Touchez le bouton **i** dans la partie supérieure droite de l'écran.

3/ Touchez l'onglet **Disposition**. Le premier curseur permet de définir l'ordre d'affichage de l'image sur la page (de l'arrière-plan au premier plan). Les boutons miroirs permettent de retourner l'image.

Modifiez la disposition de l'image

En jouant avec le masque d'une image, vous pouvez recadrer une partie de la photo tout en profitant des options de cadre.

1/ Touchez une image pour la sélectionner.

2/ Touchez le bouton **i** dans la partie supérieure droite de l'écran.

3/ Touchez l'onglet **Disposition**.

4/ Touchez le bouton **Modifier le masque**.

5/ Déplacez le curseur sous l'image pour l'agrandir. La partie qui sera invisible s'affiche en grisé.

Modifiez le masque d'une photo

6/ Vous pouvez déplacer l'image dans le cadre en faisant glisser un doigt.

7/ Vous pouvez faire pivoter l'image avec deux doigts, comme expliqué précédemment.

8/ Quand cela vous convient, touchez le bouton OK.

Vous pouvez aussi ajuster le cadre de l'image.

1/ Touchez une image pour la sélectionner.

2/ Touchez le bouton **i** dans la partie supérieure droite de l'écran.

3/ Touchez l'onglet **Style**.

4/ L'application propose des styles de cadres prédéfinis. Touchez-en un pour l'appliquer.

5/ Pour affiner les réglages, touchez le bouton **Options de style**.

Ajoutez un cadre à une image

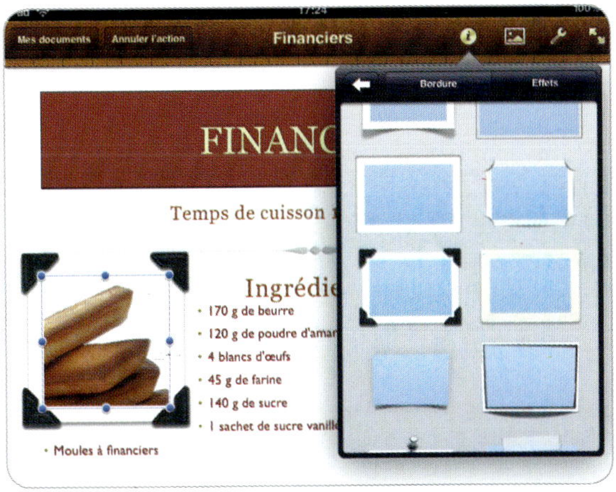

6/ Touchez l'onglet **Bordure** pour définir les options de bordure.

7/ Faites défiler les options et touchez un cadre qui vous plaît.

8/ Vous pouvez ajouter une ombre, un reflet et ajuster l'opacité de l'image en touchant l'onglet **Effets**.

Astuce

Naviguez rapidement dans un document

Si vous ne voulez pas faire défiler une à une les pages d'un long document, touchez le bord de l'écran à droite. L'ascenseur s'affiche avec une loupe. Celle-ci donne un aperçu de la page et son numéro. Faites glisser votre doigt verticalement pour trouver rapidement une page. Quand vous l'avez trouvée, relâchez votre doigt : la page s'affiche alors.

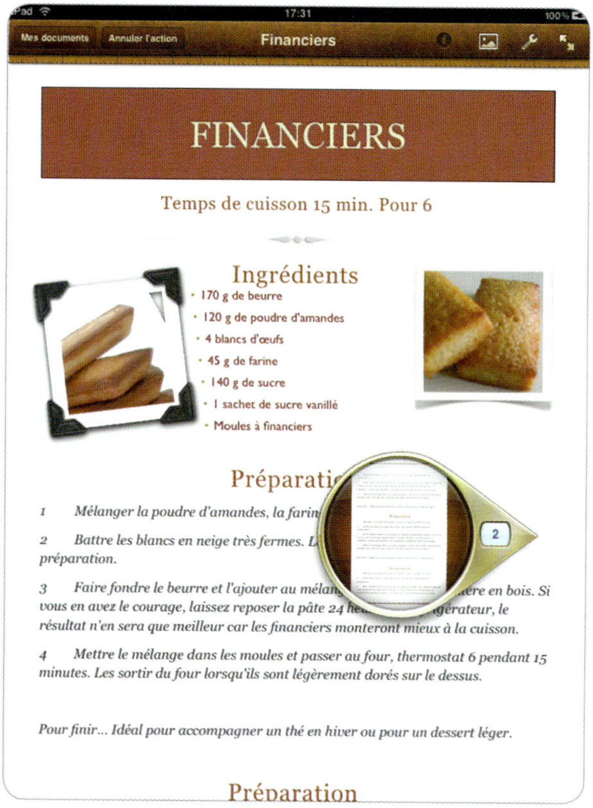

Tournez la page plus vite

Importer des documents Office

Maintenant que vous maîtrisez les bases de l'utilisation des logiciels iWork, il est temps de tester votre savoir-faire sur un document venu d'un logiciel Office. Il y a plusieurs manières d'ouvrir ces documents avec Pages, Numbers ou Keynote.

Si le document est joint avec un courrier électronique, procédez comme suit :

1/ Lancez Mail et sélectionnez un message avec un document Office en pièce jointe.

2/ Touchez l'icône du document en question et maintenez votre doigt dessus.

3/ Un menu s'affiche. Touchez le bouton **Ouvrir dans «Pages»** dans le cas d'un document Word, **Ouvrir dans «Numbers»** dans le cas d'un classeur Excel, **Ouvrir dans «Keynote»** dans le cas d'une présentation PowerPoint.

Éditez un document Office reçu par courrier électronique

Le fichier est alors importé dans l'application choisie. En raison de la complexité de certains aspects d'un fichier Office, il est possible que l'application iWork ne puisse fournir une version totalement fidèle. Dès lors, un message d'erreur s'affiche à l'importation, qui liste les éléments non pris en charge par le logiciel. Touchez le bouton OK pour ouvrir le document avec ces erreurs. Vous pouvez le modifier comme n'importe quel document iWork, il est désormais stocké avec l'application.

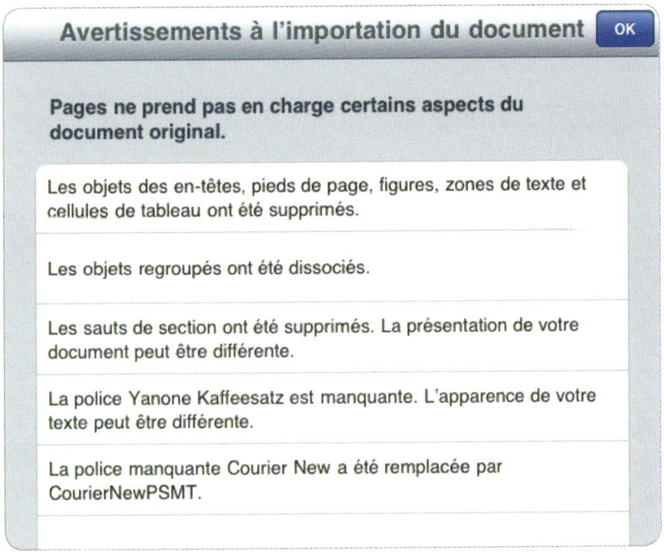

Les erreurs à l'importation

Dans le cas de documents trop volumineux ou bien trop nombreux, il est possible d'exploiter la fonction de partage de fichiers d'iTunes.

1/ Branchez votre iPad à votre ordinateur pour lancer iTunes.

2/ Sélectionnez votre iPad dans la liste des appareils.

3/ Cliquez sur l'onglet **Applications** et faites défiler la fenêtre jusqu'en bas.

4/ Dans la liste des applications à gauche, sélectionnez votre application iWork (*Pages*, *Keynote* ou *Numbers*).

5/ Cliquez sur le bouton **Ajouter** ou bien glissez-déposez des fichiers dans la zone *Documents* à droite.

6/ Cliquez sur le bouton **Synchroniser** pour valider les changements.

Ajoutez des fichiers par iTunes

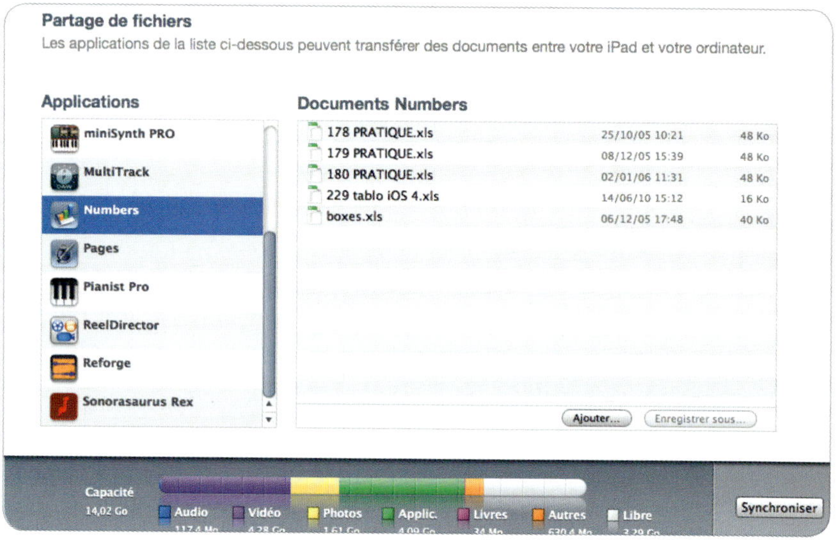

Vous devez maintenant importer les fichiers sur l'iPad.

1/ Touchez l'icône d'une application iWork sur l'écran d'accueil.

Importez les documents synchronisés avec iTunes

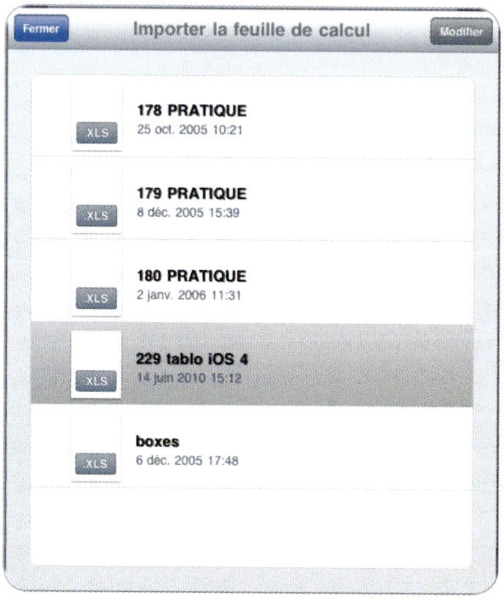

2/ Touchez le bouton en forme de dossier dans la partie supérieure droite de l'écran. Une liste des fichiers transférés par iTunes s'affiche.

3/ Touchez celui que vous voulez importer. Le document s'ouvre, prêt à être édité. Vous devez répéter la même opération pour chaque document que vous voulez modifier.

Partager des documents Office

Maintenant que vous avez travaillé sur des documents, que vous les avez modifiés avec iWork, il est temps de les partager avec vos contacts. Il existe trois techniques.

La première consiste à passer par le courrier électronique.

1/ Lancez une application iWork et placez-vous dans *Mes documents*.

Choisissez le document à partager par courriel

2/ Faites défiler vos documents jusqu'à celui que vous voulez partager.

3/ Touchez le bouton en forme de carré avec une flèche.

4/ Dans le menu qui s'affiche, touchez le bouton **Envoyer par courrier**.

Selon l'application, vous pourrez choisir entre différents formats de fichiers : le format par défaut de l'application (Pages, Numbers ou Keynote), à réserver à vos contacts sur Mac ou sur iPad, le format universel PDF, qui permet de lire un fichier sans le logiciel adéquat, et le format Word, pour l'application Pages. Numbers et Keynote pour iPad ne proposent pas d'exporter de façon native des formats Excel et PowerPoint.

1/ Touchez l'icône correspondant au type de fichier que vous voulez envoyer. Une fenêtre de rédaction de nouveau message s'affiche.

2/ Touchez le champ *À* pour entrer une adresse électronique ou choisir un contact avec le bouton [+].

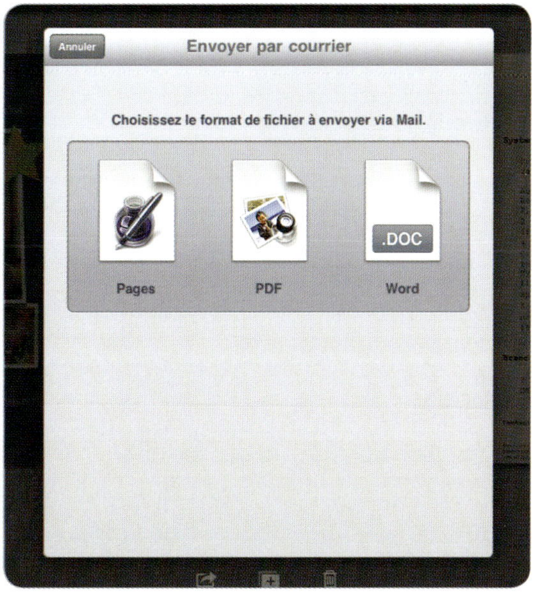

Choisissez le format d'exportation compatible Microsoft Office, ici Word .doc

3/ Écrivez un message puis touchez le bouton **Envoyer**.

Astuce

Compatibilité partielle
En raison des différences d'architecture des logiciels commerciaux, vous risquez de ne pas obtenir exactement le même affichage entre deux applications concurrentes, et donc d'être déçu du rendu de vos beaux documents iWork en version Office. Pour éviter les mauvaises surprises, limitez au maximum les fioritures et soyez simple quant à la présentation de vos documents. Pour vérifier un document avant l'envoi à ses destinataires, faites un essai en vous l'envoyant à vous-même. Regardez le rendu dans Mail en touchant l'icône de la pièce jointe. Si le résultat est incohérent, dupliquez votre document dans iWork et simplifiez la copie.

Dans le cas de documents volumineux, ou bien tout simplement si vous voulez retravailler un document dans un logiciel iWork sur votre Mac ou dans Word sur PC et Mac, le transfert par iTunes est sans doute le plus efficace. C'est la deuxième solution proposée.

1/ Lancez une application iWork et placez-vous dans *Mes documents*.

2/ Faites défiler vos documents jusqu'à celui que vous voulez partager.

3/ Touchez le bouton en forme de carré avec une flèche.

4/ Touchez le bouton **Exporter**.

5/ Dans la boîte de dialogue qui s'ouvre, touchez l'icône du format que vous voulez utiliser. Une barre de progression s'affiche durant l'exportation.

Exportez le fichier Numbers

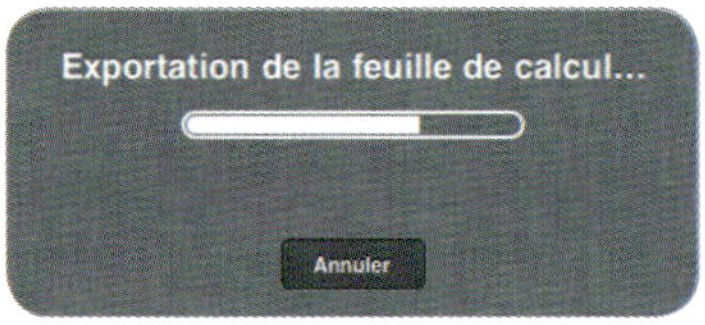

Une fois que le fichier est exporté, ce n'est pas terminé : il convient de le récupérer sur l'ordinateur.

1/ Branchez votre iPad à votre Mac ou votre PC pour lancer iTunes.

2/ Sélectionnez votre iPad dans la liste des appareils.

3/ Cliquez sur l'onglet **Applications**.

4/ Faites défiler la page jusqu'en bas.

5/ Dans la colonne de gauche, sélectionnez l'application iWork que vous avez utilisée.

6/ Dans la zone *Documents* à droite, sélectionnez le ou les fichiers que vous venez d'exporter et cliquez sur le bouton **Enregistrer sous**. Vous pouvez aussi glisser-déposer ces fichiers sur le Bureau.

Récupérez les fichiers depuis iTunes

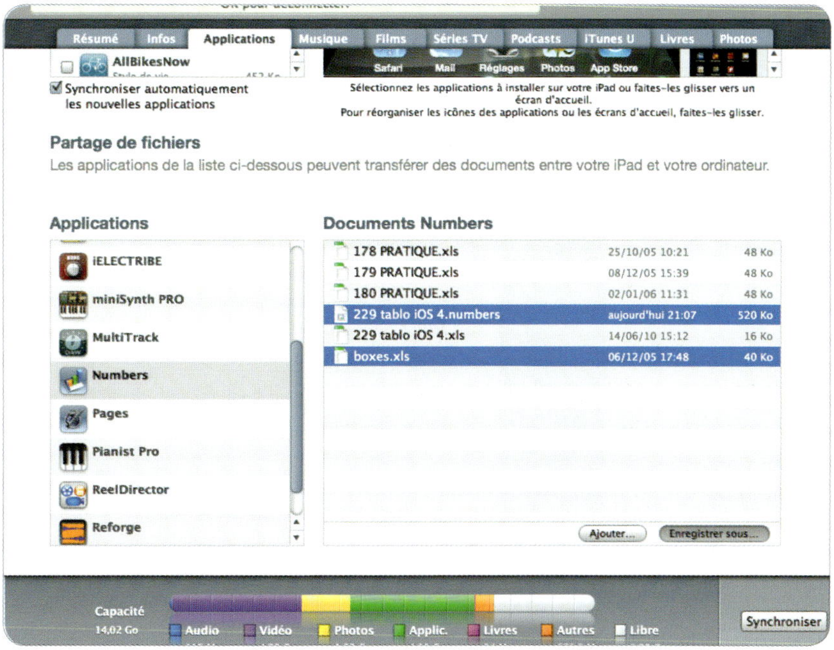

Astuce

Passez par iWork sur Mac

La suite logicielle iWork est disponible en version tactile sur l'iPad, mais aussi en version informatique traditionnelle sur Mac. Depuis la version Mac, Numbers et Keynote sont capables d'exporter dans les formats Office. La version iWork sait déjà exporter au format Word.

La dernière solution consiste à partager avec d'autres internautes vos documents iWork par le Web. Seul prérequis : la connexion au site iWork par l'intermédiaire de votre compte Apple (le même que vous utilisez pour vous connecter à l'App Store).

1/ Lancez une application iWork et placez-vous dans *Mes documents*.

2/ Faites défiler vos documents jusqu'à celui que vous voulez partager.

3/ Touchez le bouton en forme de carré avec une flèche.

4/ Touchez le bouton **Partager via iWork**.

5/ Entrez les identifiant et mot de passe de votre compte Apple.

6/ Touchez le bouton **Se connecter**.

Connectez-vous à iWork

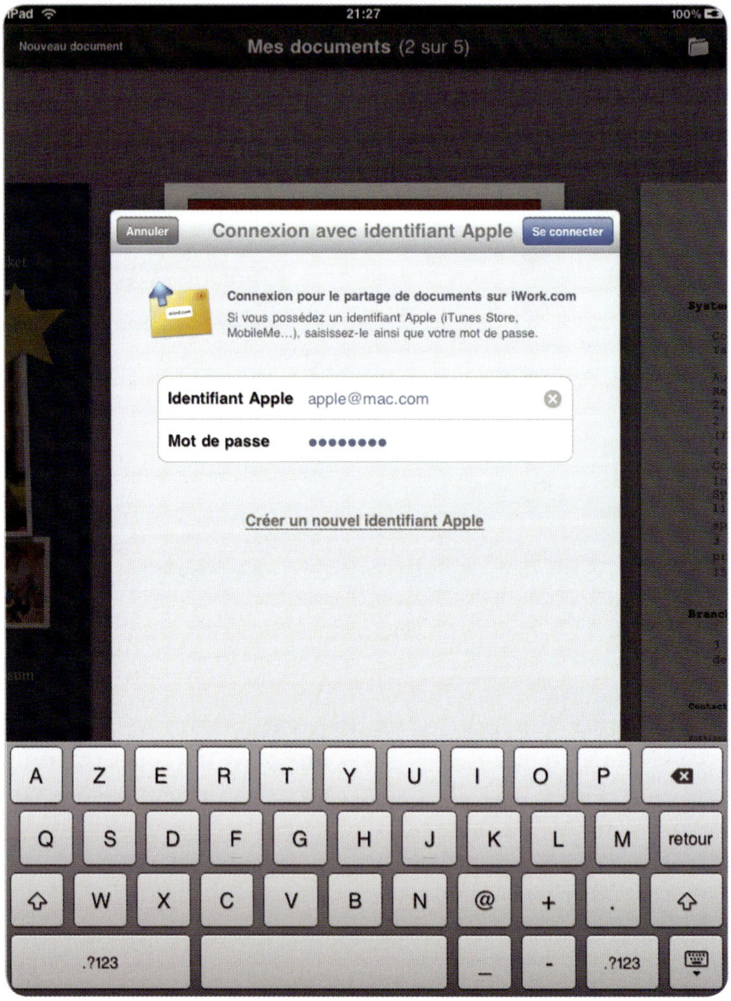

Après l'envoi du document sur votre compte iWork en ligne, il faut envoyer le lien à vos contacts. Une fenêtre de rédaction s'affiche avec un lien vers votre document en ligne.

1/ Touchez le champ *À* pour entrer une adresse ou choisir un contact par le bouton [+].

2/ Touchez le bouton **i** à droite de la phrase *Options de partage*.

3/ Dans la fenêtre qui s'affiche, vous pouvez changer le nom du document, définir un mot de passe pour le protéger des importuns, autoriser ou non les commentaires, et choisir des options d'exportation pour les visiteurs du site.

Réglez les paramètres de partage

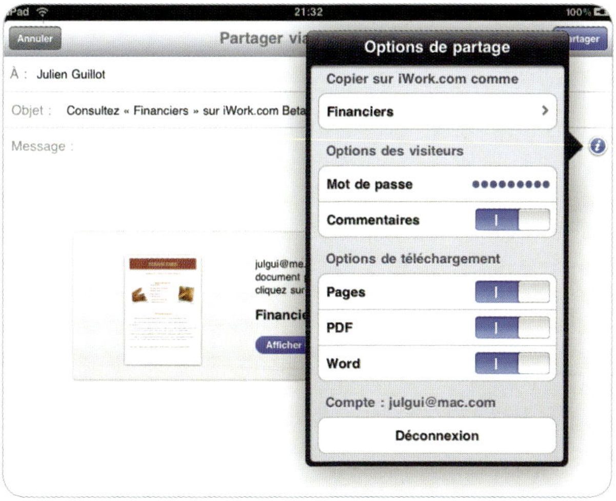

4/ Touchez enfin le bouton **Partager** dans la partie supérieure droite de l'écran.

Une fois que le fichier est copié sur iWork.com, vos collaborateurs peuvent y accéder par l'intermédiaire du lien que vous leur avez envoyé. Vous le recevez également dans votre boîte à lettres.

1/ Cliquez sur le lien *Afficher le document* dans le courriel que vous avez reçu. Votre navigateur s'ouvre.

2/ Cliquez dans *Notes de doc* pour ajouter un commentaire.

3/ Cliquez sur le bouton de téléchargement pour choisir le format à importer.

Annotez, importez, imprimez un document iWork en ligne

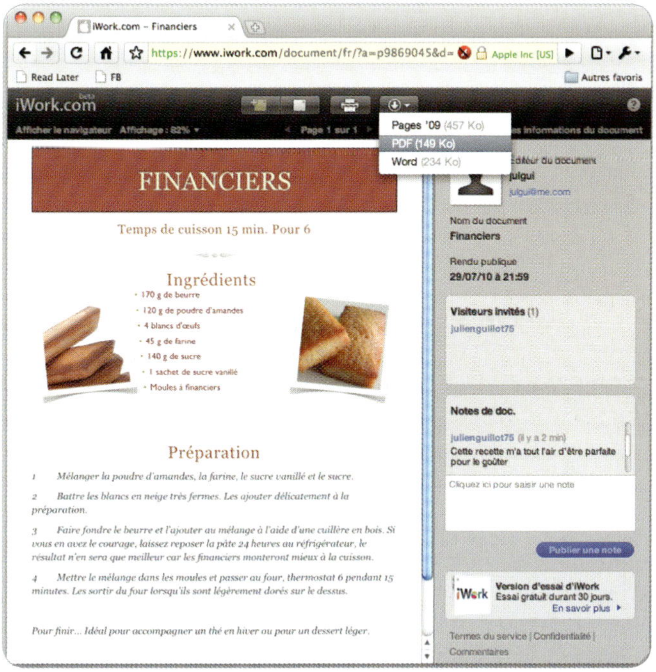

Utiliser Google Docs

La suite bureautique en ligne de Google est beaucoup plus limitée que les logiciels de Microsoft, mais elle a le double avantage d'être gratuite et de permettre le travail collaboratif. Elle est partiellement compatible avec l'iPad et vous permet de consulter les documents Office reçus par votre adresse GMail.

1/ Rendez-vous sur la page http://docs.google.com.

2/ Saisissez vos identifiant et mot de passe GMail pour vous connecter au site. Par défaut, c'est la version mobile qui s'affiche.

3/ La liste de vos documents déjà ouverts s'affiche. Touchez celui que vous voulez consulter.

Consultez vos fichiers Google Docs

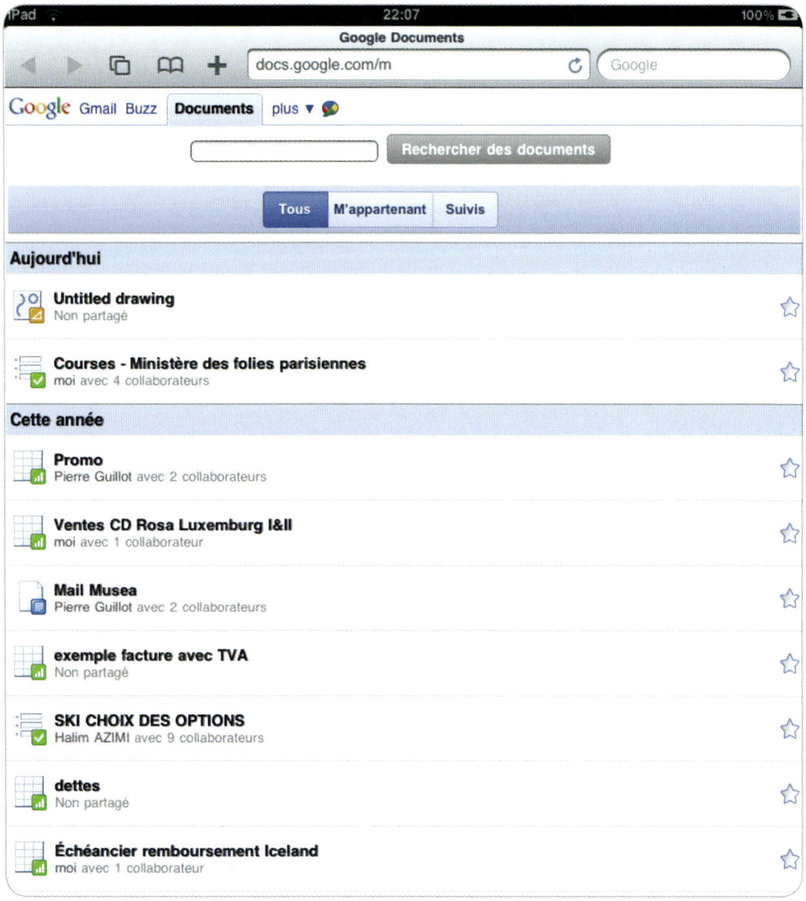

La version mobile permet de modifier les feuilles de calcul, mais pas d'éditer les fichiers de traitement de texte.

1/ Ouvrez un fichier contenant une feuille de calcul.

2/ Touchez une cellule. La ligne se met en surbrillance jaune et chaque case est désormais éditable.

3/ Entrez des valeurs dans les cases.

4/ Quand vous avez terminé, touchez le bouton **Envoyer**.

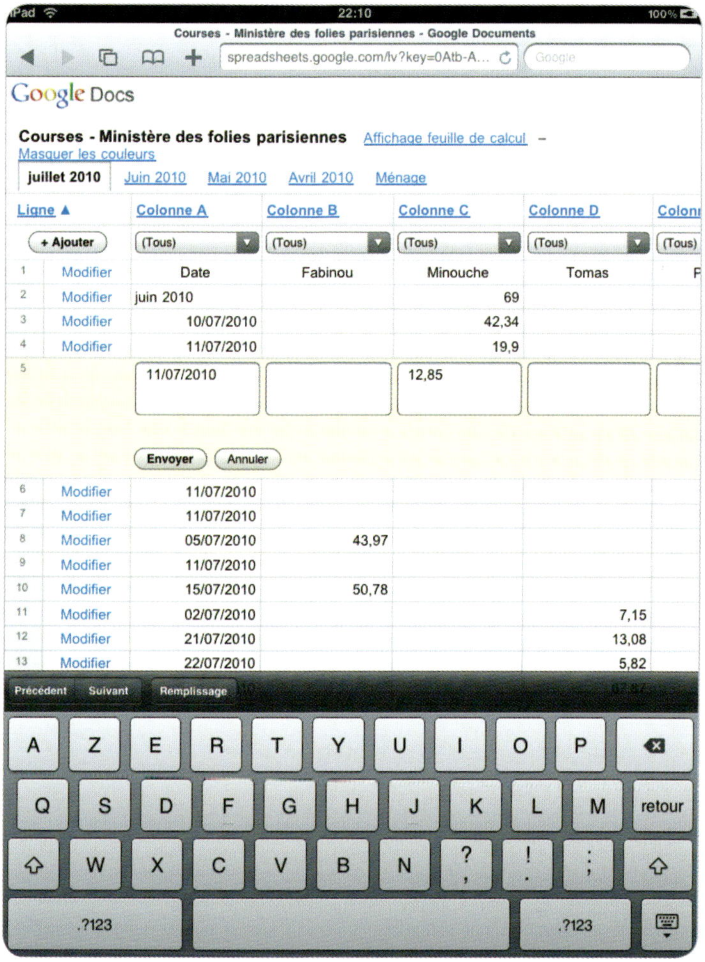

Éditez le contenu d'une feuille de calcul

Astuce

Exploitez les documents Office avec iWork

Google mettra certainement à jour son application en ligne pour l'adapter à l'iPad, comme cela a déjà été fait pour GMail. Néanmoins, la façon la plus sûre d'exploiter des documents Office reste de se servir de la suite iWork. Microsoft a lancé cette année Office Live, qui est une réponse à Google Docs. Pour l'instant, il est encore impossible de s'y connecter depuis un terminal iOS. Peut-être l'éditeur américain se résoudra à créer une version compatible avec la tablette d'Apple.

IMPRIMER

L'impression est l'une des plus grosses insuffisances de l'iPad. C'est pourtant possible grâce à certaines applications. Vous avez déjà utilisé Air Sharing HD pour gérer des espaces de stockage en ligne. Cette application est capable de bien plus, à savoir imprimer n'importe quel document enregistré dans un format répandu.

Outre l'application, vous aurez besoin d'être connecté au même réseau que votre imprimante et votre ordinateur Mac ou PC. L'application coûte 7,99 €.

Sur votre ordinateur, partagez votre imprimante sur le réseau.

1/ Lancez l'application Préférences système via la section *Imprimantes et fax*.

2/ Sélectionnez votre imprimante et cochez la case *Partager sur le réseau*.

Partagez l'imprimante de votre ordinateur sur le réseau Wi-Fi

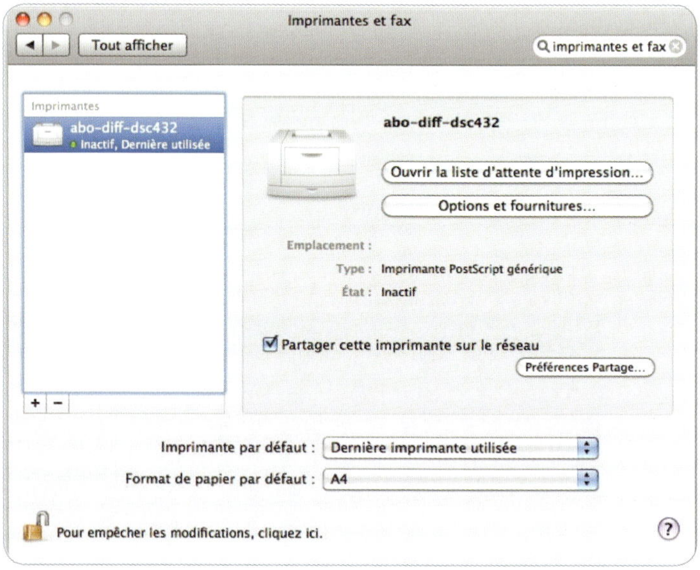

Vous pouvez imprimer des photos ou les documents que vous recevez en pièces jointes.

1/ Dans Mail, sélectionnez un message avec une pièce jointe.

Ajoutez un document à Air Sharing HD

2/ Touchez l'icône de la pièce jointe et laissez votre doigt posé dessus.

3/ Un menu s'affiche, touchez le bouton **Ouvrir dans Air Sharing**.

4/ Si le lien n'est pas immédiatement disponible, touchez le bouton **Ouvrir dans** puis choisissez **Air Sharing**.

Maintenant que Air Sharing HD est lancé et chargé de documents, il faut lancer l'impression.

1/ Touchez un fichier pour l'afficher.

2/ Touchez le bouton en forme de feuille de papier avec une flèche, dans la partie inférieure gauche de l'écran.

3/ Touchez le bouton **Imprimer** dans la boîte de dialogue qui s'ouvre.

4/ La liste des imprimantes disponibles s'affiche alors. Sélectionnez la vôtre.

Imprimer une photo avec Air Sharing HD

L'iPad stocke des images synchronisées avec votre ordinateur, mais il peut également créer des images à partir de nombreuses applications de dessin ou de retouche photographique. Nul besoin de les transférer sur l'ordinateur pour les importer.

1/ Touchez l'icône *Air Sharing HD* pour lancer l'application.

2/ Touchez l'icône *Mes documents* pour vous déplacer dans ce dossier.

3/ Touchez le bouton **Modifier** dans la partie supérieure droite de l'écran. Cela fait apparaître un bouton [+] dans la partie supérieure gauche de l'écran.

4/ Touchez ce bouton [+]. Une boîte de dialogue s'ouvre.

5/ Touchez le bouton **Nouveau dossier**.

Créez un dossier pour vos images à imprimer

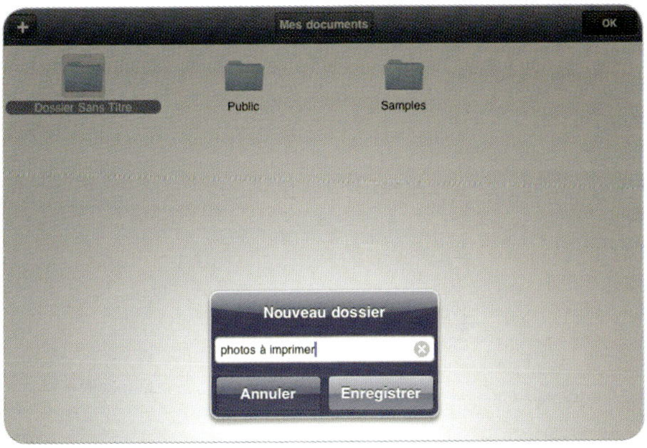

6/ Entrez un nom comme `Photos à imprimer`.

7/ Touchez le bouton **Enregistrer**.

Maintenant il faut remplir ce dossier avec toutes les images que vous voulez imprimer.

1/ Touchez l'icône du dossier fraîchement créé pour vous positionner dedans.

2/ Touchez le bouton **Modifier** dans la partie supérieure droite de l'écran.

3/ Touchez ensuite le bouton + dans la partie supérieure gauche de l'écran.

4/ Dans la boîte de dialogue qui s'affiche, touchez le bouton **Ajouter depuis Phot**.

5/ La palette de sélection de photos s'affiche. Naviguez jusqu'à l'image voulue et touchez-la

6/ Une boîte de dialogue vous demande de renommer cette image avec un nom explicite. Saisissez un nom puis touchez le bouton **Enregistrer**.

7/ La palette de sélection de photos reste affichée, recommencez les étapes 5 à 6 pour ajouter d'autres images.

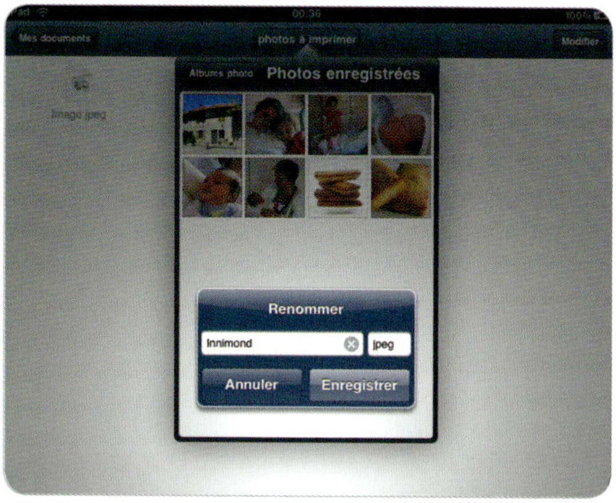

Ajoutez une photo au dossier

8/ Ensuite, touchez l'écran n'importe où ailleurs pour revenir à l'affichage normal du dossier.

Avec Air Sharing HD, vous pouvez imprimer les fichiers un à un. Il faudra répéter l'opération suivante pour chaque image.

1/ Touchez l'icône d'un fichier pour afficher son image en plein écran.

2/ Touchez le bouton en forme de feuille de papier avec une flèche, dans la partie inférieure gauche de l'écran.

3/ Touchez le bouton **Imprimer** dans la boîte de dialogue qui s'ouvre.

4/ La liste des imprimantes disponibles s'affiche alors. Sélectionnez la vôtre.

Initiez l'impression d'une image

La boîte de dialogue pour l'impression vous permet d'affiner quelques réglages.

1/ Ajustez le curseur pour définir le nombre de copies de la photo (entre 1 tout à gauche, et 20 tout à droite).

2/ Touchez le bouton **Lettre US** pour définir le format du papier.

3/ Faites défiler les formats de la liste jusqu'à celui voulu (généralement *A4*).

4/ Touchez l'un des deux boutons en dessous pour choisir l'orientation verticale ou horizontale.

5/ Touchez le bouton qui porte le nom de votre imprimante dans la partie supérieure gauche de l'écran.

6/ Enfin, touchez le bouton **Print**. L'impression commence.

7/ Touchez le bouton **Retour** dans la partie supérieure gauche de l'écran pour revenir à l'aperçu de vos images et imprimer une autre photo.

Ajustez les paramètres d'impression

EXPLOITER MICROSOFT EXCHANGE

Dans les entreprises, le système de messagerie le plus répandu est Microsoft Exchange. L'iPad est parfaitement compatible avec les différentes versions depuis 2003. Vous pouvez donc ajouter un compte professionnel sur votre tablette.

● Configurer un compte Exchange

Sur l'iPad, il n'est pour l'instant possible de créer qu'un seul compte Microsoft Exchange. Le paramétrage est légèrement différent de celui d'un compte de courrier traditionnel.

1/ Touchez l'icône *Réglages* située sur l'écran d'accueil.

2/ Touchez la ligne *Mail, Contacts, Calendrier*.

3/ Dans la colonne de droite, sous vos autres comptes, touchez la ligne *Ajouter un compte*.

4/ Choisissez la première ligne *Microsoft Exchange*.

5/ Entrez votre adresse électronique dans le premier champ.

6/ Entrez le domaine. Demandez-le à votre administrateur réseau. C'est une information facultative.

Entrez les informations de votre compte Exchange

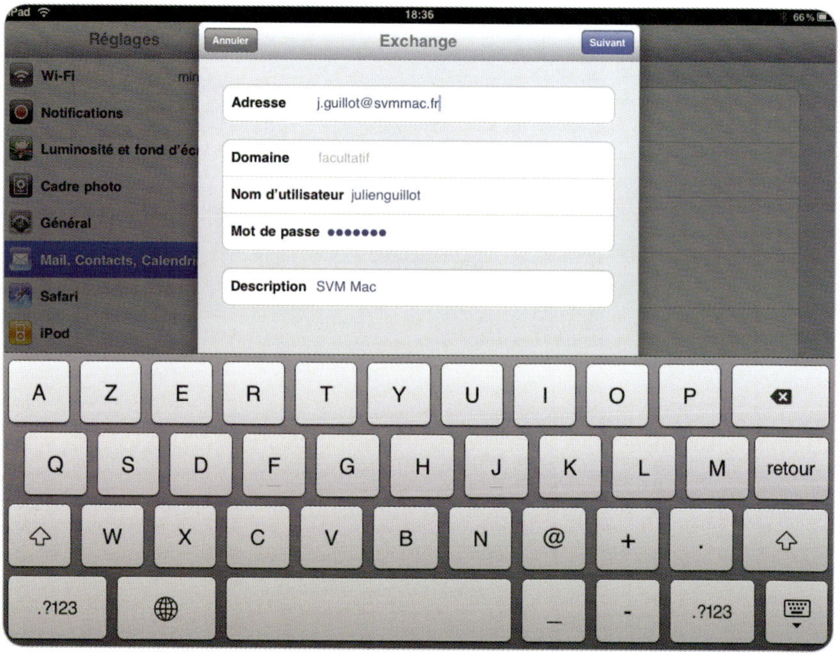

7/ Entrez votre nom d'utilisateur. Attention, avec un compte Exchange, le nom d'utilisateur n'est pas forcément le même que votre adresse de messagerie.

8/ Entrez votre mot de passe.

9/ Entrez un nom dans le champ *Description*. Il ne sert qu'à distinguer ce compte parmi les autres sur votre iPad.

10/ Touchez le bouton **Suivant**.

Une fois les informations entrées, l'iPad va vous demander d'entrer le nom du serveur et de configurer la synchronisation. Ces réglages ne sont valables que pour le compte Exchange.

Une ligne *Serveur* est apparue dans la fenêtre de configuration.

1/ Entrez l'adresse du serveur. Demandez-la à votre administrateur réseau.

2/ Si une boîte de dialogue s'affiche, touchez le bouton **Accepter**.

Dans le dernier panneau de configuration, activez les trois services possibles pour un compte Exchange. Il s'agit de Courrier, de Contacts et de Calendriers. Les contacts professionnels ne se mélangeront pas avec ceux de votre carnet d'adresses personnel. De même, vos rendez-vous professionnels s'afficheront dans un calendrier distinct.

1/ Touchez l'interrupteur en regard de chacun des services que vous voulez activer. Le bouton est bleu quand il est activé.

2/ Touchez le bouton **Enregistrer**.

Synchronisez contacts et calendriers de votre compte professionnel

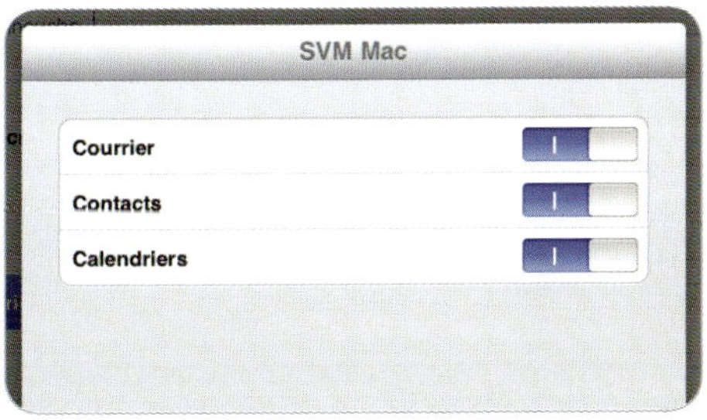

● Utiliser GMail par Exchange

Le service de messagerie de Google peut aussi fonctionner comme un compte Exchange. Quel est l'intérêt ? Vous pouvez dès lors recevoir les courriels en push, mais aussi synchroniser votre carnet d'adresses et votre agenda.

1/ Touchez l'icône *Réglages* située sur l'écran d'accueil.

2/ Touchez la ligne *Mail, Contacts, Calendrier*.

3/ Dans la colonne de droite, sous vos autres comptes, touchez la ligne *Ajouter un compte*.

4/ Touchez la première ligne *Microsoft Exchange*.

5/ Entrez votre adresse GMail.

6/ Dans le champ *Nom d'utilisateur*, entrez également votre adresse GMail.

7/ Saisissez votre mot de passe.

8/ Donnez un nom indicatif dans le champ *Description*.

9/ Touchez le bouton **Suivant** dans la partie supérieure droite de l'écran.

10/ Touchez le bouton **Accepter** dans la boîte de dialogue qui s'affiche.

11/ La ligne *Serveur* apparaît. Entrez `m.google.com` via le clavier.

12/ Touchez le bouton **Suivant**.

Le serveur Exchange de GMail s'appelle m.google.com

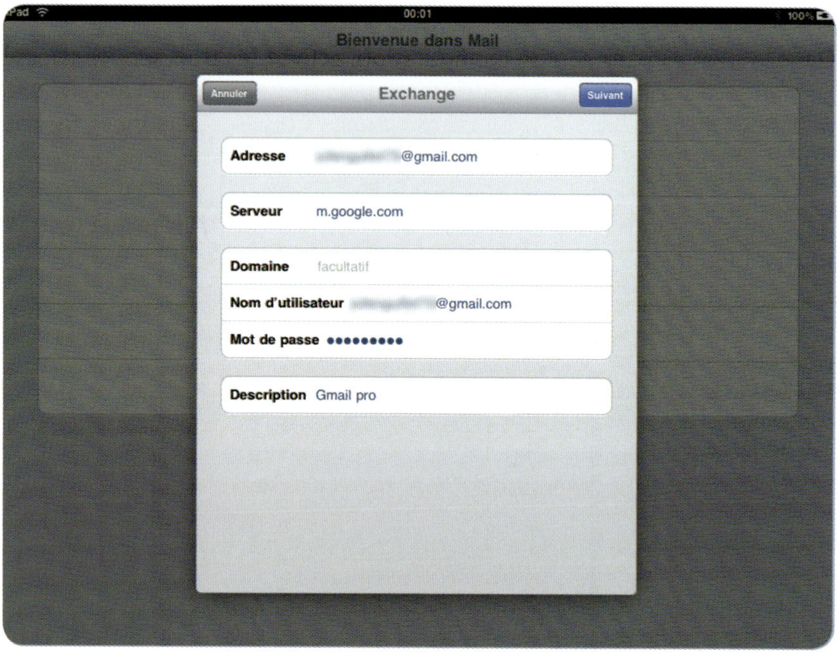

Outre le courrier électronique en mode Push, la synchronisation Exchange de GMail permet d'accéder aux contacts et aux calendriers.

1/ Dans l'écran qui s'affiche, touchez les interrupteurs **Contacts** et **Calendriers** pour les activer.

2/ Touchez le bouton **Enregistrer**.

Synchronisez les contacts et les calendriers de votre adresse GMail

Manipuler les messages

Mail est un outil très productif pour la messagerie professionnelle. Il permet de classer les messages du compte Exchange, de les effacer, de faire des recherches, et même de personnaliser la signature.

Effacer plusieurs messages

1/ Touchez le bouton **Modifier** dans la partie supérieure droite de la liste.

2/ Touchez chaque message que vous voulez effacer. Un point rouge s'affiche à gauche de chaque message sélectionné. Tous les courriels sélectionnés s'empilent dans la zone de droite.

3/ Touchez à nouveau un message dans la liste pour le retirer de la sélection.

4/ Touchez le bouton rouge **Supprimer** dans la partie inférieure gauche de la fenêtre. Tous les messages sont déplacés dans la corbeille du compte.

Sélectionnez plusieurs messages pour les supprimer

Déplacer un message

1/ Touchez le bouton **Modifier** dans la partie supérieure droite de la liste.

2/ Touchez le message que vous voulez déplacer dans un autre dossier. Un point rouge s'affiche à gauche du message sélectionné. Vous pouvez sélectionner plusieurs courriels. Tous les messages sélectionnés s'empilent dans la zone de droite.

3/ Touchez à nouveau un message dans la liste pour le retirer de la sélection.

4/ Touchez le bouton bleu **Déplacer** dans la partie inférieure gauche de la fenêtre.

5/ Dans la liste de dossiers qui s'affiche à gauche, touchez celui qui va accueillir les messages sélectionnés.

Déplacez un ou plusieurs messages dans le dossier de votre choix

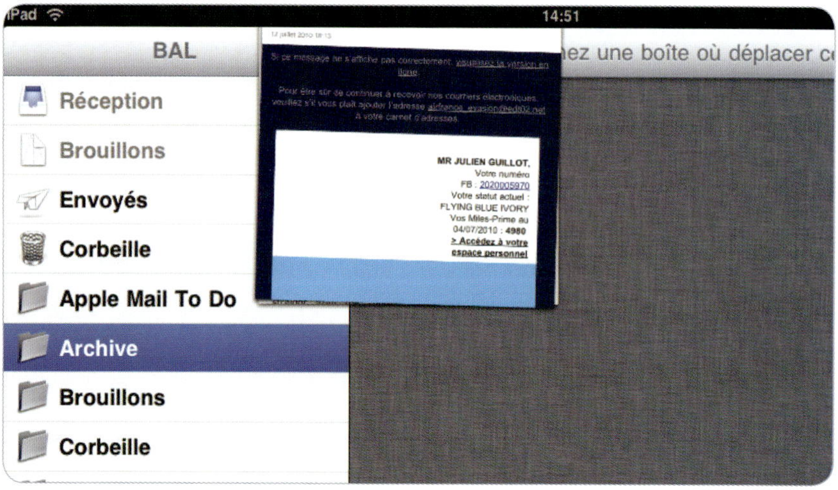

> **Astuce**
>
> **Effacez des dossiers sur vos comptes de courrier**
> Vous ne pouvez pas créer ou effacer des dossiers sur vos comptes de courrier depuis votre iPad. Pour cela, vous devez opérer soit à partir de l'interface web du service utilisé, soit depuis votre logiciel de courrier électronique sur votre Mac ou votre PC.

Personnaliser la messagerie

Dans votre cybercorrespondance, débarrassez-vous du trop banal «Envoyé de mon iPad» et choisissez une signature bien à vous.

1/ Touchez l'icône *Réglages* sur l'écran d'accueil.

2/ Dans la colonne de gauche, touchez la ligne *Mail, Contacts, Calendrier*.

3/ Touchez la ligne *Signature* dans la colonne de droite.

4/ Touchez le bouton **Effacer** dans la partie supérieure droite de l'écran pour repartir de zéro.

5/ Saisissez un texte qui s'ajoutera automatiquement à la fin de chacun des courriels que vous envoyez.

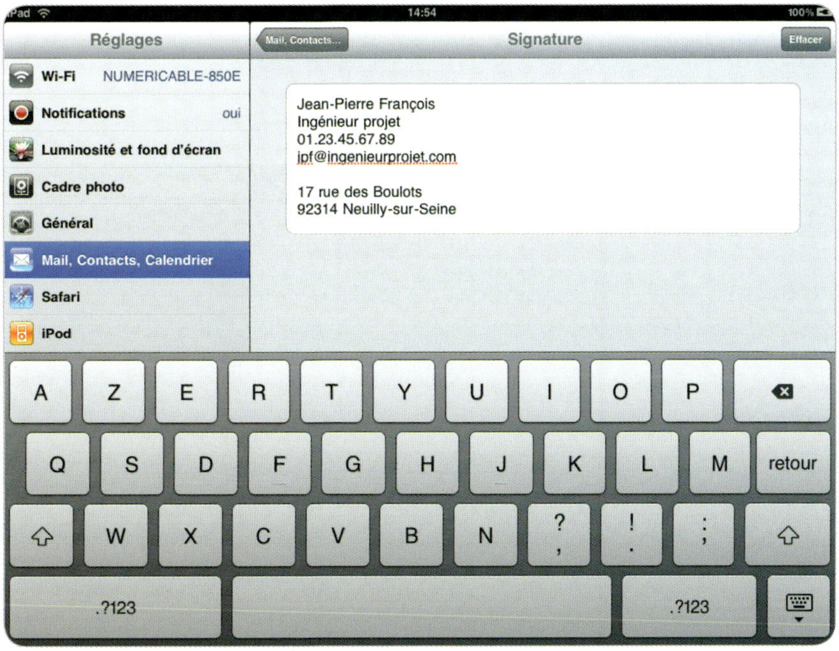

Changez votre signature

● Organiser son emploi du temps

L'avantage d'un compte Exchange sur un compte de courrier électronique traditionnel, c'est la gestion de votre agenda. Sur l'iPad, c'est l'application Calendrier qui est compatible avec Exchange.

Créer un événement

Avec Calendrier, inscrivez de nouveaux événements dans votre agenda.

1/ Touchez le bouton + situé dans la partie inférieure droite de l'écran, quelle que soit la vue choisie. Une fenêtre s'ouvre avec le clavier virtuel.

2/ Remplissez un à un les différents champs : *Nom*, *Lieu*.

3/ Touchez le champ *Commence Se termine* pour spécifier les dates et heures de début et de fin. Définissez la date et l'heure avec la roue de sélection de dates. Puis touchez le bouton OK.

4/ Définissez la récurrence si le même événement est censé se reproduire plusieurs fois. Puis touchez OK.

5/ Touchez **Calendrier** pour choisir lequel de vos calendriers accueillera votre événement. Puis touchez OK.

6/ Touchez **Alarme** pour définir un rappel.

7/ Touchez **Deuxième alarme** pour définir un rappel à un moment différent.

8/ Ajoutez des notes dans le champ en bas de la fenêtre.

9/ Touchez le bouton OK.

Créez un événement

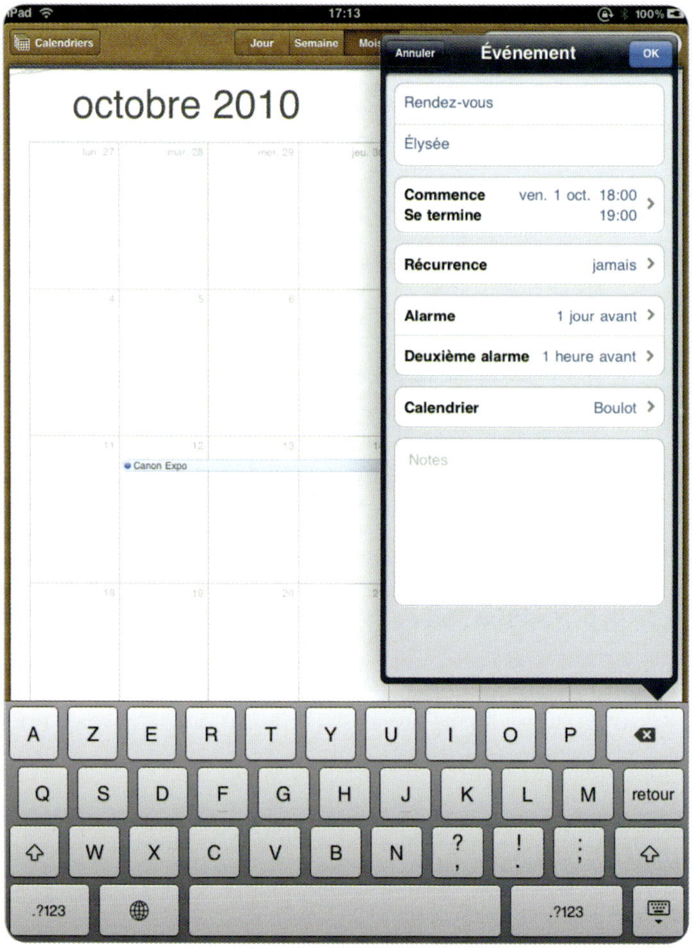

Un événement déjà créé peut à tout moment être modifié.

1/ Touchez un événement dans la liste, quelle que soit la vue choisie. Une palette s'affiche avec une description rapide du contenu.

2/ Touchez le bouton **Modifier** pour accéder à la fenêtre détaillée.

3/ Touchez le bouton OK pour valider les changements.

4/ Touchez le bouton **Supprimer l'événement** si vous voulez le retirer de votre calendrier.

Modifiez les caractéristiques d'un événement

Inviter des collaborateurs

Avec votre compte Exchange, vous pouvez envoyer des invitations pour vos réunions professionnelles.

1/ Créez un nouvel événement.

2/ Choisissez le calendrier de votre compte Exchange. Deux nouvelles lignes apparaissent dans la fenêtre : *Invités* et *Disponibilité*.

3/ Touchez le mot *Disponibilité* pour définir si vous êtes alors *Occupé*, *Disponible*, *Incertain* ou *Absent*. Puis touchez OK.

4/ Touchez le mot *Invités* puis touchez le bouton bleu + pour sélectionner un ou plusieurs contacts de votre carnet d'adresses. Ensuite touchez OK.

5/ Validez enfin la création de l'événement en touchant le bouton bleu OK. Vos invités seront conviés automatiquement par courriel.

Conviez vos collègues à un rendez-vous professionnel

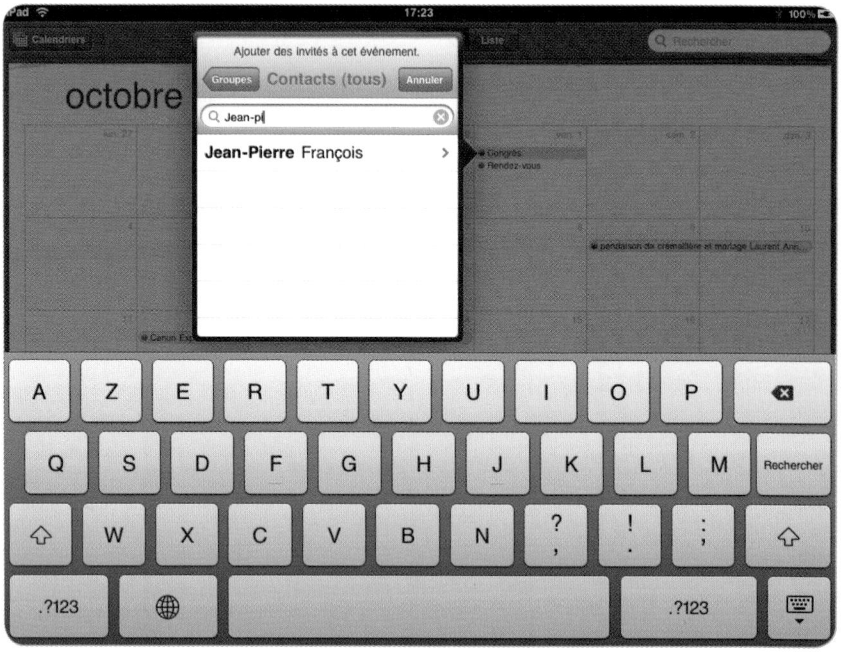

5

L'iPad comme extension

La tablette est l'avenir de l'informatique, mais pour le moment, elle doit cohabiter avec les ordinateurs traditionnels Mac et PC. Il ne s'agit donc pas de remplacer l'ordinateur par l'iPad, mais de profiter du meilleur des deux mondes en exploitant les capacités tactiles et mobiles de ce dernier pour élargir les possibilités de votre ordinateur à souris. Pour la photo, la musique, mais aussi les bases de données, le contrôle à distance, l'iPad est le parfait compagnon de votre ordinateur.

L'ASSISTANT PHOTOGRAPHE

Depuis l'essor de la photo numérique, l'ordinateur est au centre de la gestion des images : classement, retouche, publication, etc. Pourtant on n'emporte pas toujours son ordinateur avec soi car il est trop encombrant. En revanche, l'iPad tient parfaitement dans la besace du photographe.

Avec lui, vous pourrez visualiser vos images sur un bel écran, effectuer un premier tri, des petites retouches ou partager quelques clichés avec vos amis, avant de tout réimporter dans votre ordinateur. L'iPad est l'étape intermédiaire entre l'appareil et le Mac ou le PC. Les professionnels adopteront volontiers le modèle 64 Go pour avoir un large espace de stockage.

● Importer des photos depuis le kit de connexion

Le kit de connexion appareil photo pour iPad est l'accessoire indispensable (29 €). Dans la boîte, vous trouverez deux connecteurs pour copier vos images depuis votre carte mémoire vers votre iPad.

- L'adaptateur dock carte SD permet d'insérer une carte mémoire SD, la plus répandue actuellement sur le marché de la photographie numérique.
- L'adaptateur dock USB permet de connecter directement un appareil photo par son câble USB. À utiliser si votre appareil a un support de stockage différent des cartes SD (mémoire interne, Compact Flash, Memory Stick…).

Évidemment, vous devez tout d'abord prendre des photos avec votre appareil et les enregistrer sur la carte mémoire SD. Retirez-la pour récupérer les images sur votre iPad.

1/ Insérez votre carte mémoire dans l'adaptateur dock SD.

2/ Branchez l'adaptateur sur le connecteur dock de l'iPad. L'application Photos se lance automatiquement et affiche un nouveau bouton baptisé **App. Photo**.

Les photos de votre carte mémoire s'affichent

L'interface de Photos vous permet d'effectuer un tri préalable à partir de l'aperçu de toutes les images.

1/ Touchez le bouton **Tout supprimer** si vous voulez effacer la carte sans rien importer.

2/ Touchez le bouton **Tout importer** si vous voulez enregistrer toutes les images de la carte sur votre iPad.

3/ Touchez une à une les photos pour les sélectionner. Elles s'affichent alors avec une icône bleue dans le coin inférieur droit.

4/ Touchez à nouveau une photo sélectionnée pour la désélectionner.

5/ Quand votre sélection est faite, choisissez si vous voulez l'effacer de la carte ou l'importer sur l'iPad.

6/ Touchez le bouton **Supprimer la sélection** si vous voulez effacer les photos de la carte. Un menu s'affiche pour que vous confirmiez votre action.

7/ Pour les copier sur la tablette, touchez le bouton **Importer** dans la partie supérieure droite de l'écran. Dans le menu qui s'affiche, touchez le bouton **Importer la sélection**.

Touchez le bouton Importer pour importer, au choix, toutes les photos ou seulement la sélection

Pendant l'importation, chaque image copiée s'accompagne d'une icône verte qui indique qu'elle a bien été transférée. À la fin de l'importation, une boîte de dialogue vous demande si vous voulez supprimer les photos de la carte. La prudence impose de les conserver quand même, mais vous pouvez les effacer. Touchez le bouton **Supprimer** ou le bouton **Conserver**.

Effacez ou gardez les originaux sur la carte mémoire

Toutes les images ainsi importées se retrouvent dans l'album *Importées* de l'application Photos. Si vous effectuez de nombreuses importations, la plus récente s'affiche séparément sous le nom de *Dernière importation*.

Retrouvez les images importées par le kit de connexion appareil photo

Astuce

Les photos de l'iPhone sur l'iPad

Contrairement à l'iPad, tous les modèles de téléphones d'Apple disposent d'un capteur photographique. Depuis le 3G S, vous pouvez même enregistrer de la vidéo. L'iPhone 4, quant à lui, filme en haute définition avec le capteur normal et en résolution normale avec la caméra frontale. Connectez le câble fourni avec l'iPhone sur l'adaptateur USB du kit de connexion appareil photo iPad. Lancez l'application Appareil photo de l'iPhone : dès lors, il se comporte comme un appareil numérique standard avec l'iPad. Vous pouvez donc importer toutes les images fixes ou en mouvement prises avec votre téléphone.

● Exporter les photos de l'iPad vers un ordinateur

Après avoir copié sur votre iPad des photos issues de votre appareil ou après avoir enregistré, créé ou retouché des images via la tablette, il faut les récupérer dans votre ordinateur pour les exploiter par ailleurs à des fins d'archivage, de retouche ou de publication.

1/ Branchez l'iPad à votre ordinateur.

2/ Lancez l'application de récupération de photos, dans notre exemple iPhoto. Mais cela fonctionne avec n'importe quelle application photographique sur Mac ou PC.

3/ Cliquez sur l'iPad dans la liste des appareils.

4/ Sélectionnez les photos que vous désirez importer dans votre photothèque.

5/ Donnez un titre dans le champ *Nom de l'événement*.

6/ Cliquez sur **Importer la sélection**.

7/ Après l'importation, une boîte de dialogue vous demande si vous voulez effacer les originaux de votre iPad. Cliquez sur **Supprimer les photos**. En effet, après la synchronisation, elles seront copiées à nouveau dans l'iPad, mais en suivant l'organisation rigoureuse de votre photothèque.

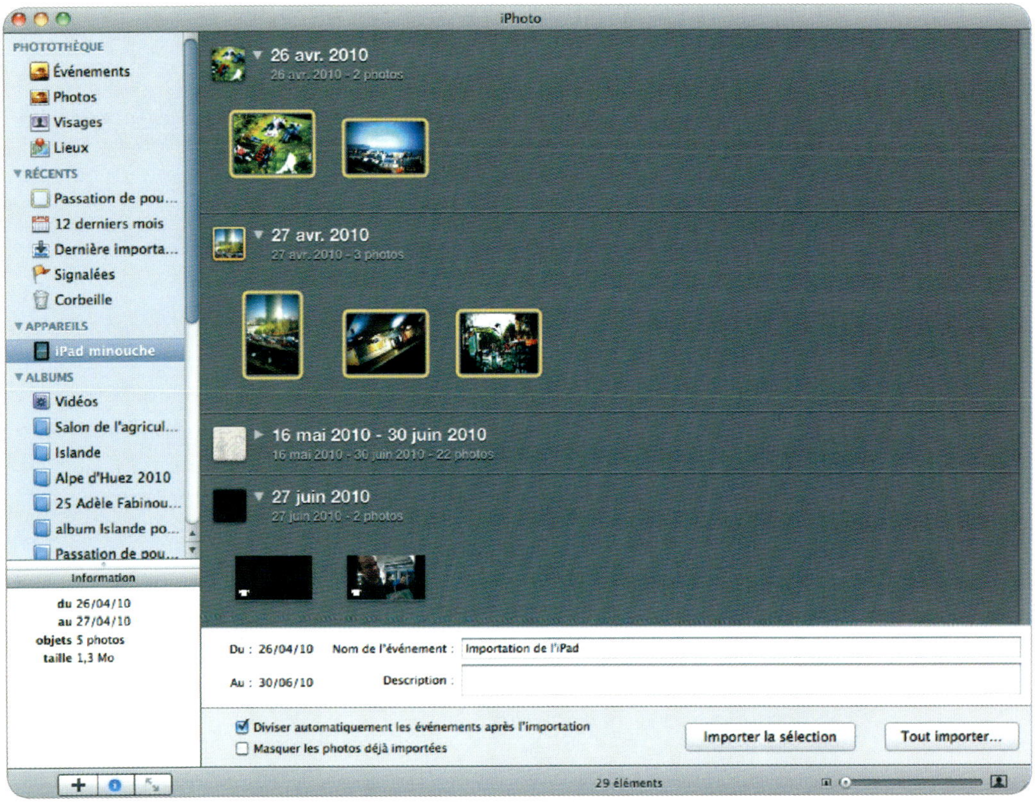

Réinjectez les photos de votre iPad dans iPhoto

● Importer aussi les vidéos

Les appareils photo d'aujourd'hui sont quasiment tous capables de tourner des vidéos. Il est donc tout aussi pertinent d'utiliser l'iPad à des fins de stockage temporaire. Vous pourrez dès lors les visionner de manière plus confortable que sur l'écran de l'appareil photo, voire effectuer un premier "dérushage".

1/ Connectez le kit de connexion appareil photo à votre iPad.

2/ Sélectionnez les vidéos dans la liste des fichiers de votre carte mémoire.

3/ Touchez le bouton **Importer** et choisissez **Importer la sélection** dans le menu.

4/ Validez la boîte de dialogue qui vous demande si vous voulez effacer les originaux sur votre carte mémoire.

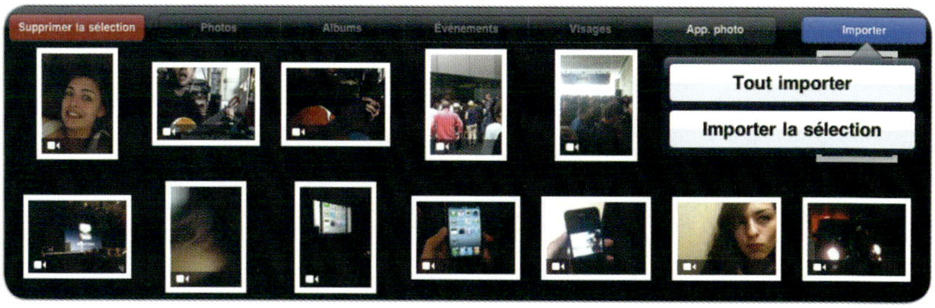

Importez des vidéos dans l'album Photos enregistrées

Raccourcir les vidéos

Les vidéos que vous prenez avec votre appareil photo et que vous importez sur l'iPad avec le kit de connexion appareil photo peuvent être raccourcies. La technique est la même que celle qui est exploitée sur l'iPhone pour éditer les vidéos prises avec l'appareil.

1/ Touchez l'icône *Photos* pour lancer l'application.

2/ Touchez le bouton **Albums**.

3/ Ouvrez la pile *Importées*.

4/ Touchez la vidéo que vous voulez raccourcir.

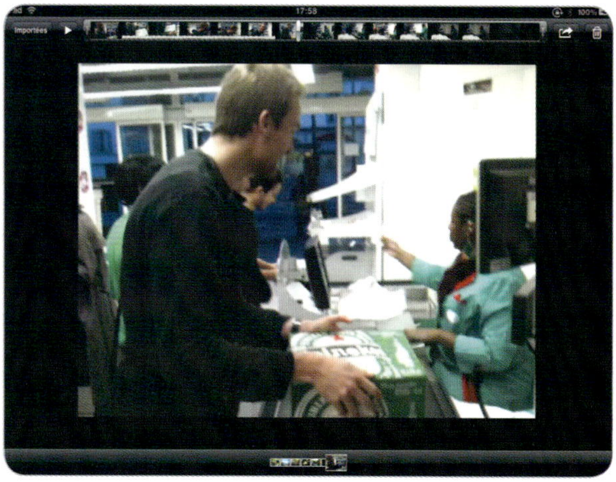

Affichez la vidéo à raccourcir

5/ En haut de l'écran s'affiche une ligne de temps avec les vignettes correspondant aux différentes images de la vidéo. Posez votre doigt sur la ligne et faites-le glisser pour déplacer la tête de lecture.

Pour raccourcir la vidéo, il faut définir le point de début et le point de fin. Pour ce faire, vous devez manipuler le cadre noir autour de la ligne de temps.

1/ Posez votre doigt sur l'extrémité gauche du cadre noir. Le cadre devient alors jaune.

2/ Sans relâcher le doigt, faites-le glisser vers la droite. L'aperçu de l'image reflète la position de votre doigt sur la ligne de temps.

3/ Quand vous avez trouvé le point de début souhaité, retirez votre doigt.

4/ Effectuez la même manipulation pour définir la fin du clip.

Définissez les points de début et de fin de la vidéo

Maintenant que vous avez défini les points, il faut sauvegarder vos modifications.

1/ Touchez le bouton jaune **Raccourcir** dans la partie supérieure droite de l'écran.

2/ Un menu s'affiche. Pour éviter de perdre l'original sur un coup de tête, touchez le bouton **Nouvel extrait**. L'album *Importées* contient désormais une nouvelle vidéo créée à partir de la première.

Créez un nouveau fragment de vidéo à partir d'un original

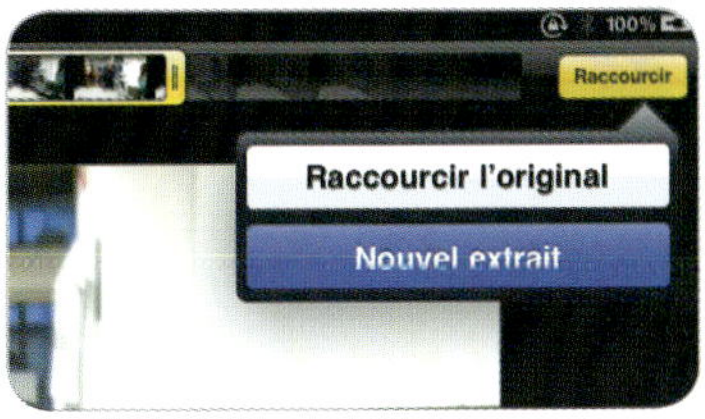

Astuce

Exportez les vidéos vers l'ordinateur

Comme les photos, vous pouvez exporter dans votre Mac ou votre PC les fichiers vidéo contenus dans l'iPad. La procédure est strictement la même qu'il s'agisse de vidéos ou de photographies (nous avons détaillé la marche à suivre précédemment). En revanche, vous devrez choisir une application d'archivage ou de montage vidéo plutôt que votre application de gestion de photos. Sur Mac, le choix privilégié est iMovie, et sur PC, Windows Movie Maker.

ÉCHANGER DES DONNÉES ENTRE MAC/PC ET IPAD

La tablette d'Apple n'est pas conçue comme un support de stockage et ne peut pas lire des volumes externes, comme des disques durs ou des clés USB. Pour autant, elle n'est pas complètement "autiste".

Grâce à certaines applications, vous pouvez exploiter votre iPad comme un disque distant sur votre ordinateur, et copier des fichiers de votre ordinateur pour les consulter ou les éditer sur la tablette. Pour cela, il convient d'utiliser l'indispensable Air Sharing HD (7,99 € sur l'App Store).

1/ Achetez Air Sharing HD sur l'App Store.

2/ Touchez son icône pour lancer l'application.

3/ Touchez le bouton en forme d'engrenage dans la partie inférieure droite de l'écran.

4/ Touchez la ligne *Sécurité de partage*.

5/ Activez l'interrupteur **Mot de passe requis**.

6/ Entrez un mot de passe dans la ligne du même nom.

7/ Touchez le bouton OK pour valider.

Protégez l'accès distant à votre tablette par un mot de passe

Il existe trois moyens d'accéder au contenu de l'application sur l'iPad et d'y déposer des fichiers.

● Par iTunes

1/ Branchez votre iPad à votre ordinateur pour lancer iTunes.

2/ Sélectionnez votre iPad dans la liste des appareils.

3/ Cliquez sur l'onglet **Applications** et faites défiler la fenêtre jusqu'en bas.

4/ Dans la liste des applications à gauche, sélectionnez *Air Sharing*.

5/ Cliquez sur le bouton **Ajouter** ou bien glissez-déposez des fichiers dans la zone *Documents* à droite.

6/ Lancez l'application Air Sharing HD sur l'iPad pour constater la présence des fichiers ajoutés.

Copiez des fichiers dans Air Sharing HD en passant par iTunes

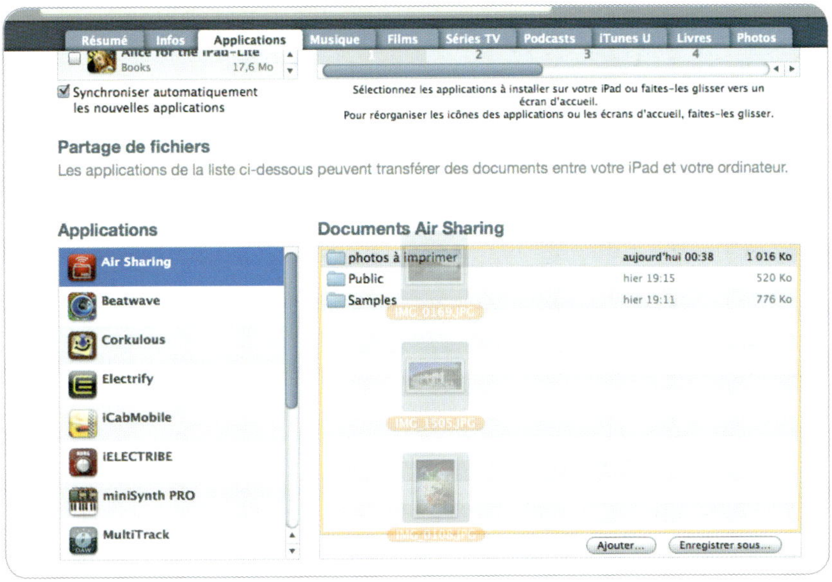

● Par le navigateur web

1/ Touchez l'icône *Air Sharing HD* sur l'écran d'accueil de l'iPad pour lancer l'application.

2/ Touchez le bouton en forme d'ondes situé au milieu de la partie inférieure de l'écran.

3/ Repérez l'adresse IP, composée d'une suite de quatre nombres.

4/ Sur votre ordinateur, lancez votre navigateur et saisissez l'adresse en question, ici `http://192.168.0.13`.

Notez l'adresse de connexion

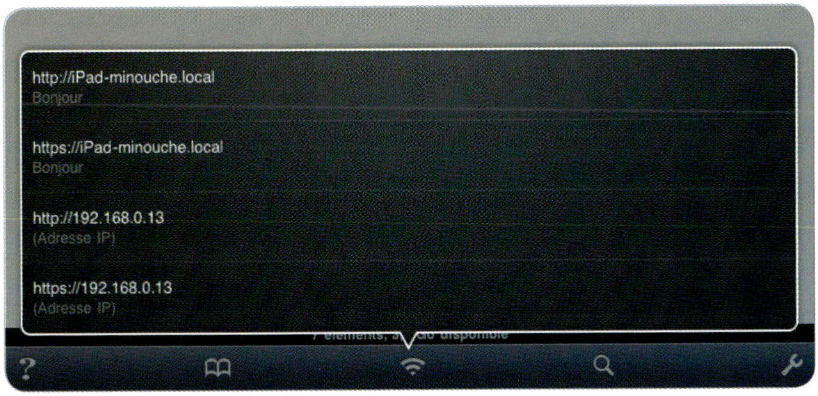

5/ Une boîte de dialogue s'affiche, entrez le mot de passe que vous avez défini précédemment. Si vous n'avez pas spécifié de nom d'utilisateur, laissez le champ vide.

6/ Vous pouvez maintenant naviguer dans les dossiers d'Air Sharing HD et même visualiser les fichiers dans votre navigateur.

7/ Pour copier un fichier de votre ordinateur vers l'iPad, cliquez sur le bouton **Choisissez un fichier**.

8/ Une fois le fichier sélectionné dans la boîte de dialogue, cliquez sur le bouton **Téléverser**.

Naviguez et copiez des fichiers dans l'iPad par le navigateur

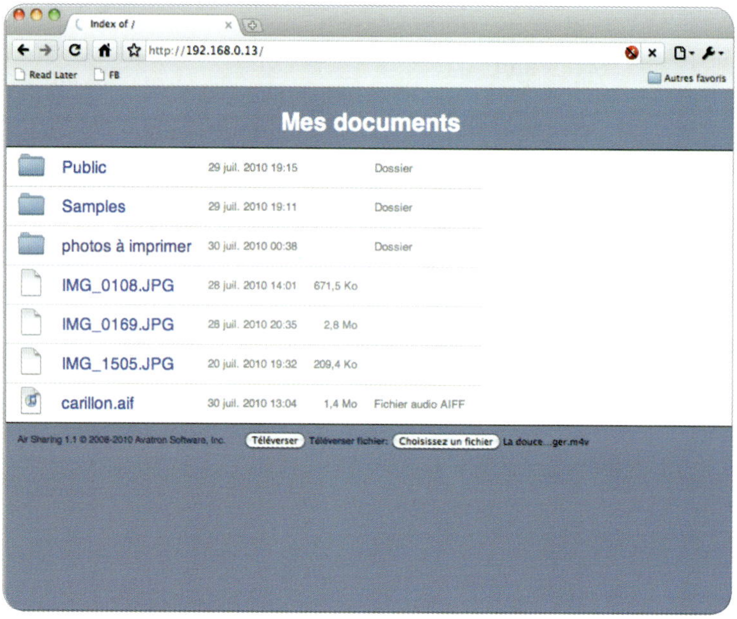

● Par le gestionnaire de fichiers

L'iPad peut monter comme un disque dur normal sur le Bureau de votre ordinateur. Seule obligation : Air Sharing HD doit être ouvert pendant toutes les opérations.

1/ Touchez l'icône *Air Sharing HD* sur l'écran d'accueil de l'iPad pour lancer l'application.

2/ Touchez le bouton en forme d'engrenage situé dans la partie inférieure droite de l'écran.

3/ Touchez la ligne *Sécurité de partage*.

4/ À la ligne *Nom utilisat.*, saisissez un identifiant, qui sera associé au mot de passe déjà défini. Touchez le bouton OK pour valider.

Ajoutez un nom d'utilisateur pour vous connecter à votre iPad

5/ Touchez le bouton en forme d'ondes situé au milieu de la partie inférieure de l'écran.

6/ Repérez l'adresse Bonjour sous la forme http://iPad.local.

7/ Sur votre Mac, positionnez-vous sur l'application Finder.

8/ Dans le menu **Aller**, choisissez **Se connecter au serveur**.

Initiez la connexion à l'iPad

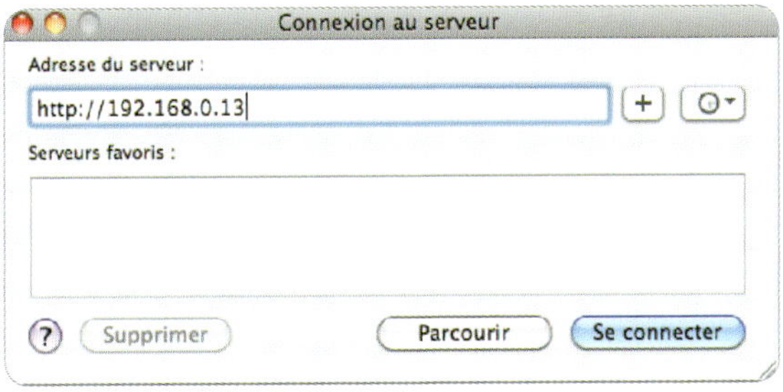

9/ Dans la fenêtre qui s'affiche, entrez l'adresse Bonjour notée précédemment. Cliquez sur le bouton **Se connecter**.

Entrez vos identifiant et mot de passe

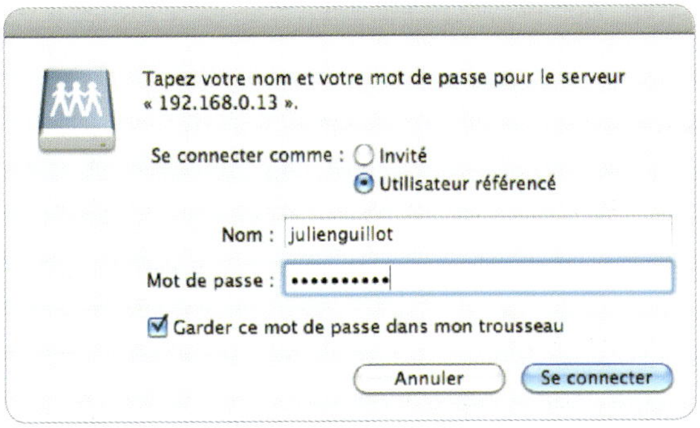

10/ Dans la boîte de dialogue, entrez vos identifiant et mot de passe définis précédemment. Cliquez sur le bouton **Se connecter**.

11/ Votre iPad est désormais un volume supplémentaire accessible par le navigateur de fichiers. Vous pouvez copier, déplacer, effacer des fichiers comme s'il s'agissait d'un disque dur normal. Les changements seront automatiquement reflétés sur l'iPad.

Le volume correspondant à l'iPad est bien présent sur le Bureau de l'ordinateur

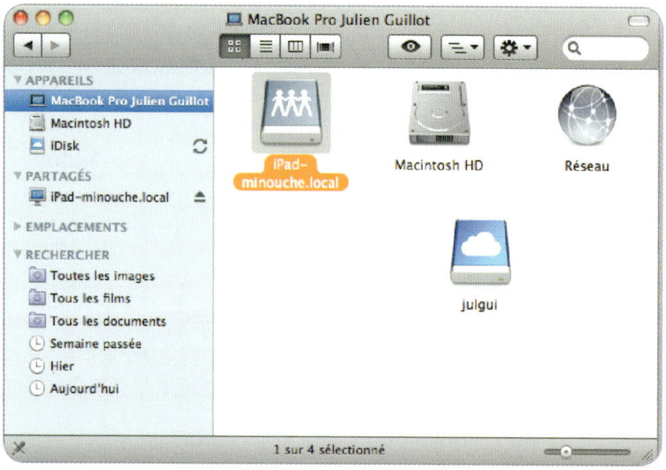

Sur un PC sous Windows, la procédure est fort semblable, à ceci près qu'il faut passer par la fenêtre **Ordinateur** et cliquer sur le bouton **Connecter un lecteur réseau**. Entrez alors l'adresse IP de l'iPad. Si vous utilisez un PC sur lequel est installé Bonjour, vous pouvez entrer l'adresse Bonjour, plus explicite. Bonjour est installé automatiquement sur votre PC si iTunes ou Safari y est déjà installé.

AU BUREAU

Dans votre travail, l'iPad peut être un fidèle assistant de votre ordinateur, Mac ou PC. Emportez l'iPad avec vous et suivez le guide pour accéder à distance à votre poste de travail, étendre l'affichage de votre écran ou compléter des bases de données en situation de mobilité.

● Contrôler un ordinateur à distance avec LogMeIn

Il existe de nombreuses techniques de prise de contrôle à distance d'un ordinateur, mais LogMeIn est la plus universelle et cela marche quasiment à tous les coups.

1/ Sur votre PC ou votre Mac, rendez-vous sur le site www.logmein.com et cliquez sur le lien *Créer un compte.*

2/ Une fois le compte créé, cliquez sur le bouton **Ajouter cet ordinateur**.

3/ Le site vous propose alors d'installer le pilote pour votre machine. Cliquez sur le lien *Télécharger maintenant*.

4/ Après l'installation, entrez vos identifiant et mot de passe nouvellement créés.

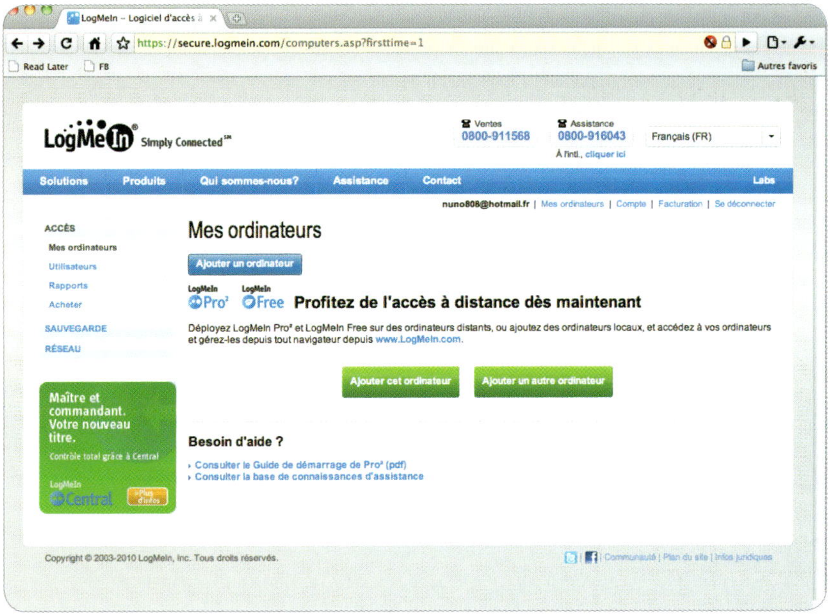

Créez un compte et rendez votre ordinateur contrôlable

Il convient maintenant de télécharger l'application pour iPad sur l'App Store. LogMeIn Ignition coûte 23,99 €.

1/ Touchez l'icône *LogMeIn* sur l'écran d'accueil de l'iPad pour lancer l'application.

2/ Au démarrage, entrez vos identifiant et mot de passe.

3/ Activez l'interrupteur **Remember login** pour éviter de tout saisir une nouvelle fois à chaque lancement.

4/ Touchez le bouton **Log Me In**.

5/ Votre ordinateur ou vos ordinateurs partagés apparaissent dans la liste. Si ce n'est pas le cas, touchez le bouton **Refresh** dans la partie supérieure gauche de l'écran.

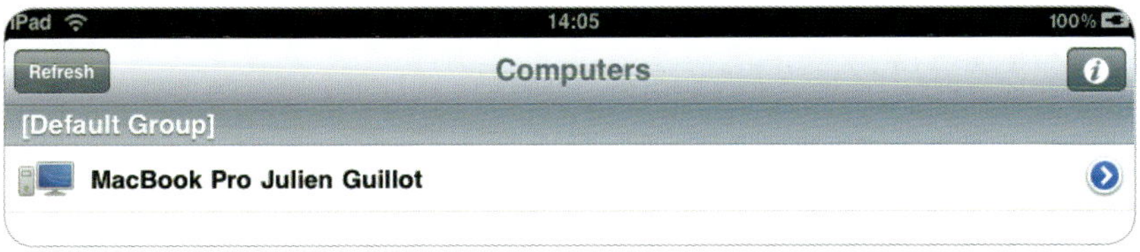

La liste de vos ordinateurs partagés

Par le petit écran de l'iPad, sans souris ni clavier, vous allez pouvoir accéder au Bureau de votre ordinateur.

1/ Touchez la ligne correspondant à votre ordinateur.

2/ Vous devez alors entrer les identifiant et mot de passe d'un compte utilisateur de cet ordinateur. Attention, il ne s'agit plus là du compte LogMeIn.

3/ Activez l'interrupteur **Remember login** pour ne plus avoir à saisir ces informations.

L'écran de votre ordinateur apparaît alors sur l'écran de votre iPad. Une fenêtre s'affiche pour confirmer que vous avez pris le contrôle. La barre d'outils inférieure permet d'effectuer un certain nombre d'actions. Comme l'interface tactile est fort différente de l'interface souris, vous devez connaître quelques gestes.

➔ Faites glisser votre doigt n'importe où sur l'écran pour déplacer le pointeur de la souris. L'iPad se comporte alors comme le pavé tactile d'un ordinateur portable, le pointeur ne se place donc pas sous votre doigt.

➔ Touchez brièvement l'écran n'importe où pour déclencher un clic simple.

➔ Touchez deux fois brièvement l'écran n'importe où pour déclencher un double clic.

➔ Touchez l'écran avec deux doigts pour déclencher un clic droit et ouvrir un menu contextuel.

➔ Touchez deux fois brièvement l'écran n'importe où et faites glisser votre doigt pour effectuer un glisser-déposer.

➔ Faites glisser deux doigts pour activer le défilement (comme la molette d'une souris).

➔ Si votre ordinateur possède plusieurs écrans, secouez l'iPad pour passer d'un écran à l'autre.

➔ Posez deux doigts sur l'écran et écartez-les pour zoomer. Cela est très utile dans le cas d'un grand écran, qui va forcément s'afficher tout petit sur celui de l'iPad.

➔ Posez deux doigts sur l'écran et rapprochez-les pour dézoomer.

La barre d'outils vous permet d'afficher le clavier virtuel.

1/ Touchez le bouton dans la partie inférieure de l'écran, à l'extrême gauche. Le clavier apparaît. En haut de l'écran, les touches modificatrices [Ctrl], [Alt] et [Cmd] s'affichent sous forme de boutons. La touche située au milieu de la partie supérieure donne accès aux autres touches du clavier, comme les touches de fonction.

2/ Touchez l'icône d'engrenage pour modifier les réglages, par exemple la résolution et la qualité de compression afin d'optimiser le contrôle suivant le débit de votre connexion.

3/ Touchez la croix dans le coin inférieur droit pour terminer la session avec cet ordinateur et éventuellement en contrôler un autre. Quitter l'application revient à terminer la session.

Exploitez le clavier

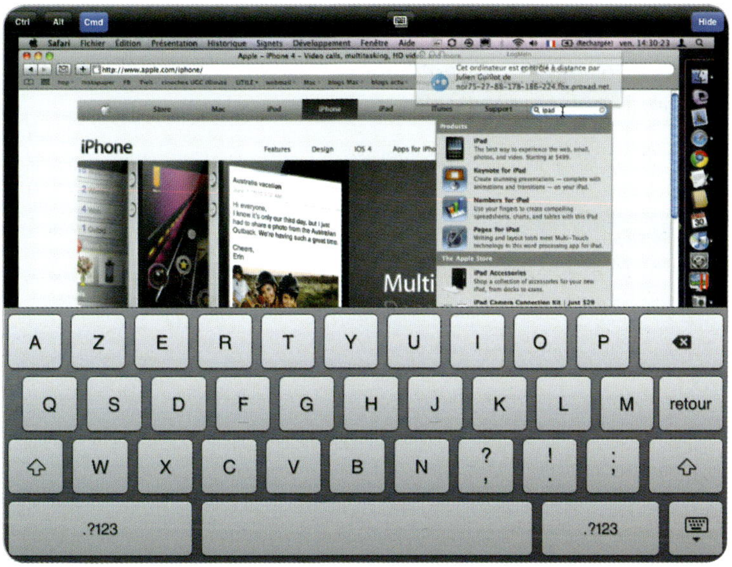

Astuce

De partout dans le monde
Avec LogMeIn, vous n'avez pas besoin d'être sur le même réseau que votre ordinateur pour le contrôler. Tant que vous avez accès à Internet avec votre iPad, vous pouvez y accéder à distance.

● Étendre l'affichage d'un Mac avec Air Display

Cette fonctionnalité spectaculaire n'est pour l'instant disponible que sur Mac. Elle permet non seulement de disposer d'une surface d'affichage supplémentaire, mais aussi de rendre votre ordinateur partiellement tactile.

1/ Achetez l'application Air Display sur l'App Store (7,99 €) et touchez-la pour la lancer.

2/ Sur votre Mac, rendez-vous à l'adresse www.avatron.com/ad et cliquez sur le système d'exploitation qui correspond à votre ordinateur.

Activez Air Display sur votre Mac

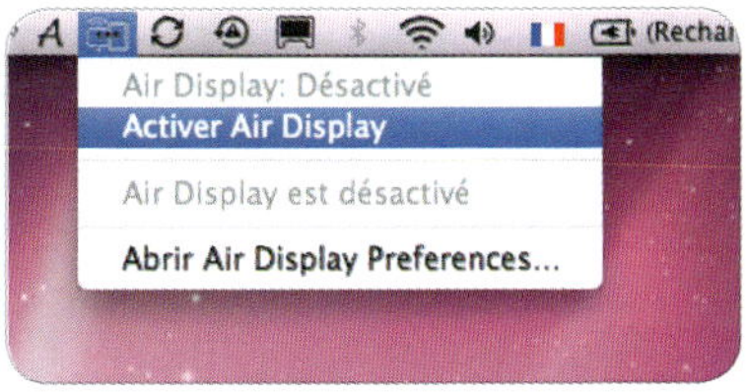

3/ Après l'installation et le redémarrage, une icône apparaît dans la barre des menus. Cliquez sur l'icône puis choisissez **Activer Air Display**.

Si l'application est lancée sur votre iPad, votre tablette s'affiche alors dans le menu comme étant disponible.

1/ Ouvrez le menu **Air Display** sur votre Mac.

2/ Sélectionnez votre iPad. L'écran passe brièvement au bleu.

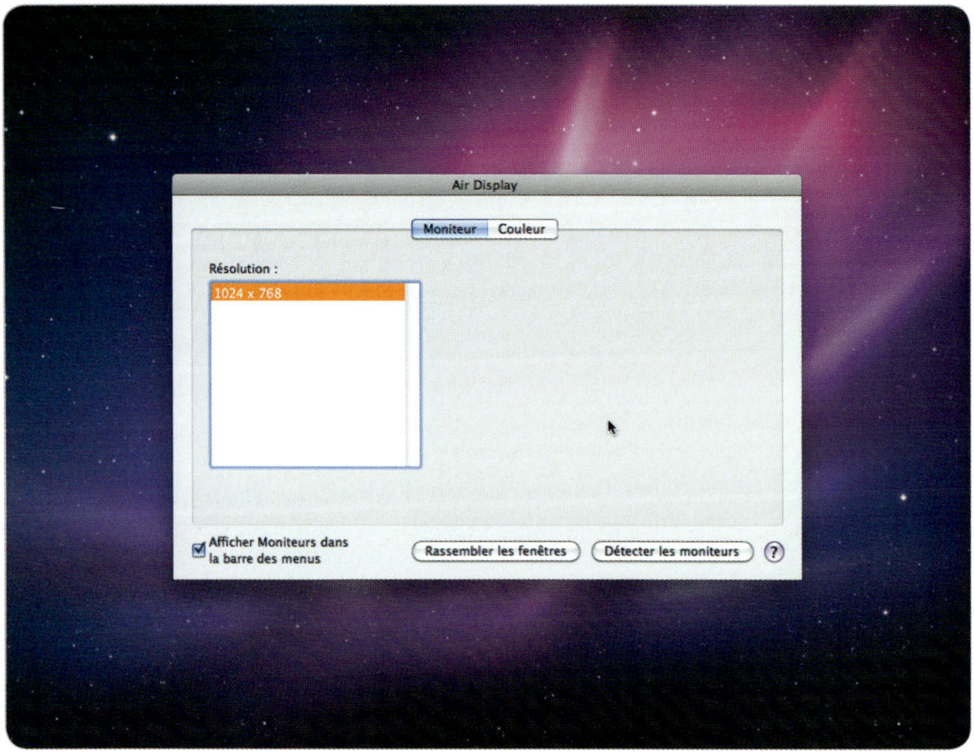

L'iPad affiche un second écran

Vous pouvez paramétrer le positionnement de l'écran dans les Préférences système.

1/ Lancez l'application Préférences système sur le Mac.

2/ Choisissez le panneau **Moniteurs**.

3/ Sélectionnez l'onglet **Disposition**.

4/ Glissez-déposez n'importe lequel des deux écrans symbolisés par des rectangles bleus. Vous pouvez les positionner en haut, en bas, à gauche ou à droite, avec le décalage que vous voulez. Le plus sage est de positionner l'écran de l'iPad en fonction de sa position logique dans l'espace.

Placez précisément le second écran

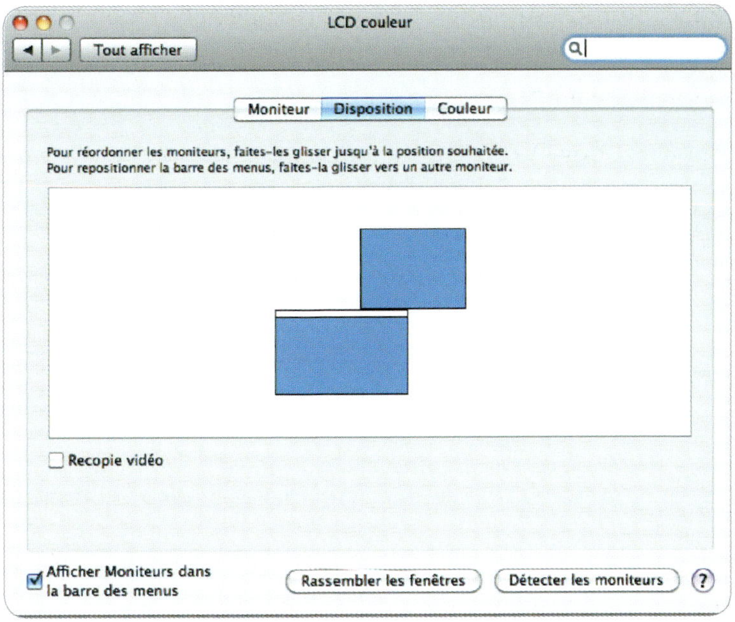

Si vous faites pivoter l'iPad en position verticale, vous constaterez que l'écran de votre ordinateur passe au bleu quelques secondes à nouveau. L'affichage s'adapte parfaitement.

Faites pivoter l'iPad pour profiter d'un second écran vertical

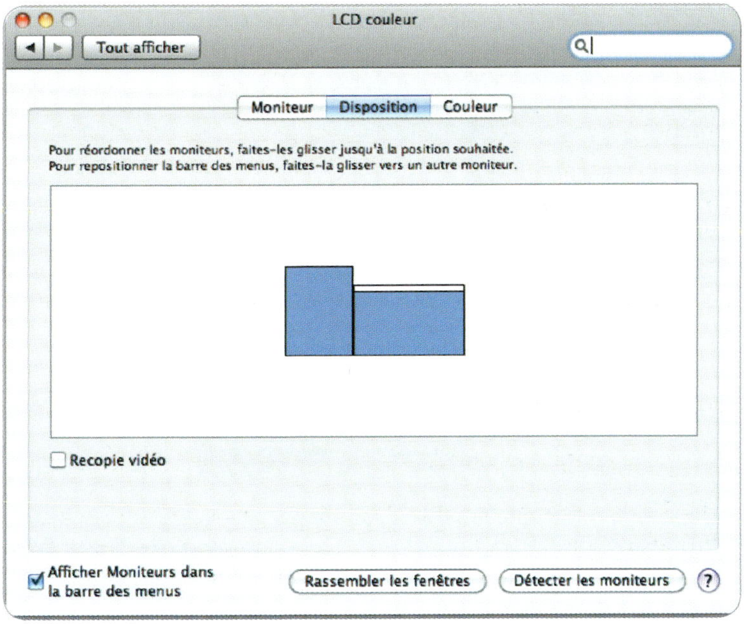

Outre le confort d'affichage que cela procure, vous allez également pouvoir goûter à l'interface tactile directement sur Mac. En effet, Air Display transmet à l'ordinateur les fonctions de la souris par l'interface tactile. Il suffit de toucher du doigt pour cliquer. Pour l'instant, il n'est pas encore possible d'utiliser le clavier virtuel pour écrire. Notez également que l'iPad et le Mac doivent être connectés sur le même réseau Wi-Fi. Cette solution n'est donc pas une prise de contrôle à distance.

● Synchroniser des bases de données avec Bento

Voici une autre utilisation de l'iPad conjointement avec un ordinateur. Cette fonction est réservée au Mac avec le logiciel Bento. Cette application de bases de données vous permet de vous organiser et de classer toutes sortes d'informations. Il est parfaitement possible de remplir des fiches sur l'iPad et de les synchroniser avec une base sur votre ordinateur. Là encore, le faible encombrement de la tablette lui permet d'être utilisée comme une extension mobile d'un gros ordinateur.

1/ Achetez l'application Bento pour iPad sur l'App Store (3,99 €) et touchez son icône pour la lancer.

2/ Touchez le bouton en forme d'engrenage dans la partie supérieure droite de l'écran.

3/ Touchez la ligne *Sync with a new computer*.

Synchronisez votre iPad avec votre Mac

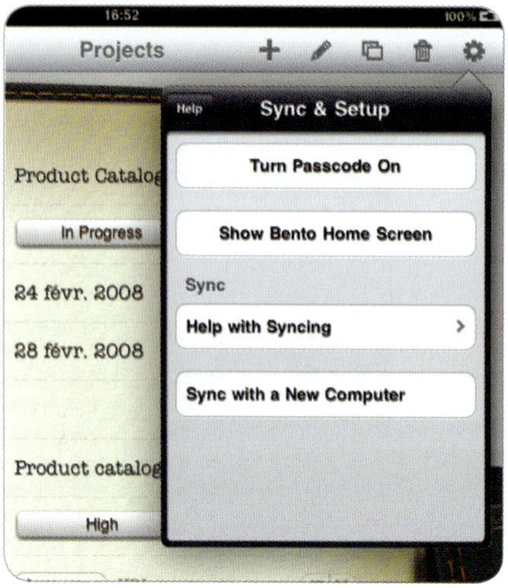

C'est maintenant sur votre Mac que vous devez configurer l'accès à l'iPad.

1/ Lancez l'application Bento sur Mac.

2/ Ouvrez le menu **Fichier** et sélectionnez **Réglages de la synchronisation avec le périphérique**.

Synchronisez votre Mac avec votre iPad

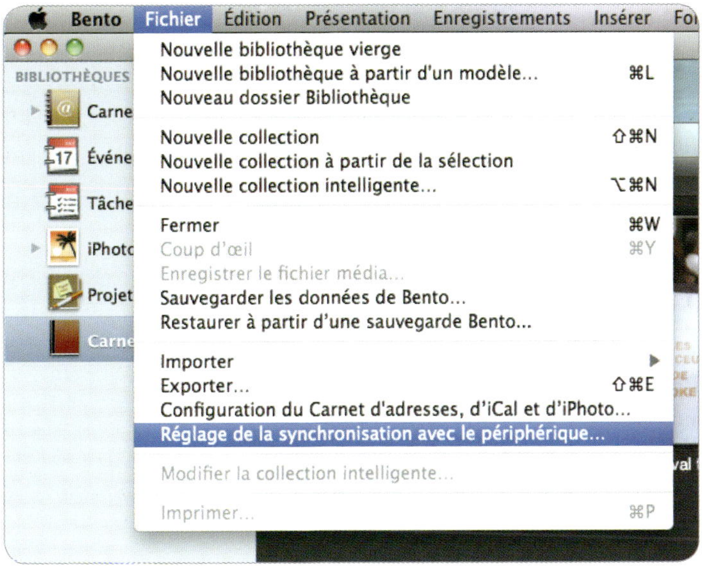

Dans la fenêtre qui s'ouvre apparaît votre iPad.

1/ Sélectionnez le nom de votre iPad et cliquez sur le bouton **Continuer**.

2/ Entrez le code à quatre chiffres affiché sur l'écran de l'iPad. La synchronisation commence.

3/ Quand le jumelage est achevé, cliquez sur **Terminé**.

Entrez sur le Mac le code qui s'affiche sur l'iPad

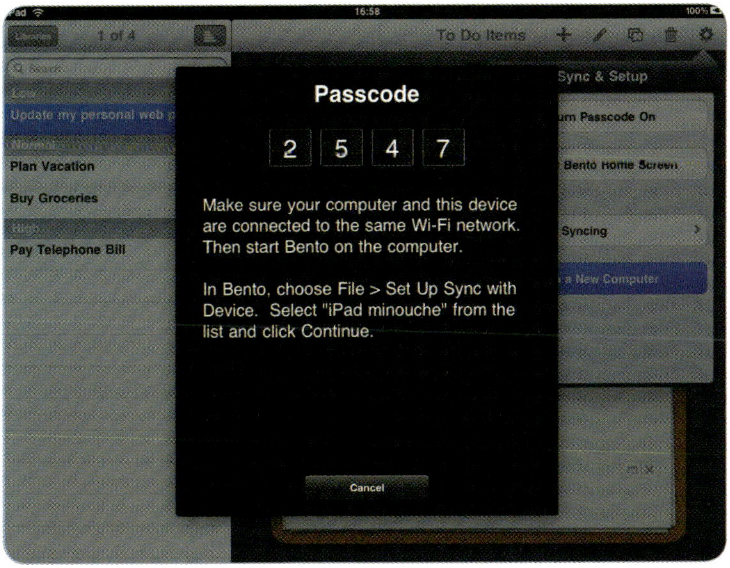

Il faut maintenant sélectionner les bases de données à synchroniser et appliquer le jumelage.

1/ Dans la fenêtre de Bento sur Mac, sélectionnez votre iPad dans la section *Périphériques*.

2/ Cochez *Bibliothèques sélectionnées*.

3/ Cochez les noms des bases de données que vous voulez synchroniser.

Sélectionnez les bases à synchroniser

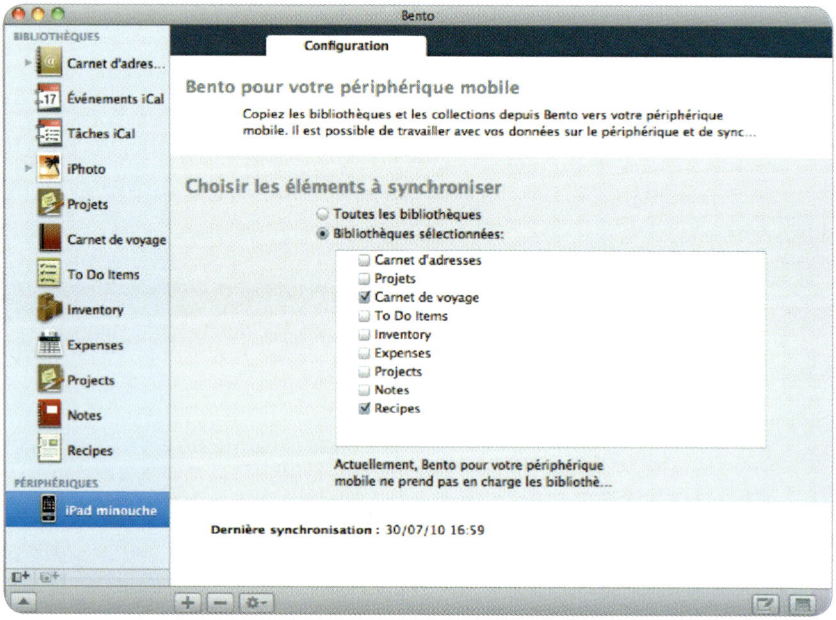

4/ Sur l'iPad, ouvrez Bento et touchez le bouton en forme d'engrenage dans la partie supérieure droite de l'écran.

Lancez la synchronisation depuis l'iPad

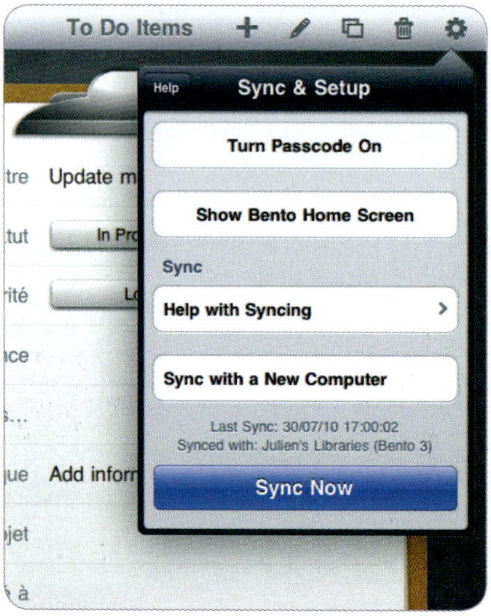

5/ Dans le menu qui s'ouvre, touchez le bouton bleu **Sync now**.

Manipuler des bases de données

L'utilisation de Bento pour iPad est simple et l'interface est graphiquement réussie. Voici comment s'en servir.

1/ Touchez le bouton **Libraries** dans la partie supérieure gauche de l'écran pour afficher les bases synchronisées.

2/ Touchez une base dans la liste. La liste des enregistrements s'affiche dans la colonne de gauche quand l'iPad est en position Paysage.

3/ En position Portrait, touchez le bouton en forme de loupe dans la partie supérieure gauche de l'écran pour afficher la liste.

4/ Dans la zone de droite, faites défiler le contenu de chaque fiche en faisant glisser votre doigt verticalement. Passez d'une fiche à l'autre en déplaçant votre doigt latéralement.

Naviguez dans les fiches enregistrées

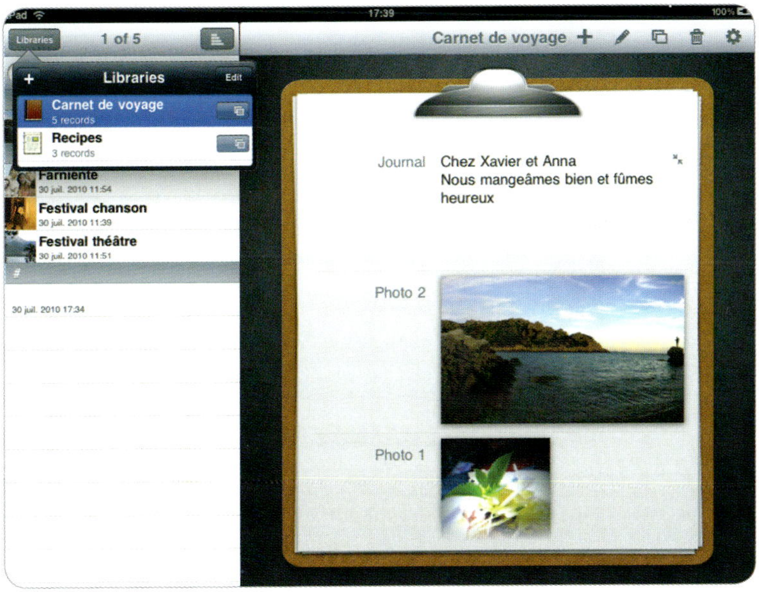

Vous pouvez modifier la façon dont s'affichent les informations de la fiche. Les réglages s'appliquent à toutes les fiches d'une bibliothèque.

1/ Positionnez-vous sur un enregistrement et touchez le bouton en forme de crayon dans la partie supérieure droite de l'écran.

2/ Chaque élément de la fiche arbore une croix rouge, un bouton **i** et un bouton rond. Utilisez-les respectivement pour effacer l'élément, changer son nom et le masquer temporairement.

3/ Posez votre doigt sur un élément et faites-le glisser pour déplacer l'élément en question.

4/ Touchez le bouton + **New Field** dans la partie supérieure gauche de l'écran si vous voulez ajouter un champ.

5/ Touchez le bouton **Done** dans la partie supérieure droite de l'écran quand vous avez terminé.

Modifiez l'habillage d'une fiche

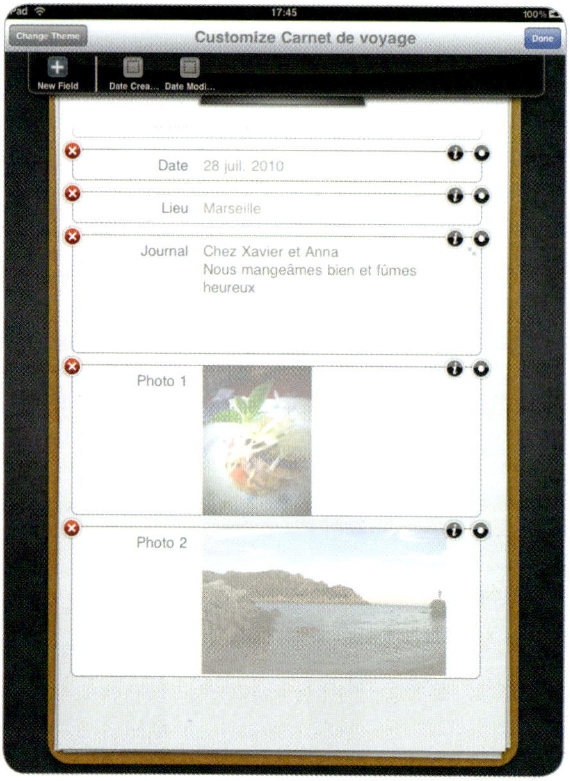

Maintenant que la présentation est soignée, vous pouvez également modifier le contenu des fiches.

1/ Positionnez-vous sur une fiche.

2/ Touchez un champ texte, ici *Journal*. Le texte est alors encadré d'un rectangle arrondi et le clavier virtuel apparaît.

3/ Effectuez des modifications dans le texte.

4/ Touchez l'écran n'importe où ailleurs lorsque vous avez terminé.

5/ Si le texte est long, il n'est pas affiché entièrement. Dans ce cas, touchez les deux flèches opposées pour l'afficher complètement.

Éditez le texte

Outre le texte, vous pouvez modifier les images.

1/ Positionnez-vous sur une fiche avec une ou plusieurs photos.

2/ Touchez une photo puis touchez le bouton avec deux flèches opposées pour l'afficher en plein écran. S'il y a plusieurs photos, elles s'affichent en diaporama.

3/ Touchez le bouton **Done** dans la partie supérieure gauche de l'écran pour revenir à la fiche.

4/ Pour ajouter ou modifier une photo, commencez par la toucher pour afficher les boutons.

Sélectionnez une photo de la bibliothèque

5/ Touchez le bouton en forme de carré avec une flèche. Touchez le bouton **Replace** le cas échéant.

6/ La palette de sélection de photos s'affiche. Naviguez dedans pour sélectionner une image de votre bibliothèque.

7/ Touchez la croix pour enlever l'image. Puis touchez le bouton **Delete**.

Même quand vous n'êtes pas connecté à votre ordinateur, vous pouvez créer des fiches sur votre iPad. Elles seront copiées sur votre Mac à la prochaine synchronisation.

1/ Positionnez-vous dans une bibliothèque.

2/ Touchez le bouton + dans la partie supérieure droite de l'écran pour créer une nouvelle fiche.

3/ Remplissez chacun des champs (image, texte).

Créez une nouvelle fiche

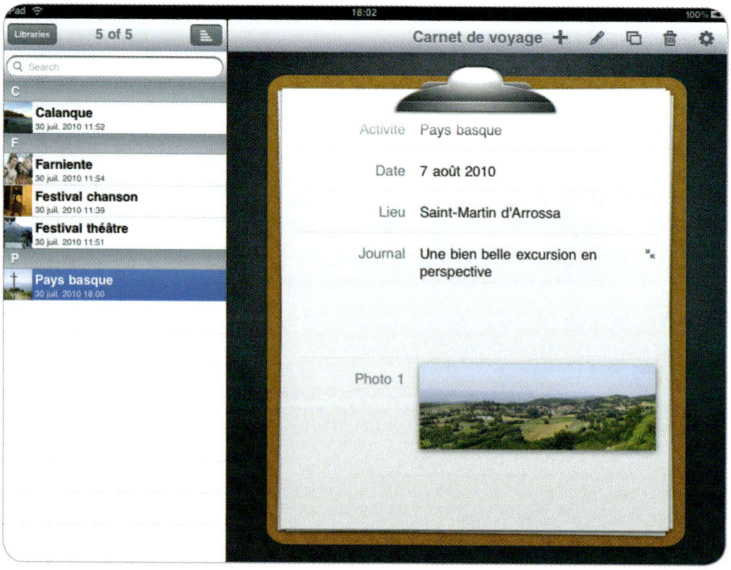

4/ Lancez Bento sur votre Mac.

5/ Touchez le bouton en forme d'engrenage dans la partie supérieure droite de l'écran de votre iPad.

6/ Touchez le bouton **Sync now**. Les modifications et les nouvelles fiches sont reportées sur le logiciel Mac.

Personnaliser le classement

Avec un grand nombre de fiches, il devient primordial de bien trier les listes pour s'y retrouver.

1/ Positionnez-vous dans une bibliothèque et affichez la liste des fiches.

2/ Touchez le bouton en forme d'escalier au-dessus de la liste.

3/ Dans *Display fields*, choisissez les informations de la fiche à présenter. Le premier champ correspond au nom en gras, le deuxième au sous-titre en dessous, et le troisième à l'illustration (photo ou coche).

Affinez le classement

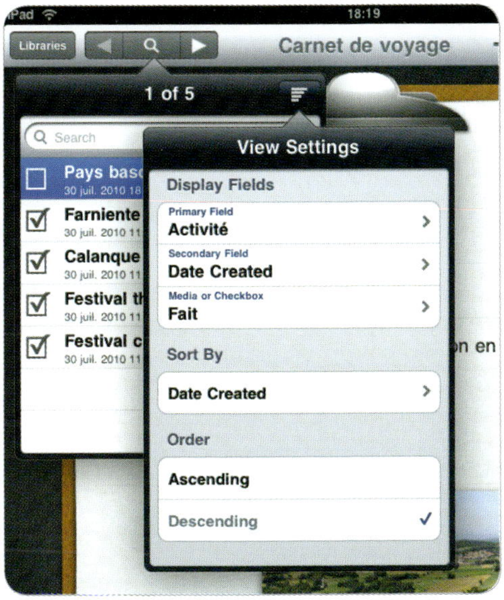

4/ La ligne *Sort by* permet de choisir le champ sur la base duquel seront classés les éléments de la liste (nom, date...).

5/ Dans la section *Order*, choisissez entre un classement ascendant (ascending) ou descendant (descending).

Créer une base de données

Avec l'iPad, vous pouvez non seulement modifier les fiches, mais aussi créer de toutes pièces une bibliothèque. Elle sera automatiquement ajoutée à votre Mac lors de la prochaine synchronisation avec Bento.

Choisissez un modèle pour votre nouvelle base de données

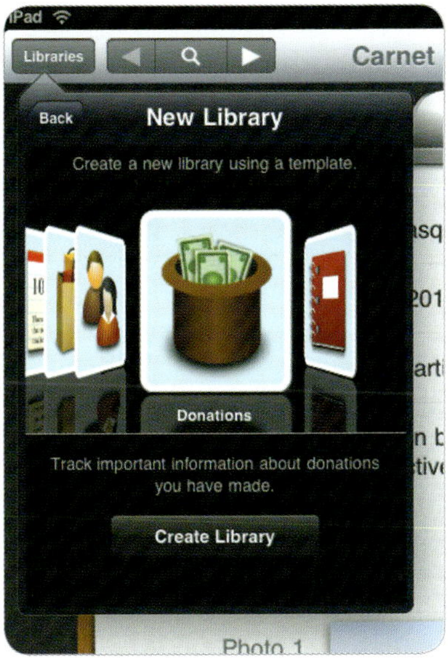

1/ Touchez le bouton **Libraries** dans la partie supérieure gauche de l'application Bento pour iPad.

2/ Touchez le bouton + qui s'affiche dans le menu.

3/ Faites défiler d'un glissement de doigt latéral la liste des modèles de présentations.

4/ Quand vous avez trouvé votre bonheur, touchez le bouton **Create Library**.

Une fois la base créée, vous n'avez plus qu'à la remplir en créant des fiches.

1/ Touchez le bouton + pour créer une nouvelle fiche.

2/ Remplissez les champs un à un.

3/ Si la présentation du modèle ne vous convient pas, touchez le bouton en forme de crayon pour modifier l'apparence des fiches.

4/ Touchez le bouton **Change theme** dans la partie supérieure droite de l'écran pour modifier l'apparence du fond (carnet à spirales, ardoise…).

Au sein d'une bibliothèque, les fiches peuvent être concentrées dans une collection.

1/ Positionnez-vous sur une fiche.

2/ Touchez le bouton avec deux fenêtres superposées dans la partie supérieure droite de l'écran. La liste des collections s'affiche.

3/ Touchez le bouton + pour créer une première collection.

4/ Entrez un nom et touchez le bouton **Terminé** sur le clavier. Recommencez l'opération pour créer plusieurs collections.

5/ Touchez le nom d'une des collections pour y insérer la fiche. Une fiche peut être présente dans plusieurs collections.

Rangez les fiches dans des collections

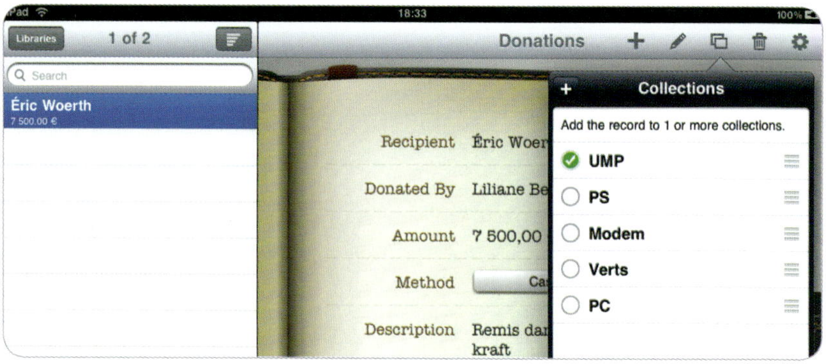

Il est possible de n'afficher qu'une seule collection dans la liste.

1/ Touchez le bouton **Libraries**.

2/ Repérez la ligne de votre bibliothèque et touchez le bouton situé à droite de cette ligne. Il porte le numéro du nombre de vos collections.

3/ Touchez alors la ligne correspondant à la collection.

4/ Après les modifications, touchez le bouton en forme d'engrenage dans la partie supérieure droite de l'écran et touchez le bouton **Sync now**. N'oubliez pas de laisser actif Bento sur Mac pendant la synchronisation.

Affichez une seule collection

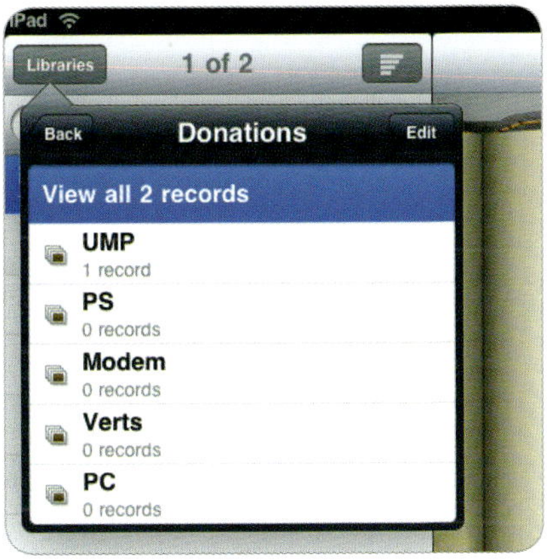

Astuce

Coach ou inventaire

Avec Bento pour iPad, vous pouvez remplir des fiches en déplacement sans avoir à sortir votre ordinateur. C'est parfait pour réaliser un inventaire de stocks ou pour gérer une équipe de sport. Après des ajouts et des modifications, la synchronisation permet d'exploiter les données sur l'ordinateur ou avec d'autres applications.

● Télécommander un ordinateur avec Touch Pad

En général, pour utiliser un ordinateur, vous vous asseyez devant l'écran. Mais si l'envie vous prend de regarder des films sur le grand écran de votre Mac ou PC ou bien d'admirer des diaporamas, il est plus confortable de vous installer dans votre lit ou votre canapé… et d'utiliser l'iPad comme télécommande.

Sur Mac

1/ Lancez l'application Préférences système.

2/ Choisissez le panneau **Partage**.

3/ Cochez la case *Partage d'écran*.

4/ Cliquez sur le bouton **Réglages de l'ordinateur**.

5/ Cochez la case *Les visualiseurs VNC peuvent contrôler l'écran avec un mot de passe.*

6/ Entrez un mot de passe et cliquez sur OK. Entrez votre mot de passe d'administrateur.

Activez le contrôle VNC de votre Mac

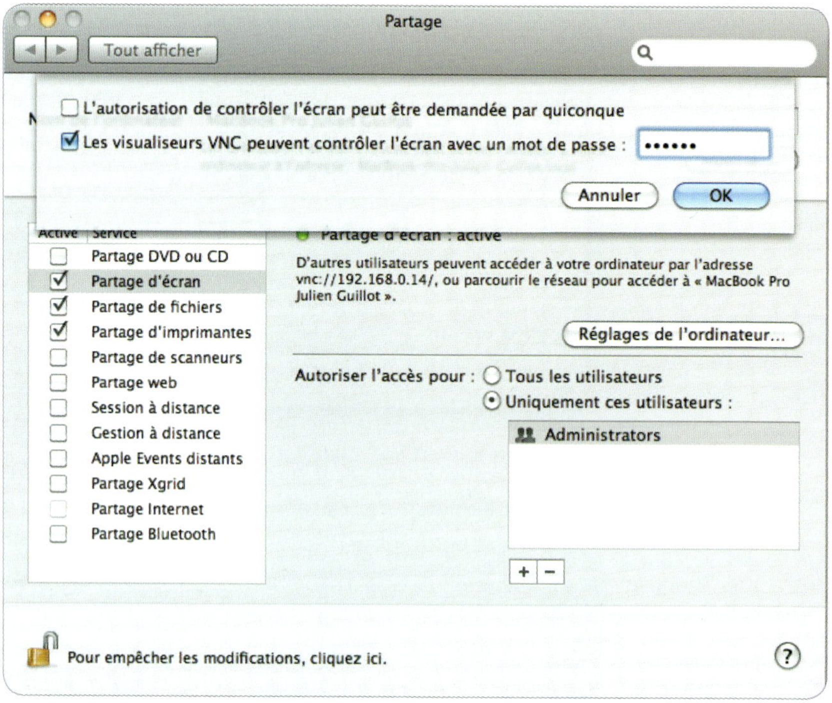

Sur PC

Comme souvent, la manipulation est plus compliquée sur PC que sur Mac.

1/ Rendez-vous sur le site www.tightvnc.com pour télécharger l'application TightVNC.

2/ Après l'installation, lancez le logiciel.

3/ Double-cliquez sur l'icône du logiciel dans la barre système. La fenêtre de configuration s'ouvre.

4/ Notez le numéro de port.

5/ Entrez un mot de passe.

6/ Validez les changements.

7/ Passez votre curseur sur l'icône de TightVNC dans la barre système pour afficher votre adresse IP et notez-la.

Sur l'iPad

1/ Achetez l'application Touch Pad sur l'App Store (3,99 €).

2/ Après le téléchargement, lancez l'application.

3/ Une boîte de dialogue vous propose de rechercher un serveur. Touchez le bouton **Oui**.

Connectez votre ordinateur

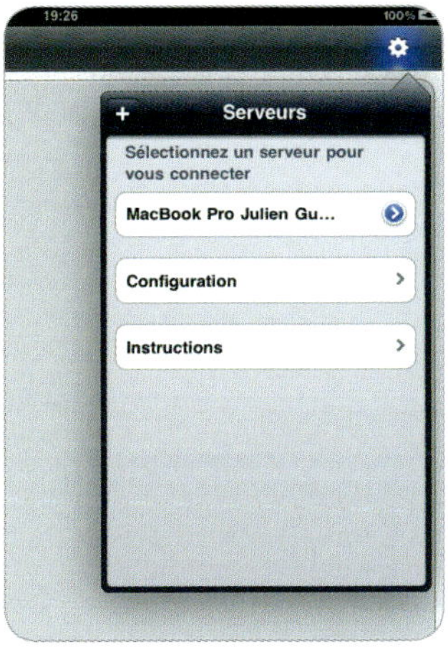

4/ Quand le nom de votre ordinateur s'affiche dans le menu, touchez-le.

5/ Un message d'erreur apparaît. Validez-le pour entrer le mot de passe spécifié précédemment.

6/ Touchez le bouton **Serveurs** et touchez à nouveau la ligne de votre ordinateur.

Désormais, la surface entière de votre iPad est un pavé tactile par le biais duquel vous allez piloter votre ordinateur.

- Touchez l'écran de l'iPad et faites glisser votre doigt pour déplacer le pointeur sur l'écran de l'ordinateur.
- Touchez rapidement une fois pour cliquer, deux fois pour double-cliquer.
- Faites glisser deux doigts pour faire défiler les pages.
- Touchez le bouton dans la partie supérieure gauche de l'écran pour afficher le clavier virtuel. Outre les touches standard de l'iPad, vous disposez d'une ligne au-dessus avec les touches Echap, Tab, Maj, Ctrl, Alt, Cmd et les quatre flèches. La zone au-dessus du clavier reste une surface tactile pour piloter le pointeur de la souris.

Accédez au clavier complet

Outre le pavé tactile et le clavier, Touch Pad va encore plus loin en ajoutant des touches de commandes générales du système.

1/ Touchez le deuxième bouton dans la partie supérieure gauche de l'écran. Un clavier un peu particulier s'affiche, composé de boutons qui correspondent à des raccourcis clavier simplifiés : **Copier**, **Coller**, **Annuler**, **Minimiser**, **Spotlight**, **Éjecter**, **Quitter**, etc. La surface supérieure reste une zone tactile pour contrôler le pointeur de la souris à l'écran.

Exécutez rapidement des commandes système courantes avec ce deuxième clavier

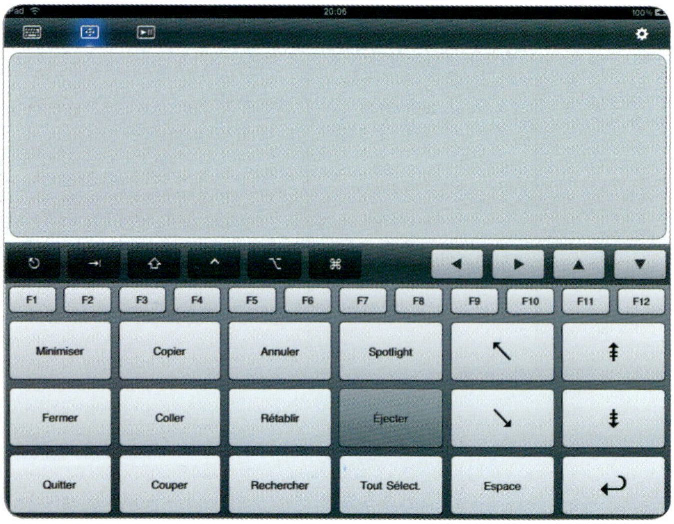

2/ Touchez le troisième bouton, en forme de bouton de lecture/pause, dans la partie supérieure gauche de l'écran. Une zone de télécommande apparaît en bas de l'écran. Elle sert à piloter une interface de Media Center.

3/ Touchez le bouton à droite pour sélectionner l'application à piloter. Sur Mac, c'est Front Row qui est sélectionné par défaut, mais vous pouvez contrôler de nombreuses applications.

4/ Utilisez les boutons à gauche pour lancer, quitter ou afficher le menu.

5/ Utilisez les gros boutons en bas pour piloter l'affichage de votre Media Center (lecture, pause, avant, arrière, plus, moins).

Contrôlez votre Media Center depuis votre canapé

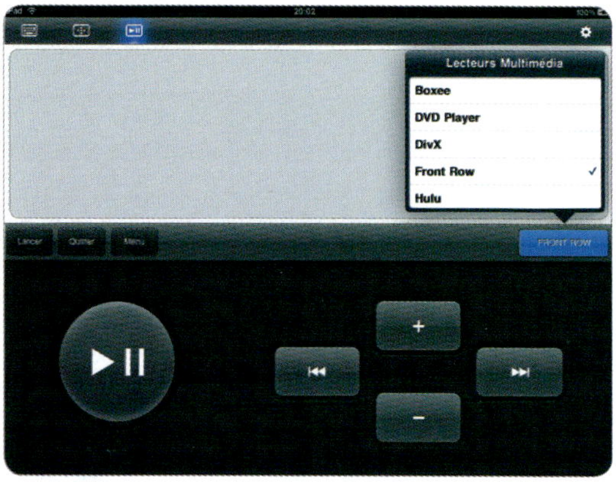

6

Contourner les limitations

Apple a une conception plutôt "fermée" de l'informatique. Sa démarche consiste à fournir des matériels et logiciels qui fonctionnent merveilleusement bien si tant est que l'on se conforme à sa vision. Dès que l'on sort des sentiers battus, on trouve porte close. Il en va ainsi des formats vidéo, des possibilités de synchronisation, de fonctions annexes indisponibles, comme la téléphonie ou la prise de photos. Apple essaie aussi de capter le consommateur avec ses boutiques en ligne (iTunes, iBooks, App), mais il est aussi possible de les contourner.

REMPLACER MOBILEME

Apple a bâti ses terminaux mobiles (iPhone, iPod, iPad) autour de son service en ligne MobileMe. Pour 79 € par an, il propose un compte de courrier électronique, des services de synchronisation de données, un espace de stockage en ligne et la géolocalisation dans le cas d'une perte ou d'un vol.

À part cette dernière fonctionnalité, tous les services MobileMe peuvent être remplacés par des équivalents gratuits.

● GMail pour le courrier et la synchronisation

L'iPad est compatible avec Microsoft Exchange pour s'adapter au monde de l'entreprise. Manque de chance pour Apple, Google propose d'utiliser un compte GMail et tous les services afférents avec la technologie Microsoft Exchange. Cela signifie que vous pouvez profiter du push mail et de la synchronisation des contacts et calendriers… gratuitement.

1/ Touchez l'icône *Réglages* située sur l'écran d'accueil.

2/ Touchez la ligne *Mail, Contacts, Calendrier*.

3/ Dans la colonne de droite, sous vos autres comptes, touchez la ligne *Ajouter un compte*.

4/ Touchez la première ligne *Microsoft Exchange*.

5/ Entrez votre adresse GMail.

Le serveur Microsoft Exchange utilisé par GMail est à l'adresse m.google.com

6/ Dans le champ *Nom d'utilisateur*, entrez également votre adresse GMail.

7/ Saisissez votre mot de passe.

8/ Donnez un nom indicatif dans le champ *Description*.

9/ Touchez le bouton **Suivant** dans la partie supérieure droite de l'écran.

10/ Touchez le bouton **Accepter** dans la boîte de dialogue qui s'affiche.

11/ La ligne *Serveur* apparaît. Entrez `m.google.com` via le clavier.

12/ Touchez le bouton **Suivant**.

Outre le courrier électronique en mode Push, la synchronisation Exchange de GMail permet d'accéder aux contacts et aux calendriers.

1/ Dans l'écran qui s'affiche, touchez les interrupteurs **Contacts** et **Calendriers** pour les activer.

2/ Touchez le bouton **Enregistrer**.

Activez la synchronisation des contacts et des calendriers liés à votre compte GMail

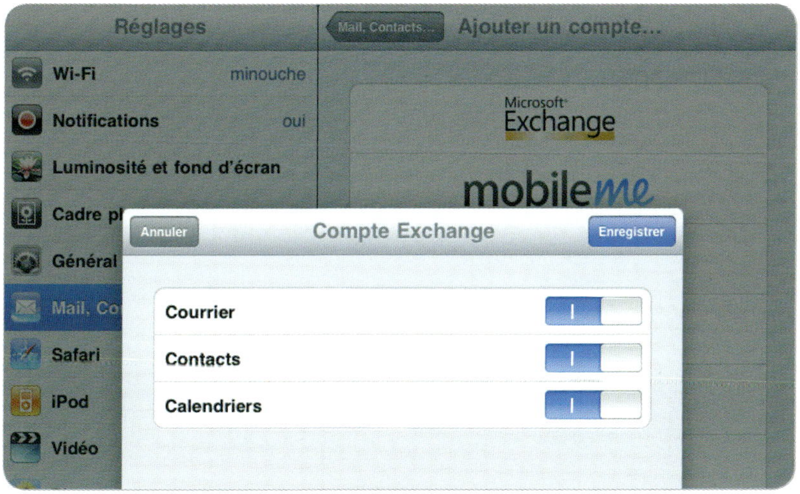

Paramétrer la synchronisation Exchange

Si vous utilisez cette adresse comme adresse principale, peut-être souhaitez-vous avoir tout votre courrier stocké sur l'iPad, au lieu de n'avoir que les derniers messages échangés. Il y a un réglage à faire.

1/ Touchez l'icône *Réglages* située sur l'écran d'accueil.

2/ Touchez la ligne *Mail, Contacts, Calendrier*.

3/ Touchez la ligne correspondant à votre compte Exchange.

4/ Touchez la ligne *Courrier : synchroniser*.

5/ Choisissez dans la liste le premier élément, intitulé *tout*.

Synchronisez tout votre courrier GMail

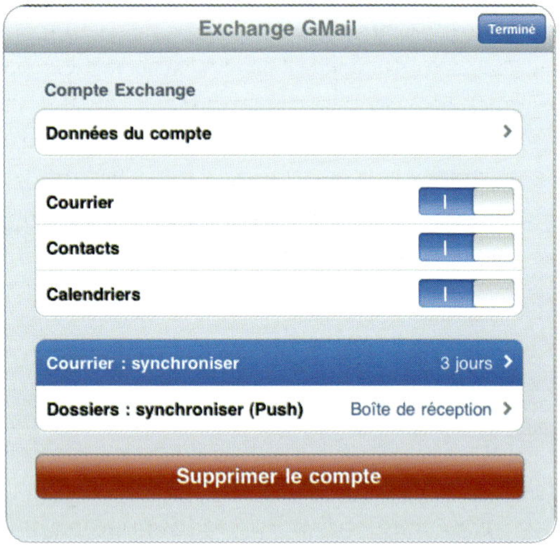

Activer le mode Push

Si ce n'est pas automatiquement effectué, voici comment contrôler l'activation des nouvelles données en mode Push.

1/ Touchez l'icône *Réglages* située sur l'écran d'accueil.

2/ Touchez la ligne *Mail, Contacts, Calendrier*.

3/ Dans la colonne de droite, touchez la ligne *Nouvelles données*.

4/ Activez l'interrupteur **Push**.

Confirmez l'activation du mode Push

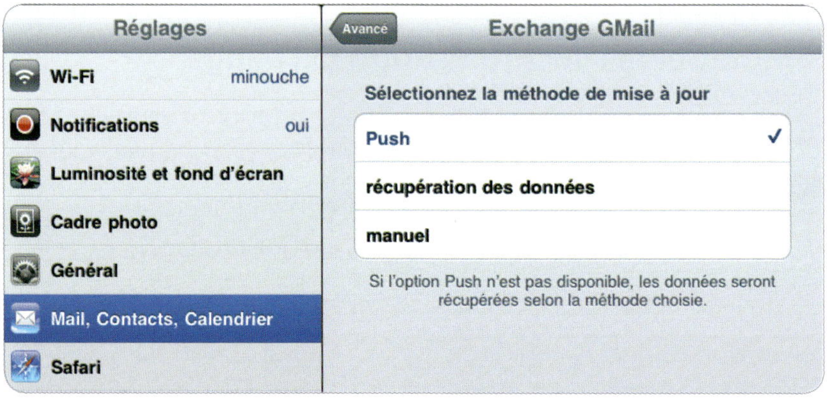

5/ Si vous avez plusieurs comptes, touchez le bouton **Avancé**.

6/ Touchez la ligne correspondant à votre compte GMail Exchange.

7/ Touchez la première ligne, intitulée *Push*.

> Astuce
>
> **Tout en mode Push**
> Avec un compte Exchange, ce sont toutes les nouvelles données que vous recevez en mode Push : courrier, contacts, calendriers. Cela signifie que si vous modifiez un élément de votre agenda ou de votre carnet d'adresses sur l'interface web en ligne de GMail, ces changements seront répercutés presque immédiatement sur votre iPad, sans intervention de votre part.

Consulter les contacts

Dans votre carnet d'adresses, les contacts sont classés par groupes, ce qui est pratique si vous utilisez plusieurs comptes de synchronisation (MobileMe et Exchange).

1/ Touchez l'icône *Contacts* sur l'écran d'accueil pour lancer l'application.

2/ Touchez le ruban rouge appelé *Groupes* dans la partie supérieure gauche de l'écran.

3/ Touchez la ligne correspondant à votre compte Exchange. La liste de vos contacts stockés avec votre compte GMail s'affiche.

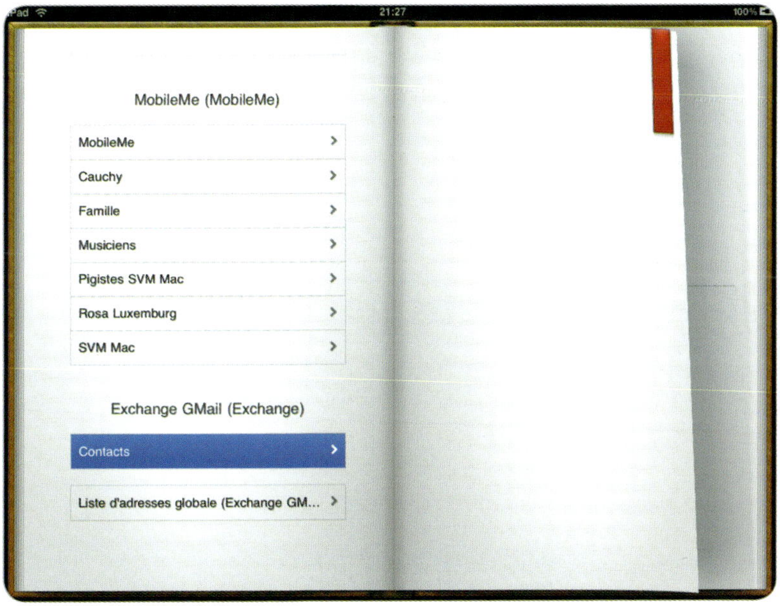

Affichez la liste de vos contacts GMail

Afficher l'agenda

De la même manière, votre agenda affiche les événements de votre calendrier GMail. Attention, si vous avez créé plusieurs calendriers (professionnel, personnel...) sur le site de GMail, seul le calendrier par défaut au nom de votre adresse s'affichera sur l'iPad.

1/ Touchez l'icône *Calendriers* sur l'écran d'accueil pour lancer l'application.

2/ Touchez le bouton **Calendriers** dans la partie supérieure gauche de l'écran.

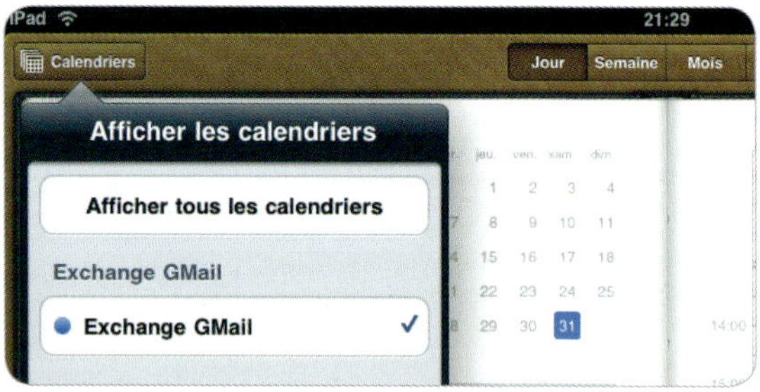

Affichez votre calendrier GMail

3/ Touchez le bouton correspondant à votre compte Exchange pour le cocher, ce qui l'affichera dans l'application.

> **Astuce**
>
> **DropBox et Air Sharing HD pour le stockage**
>
> DropBox est l'un des meilleurs services de stockage en ligne. Il est gratuit pour un espace de 2 Go, mais vous pouvez acheter 50 Go ou 100 Go pour respectivement 100 $ et 200 $ par an, ce qui est toujours moins cher que MobileMe. L'application DropBox pour iPad permet de gérer essentiellement des photos ou des vidéos. En revanche, Air Sharing HD est beaucoup plus complet pour naviguer dans divers types de fichiers, en afficher des aperçus, les imprimer, etc. Et comme Air Sharing HD est parfaitement compatible avec les serveurs de DropBox, c'est la combinaison idéale pour gérer un stockage distant.

*Reportez-vous au chapitre **Gérer le stockage avec iTunes** pour configurer DropBox et Air Sharing HD.*

● Publier des vidéos sur YouTube

MobileMe permet de stocker et de partager des vidéos en ligne. Mais il existe un service complètement gratuit : YouTube. Il est totalement intégré au système. Vous avez donc tout intérêt à l'utiliser.

1/ Touchez l'icône *Photos* sur l'écran d'accueil pour lancer l'application.

2/ Naviguez dans vos images pour repérer une vidéo. L'iPad peut importer des vidéos par le kit de connexion appareil photo ou bien par l'intermédiaire d'applications qui exportent des vidéos.

3/ Touchez cette vidéo pour l'afficher en plein écran.

4/ Touchez le bouton en forme de carré avec une flèche dans la partie supérieure droite de l'écran.

Préparez l'envoi de votre vidéo sur YouTube

5/ Touchez le bouton **Envoyer sur YouTube**.

6/ Si vous ne l'avez pas déjà fait, une boîte de dialogue vous demande d'entrer vos identifiant et mot de passe YouTube. Sachez que votre compte GMail peut très bien faire office de compte YouTube.

La vidéo est alors compressée par l'iPad en vue de sa publication.

1/ Dans la fenêtre de publication qui s'affiche, touchez la zone *Titre* et donnez un titre à votre vidéo.

2/ Touchez la zone *Description* et entrez un petit texte de présentation de votre œuvre.

3/ Touchez la zone *Mots-clés* pour entrer un terme qui servira au moteur de recherche du site.

4/ Touchez la zone *Nouveau mot-clé* si vous voulez en ajouter un ou plusieurs.

5/ Touchez la zone *Catégorie* pour sélectionner l'une des catégories prédéfinies de YouTube. Cette étape, comme les précédentes, est obligatoire, vous ne pouvez y déroger.

Complétez la fiche descriptive de votre vidéo

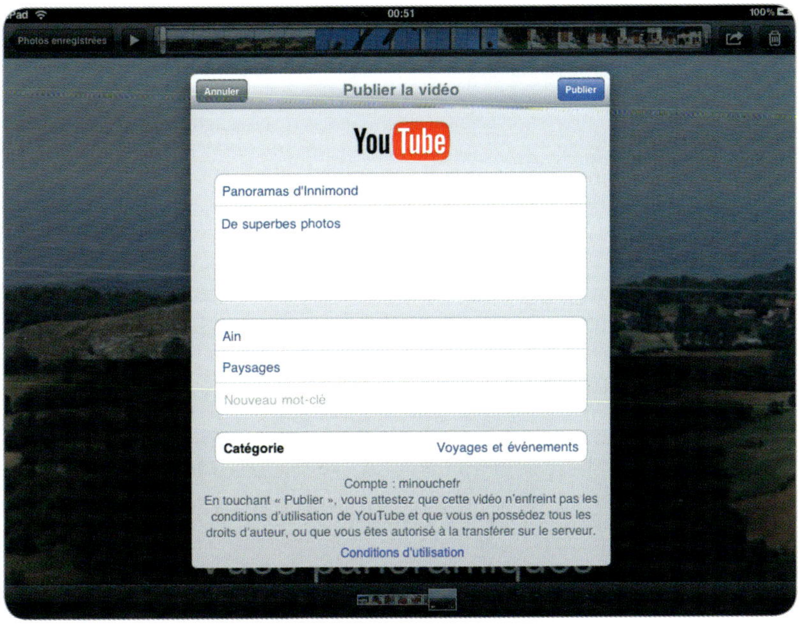

Quand vous avez rempli la fiche descriptive de votre film, vous pouvez lancer la publication effective. Vous devez évidemment être connecté à Internet.

1/ Touchez le bouton **Publier** dans la partie supérieure droite de la fenêtre de publication. Une barre de progression s'affiche en bas de l'écran pour attester de l'évolution de la mise en ligne. À la fin de la publication, une boîte de dialogue s'ouvre.

2/ Touchez le bouton **Afficher sur YouTube** si vous voulez consulter la vidéo directement dans l'application YouTube de l'iPad. Cela peut être utile pour contrôler que tout s'est bien passé.

Regardez la vidéo ou envoyez un message pour la partager

3/ Si vous voulez immédiatement la partager avec quelqu'un, touchez le bouton **Recommander à un ami**.

Une fenêtre de rédaction de message s'affiche dans l'application Mail.

1/ Touchez la zone *À* pour saisir une adresse.

2/ Touchez le bouton + pour naviguer dans votre carnet d'adresses et choisir un contact. Recommencez l'opération pour ajouter plusieurs contacts.

3/ Placez-vous dans le corps du texte pour personnaliser votre message. Par défaut, son objet porte le titre de votre vidéo, le corps du texte contient l'adresse web de la vidéo et votre signature.

4/ Touchez le bouton **Envoyer** pour transmettre votre message.

Écrivez un message pour partager votre vidéo avec un ou plusieurs amis

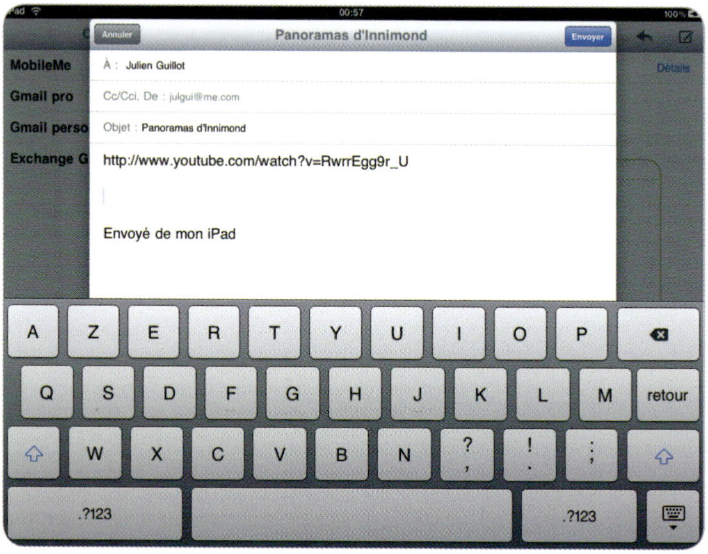

JONGLER ENTRE DEUX COMPTES ITUNES

Posséder plusieurs comptes iTunes présente plusieurs intérêts. D'une part, la distribution d'applications diffère d'un pays à l'autre. Souvent, les Américains disposent en exclusivité ou en avant-première de certaines applications même gratuites. D'autre part, vous pouvez acheter dans la boutique la moins chère du moment. Les prix sur l'App Store sont fixés par paliers psychologiques (0,99 $ équivaut à 0,79 €) et ne respectent pas l'évolution du taux de change.

● Créer un compte iTunes américain

Apple contrôle l'origine de ses clients par l'origine de leur carte de crédit. Il existe néanmoins une astuce pour s'inscrire sur l'App Store américain sans avoir à fournir un numéro de carte bancaire américaine.

1/ Sur votre ordinateur, lancez iTunes.

2/ Ouvrez le menu **Store** et choisissez **Fermez la session** pour quitter temporairement votre compte français.

3/ Cliquez sur *iTunes Store* dans la colonne de gauche.

4/ Faites défiler la page d'accueil jusqu'en bas et cliquez sur le bouton arborant le drapeau français dans la partie inférieure droite de l'écran.

5/ Dans la page qui s'affiche, cliquez sur le drapeau américain.

Changez de pays pour accéder à un iTunes Store étranger

Maintenant, vous allez simuler le téléchargement d'une application gratuite pour créer votre compte.

1/ Cliquez sur **App Store** dans la barre de menus de l'iTunes Store.

2/ Faites défiler la page d'accueil jusqu'à afficher la colonne *Free apps* à droite.

3/ Passez le curseur de la souris au-dessus du nom d'une application et cliquez sur le bouton **Free**.

4/ Une boîte de dialogue de connexion s'affiche. Cliquez sur le bouton **Créer un nouveau compte** situé dans la partie supérieure.

Lancez le téléchargement d'une application gratuite pour créer un nouveau compte américain

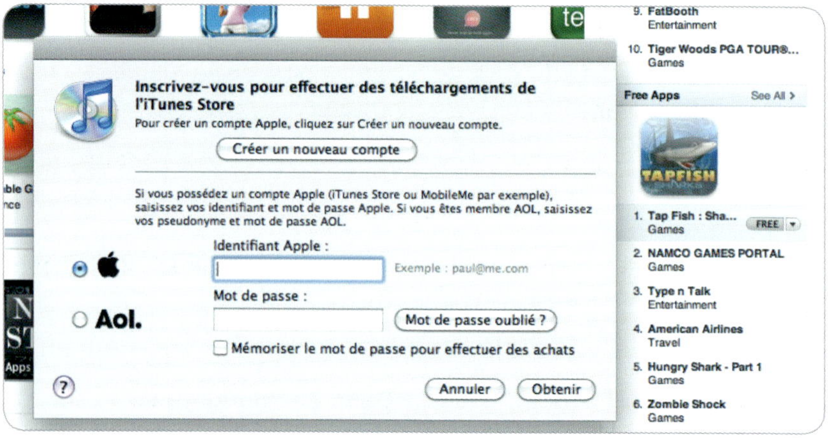

Sur les écrans suivants, vous devrez entrer une adresse électronique différente de celle que vous utilisez déjà pour l'iTunes Store français.

1/ Cliquez sur le bouton **Continuer**.

2/ Cochez la case en bas de la page pour accepter les conditions générales de vente. Puis cliquez sur **Continue**.

Choisissez None pour créer un compte sans donner un numéro de carte de crédit

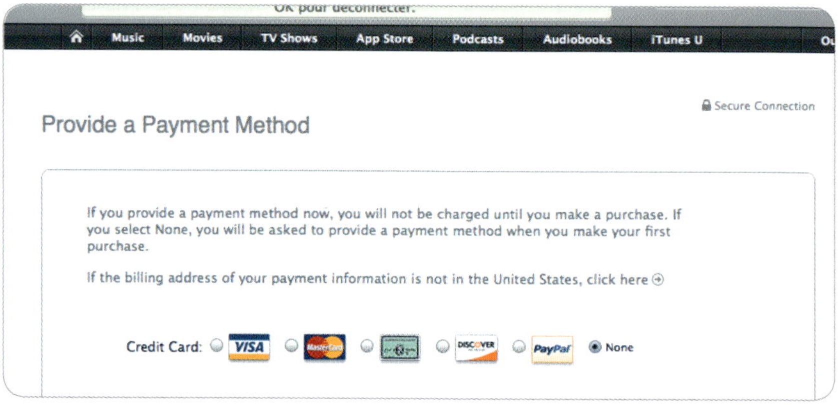

3/ Entrez une adresse de courrier électronique valide, mais différente de celle que vous utilisez sur l'iTunes Store français. Créez un mot de passe et spécifiez une question secrète.

4/ Dans la page suivante, vous devez indiquer votre moyen de paiement. Au bout de la ligne *Credit card*, cochez *None*.

Après cette étape capitale, vous pouvez continuer à remplir votre fiche de renseignements.

1/ Entrez vos prénom, nom et adresse. Ces informations peuvent être fictives. Vous devez, quoi qu'il arrive, donner une adresse aux États-Unis, même inventée.

2/ Cliquez sur le bouton **Continue**. Apple vous envoie alors un courrier électronique pour confirmer votre inscription.

3/ Cliquez sur **Done**.

4/ Ouvrez votre messagerie et consultez le courriel que vient de vous envoyer Apple.

5/ Cliquez sur le lien fourni dans le message.

6/ Vous êtes alors redirigé sur l'iTunes Store. Entrez les identifiant et mot de passe que vous venez de créer.

7/ Cliquez sur **Sign in**.

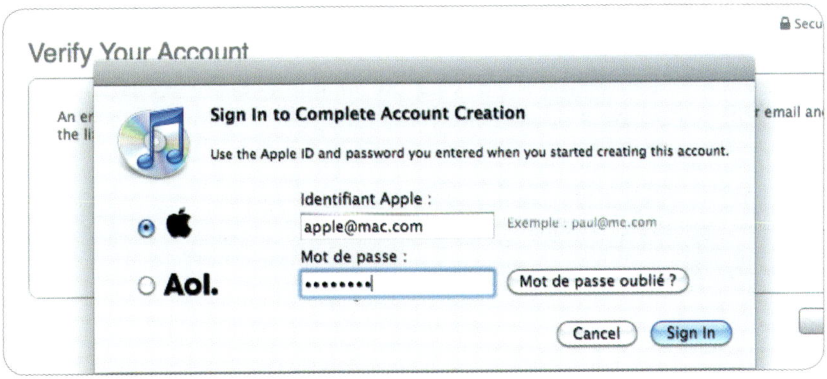

Connectez-vous à l'iTunes Store avec votre nouveau compte

Maintenant, vous pouvez télécharger toutes les applications gratuites que vous voulez sur l'App Store américain.

1/ Cliquez sur le bouton **App Store** dans la barre des menus de l'iTunes Store.

2/ Naviguez dans la boutique d'applications. Repérez une application gratuite et cliquez dessus.

3/ Cliquez sur le bouton **Free app**.

4/ Une boîte de dialogue vous demande votre mot de passe. Saisissez-le.

Téléchargez n'importe quelle application gratuite sur l'App Store américain

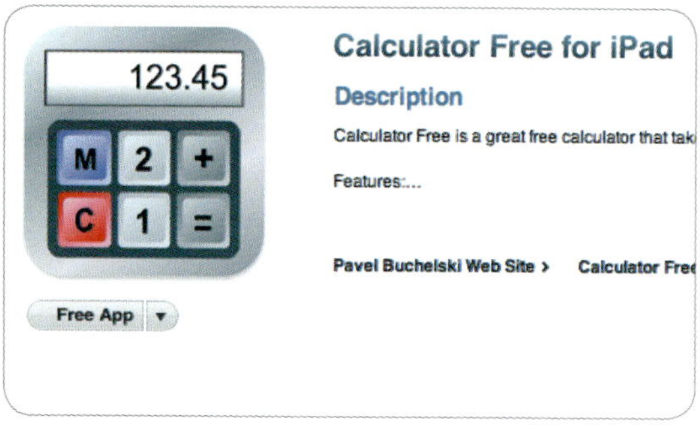

5/ Cliquez sur **Buy**. À la prochaine synchronisation, l'application sera copiée sur votre iPad.

Astuce

Provisionner un compte américain

Si vous n'avez pas de carte bancaire américaine, vous n'irez pas bien loin sur l'App Store US. En effet, vous pourrez télécharger les applications gratuites, mais guère en acheter. Impossible d'utiliser votre carte européenne dans ce cas. La solution passe par les cartes cadeaux iTunes. Ces cartes coûtent la somme d'argent qu'elles permettent de dépenser sur l'iTunes Store. Elles sont valides dans un seul pays, vous devrez donc acheter des cartes américaines pour votre compte américain. La solution la plus simple est de passer par eBay, où des vendeurs étrangers les mettent à disposition du monde entier. Attention de ne pas les payer plus cher que ce qu'elles valent. En général, après l'achat, vous recevrez, non pas la carte, mais le code inscrit au dos qu'il faut entrer dans iTunes. L'autre solution consiste à demander à des amis en voyage aux États-Unis de vous rapporter des cartes achetées dans un Apple Store.

Entrer un code promo sur iTunes

Quand vous vous êtes procuré une carte cadeau iTunes, il faut entrer le code inscrit au dos pour créditer votre compte de quelques dollars.

1/ Lancez iTunes et sélectionnez *iTunes Store* dans la colonne de gauche.

2/ Repérez votre adresse de courrier électronique dans la partie supérieure droite de la fenêtre. Passez le curseur de la souris au-dessus et cliquez sur le triangle à droite de l'adresse.

Cliquez sur le lien Redeem pour entrer votre code

3/ Dans le menu qui se déploie, cliquez sur **Redeem**.

Dans la page qui s'affiche, recopiez exactement le code tel qu'il est écrit au dos de votre carte cadeau, puis cliquez sur le bouton **Redeem**.

Recopiez le code

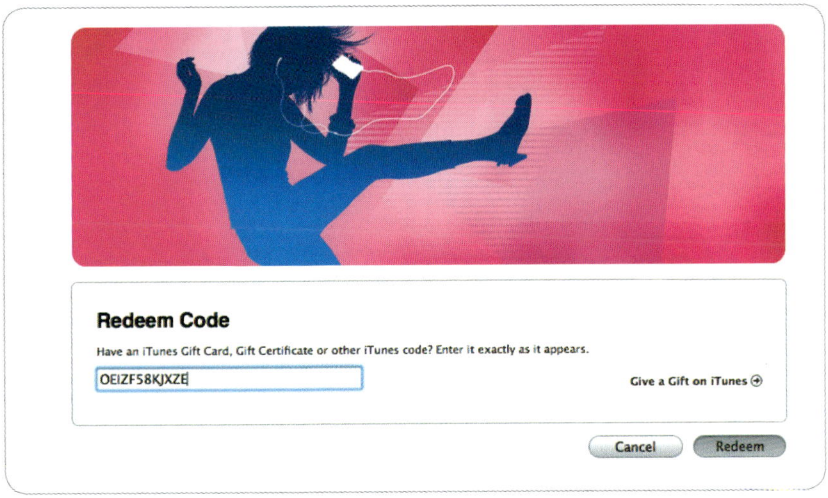

Astuce

Surveillez vos comptes

Vous pouvez savoir à tout moment combien d'argent vous avez à disposition pour acheter sur iTunes (des applications, de la musique, des films ou des séries). Le montant est affiché juste à gauche de l'adresse électronique de votre compte, dans la partie supérieure droite de la fenêtre d'iTunes.

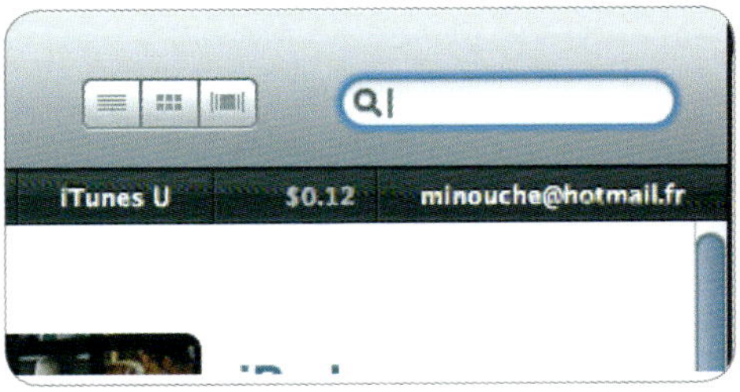

La somme qui vous reste en banque s'affiche à gauche de votre adresse de courrier électronique

Passer d'un compte à l'autre

Maintenant que vous avez un deuxième compte, il faut apprendre à jongler entre les deux. Vous ne pouvez pas être connecté à deux boutiques de deux pays différents en même temps.

1/ Lancez iTunes et sélectionnez *iTunes Store* dans la colonne de gauche.

2/ Repérez votre adresse de courrier électronique dans la partie supérieure droite de la fenêtre. Si c'est l'adresse de votre compte américain, cliquez dessus.

3/ Une boîte de dialogue s'affiche pour vous demander de saisir votre mot de passe. Ne le faites pas. À la place, changez l'adresse de votre identifiant Apple : entrez celle que vous utilisez dans le Store français.

4/ Entrez le mot de passe correspondant.

5/ Cliquez sur **Visualiser le compte**.

Entrez les identifiant et mot de passe de votre compte français

6/ Comme vous avez entré les coordonnées de votre compte français, iTunes vous oblige à vous rendre dans le Store français. Cliquez sur OK dans la boîte de dialogue qui s'affiche.

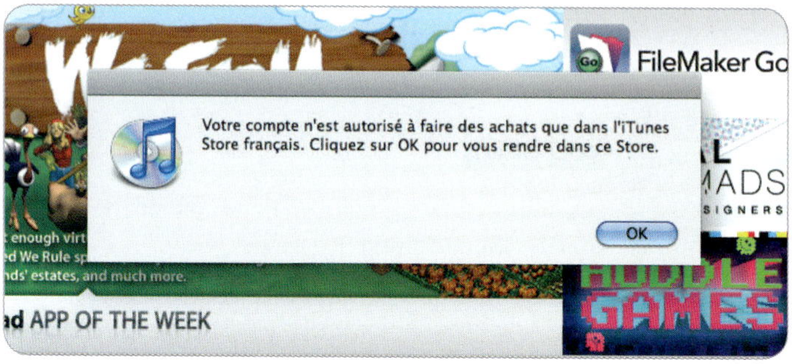

Changez automatiquement de pays en cliquant sur OK

Astuce

De retour dans la boutique américaine

Pour revenir dans la boutique américaine, procédez exactement de la même manière. Cliquez sur votre adresse dans la partie supérieure droite de la fenêtre d'iTunes Store et entrez alors les identifiant et mot de passe de votre compte américain.

Gérer les deux comptes sur l'iPad

Vous pouvez télécharger des applications depuis iTunes sur votre Mac ou votre PC, mais également depuis l'iPad. Là aussi, deux comptes peuvent être bien utiles.

1/ Touchez l'icône *Réglages* sur l'écran d'accueil pour lancer l'application.

2/ Dans la colonne de gauche, touchez la ligne *Store*.

3/ Si votre compte français est actif, touchez le bouton **Déconnexion**.

Quittez temporairement votre compte français

4/ Touchez alors le bouton **Connexion**.

5/ Dans la boîte de dialogue qui s'affiche, entrez vos identifiant et mot de passe de votre compte américain. Touchez le bouton OK.

6/ Un message en anglais vous indique que vous ne pouvez acheter que sur la boutique américaine. Touchez le bouton OK. L'iTunes Store s'ouvre.

7/ Touchez le bouton **Accueil** pour revenir à l'écran d'accueil et éventuellement vous connecter à l'App Store.

Connectez-vous à votre compte américain

Entrer un code

Si vous avez acheté des cartes cadeaux américaines, vous pouvez entrer le code inscrit au dos directement sur l'iPad.

1/ Connectez-vous à l'App Store américain comme expliqué précédemment.

2/ Touchez l'icône *App Store* sur l'écran d'accueil pour lancer l'application.

3/ Positionnez-vous sur la page d'accueil en touchant le bouton **Featured** dans la partie inférieure gauche.

4/ Faites défiler la page jusqu'en bas.

5/ Touchez le bouton **Redeem** situé au milieu de la partie inférieure de la page.

6/ Une fenêtre s'affiche. Touchez le champ *Code*.

7/ Saisissez le code exactement comme il est inscrit au dos de la carte cadeau iTunes.

8/ Touchez le bouton **Accéder** sur le clavier.

Saisissez le code cadeau pour provisionner votre compte américain

Mettre à jour les applications

Quand vous gérez deux comptes dans deux boutiques différentes, les mises à jour sont aussi distinctes. En d'autres termes, dès que de nouvelles versions de vos applications sont disponibles, vous devez procéder au téléchargement en deux étapes, une fois pour chaque pays.

1/ Touchez l'icône *App Store* sur l'écran d'accueil pour lancer l'application.

2/ Touchez le bouton **Mises à jour** (ou **Updates**) dans la partie inférieure droite de l'écran. La liste des mises à jour disponibles s'affiche.

3/ Touchez le bouton **Tout mettre à jour** dans la partie supérieure droite de l'écran.

Listez les mises à jour de vos applications

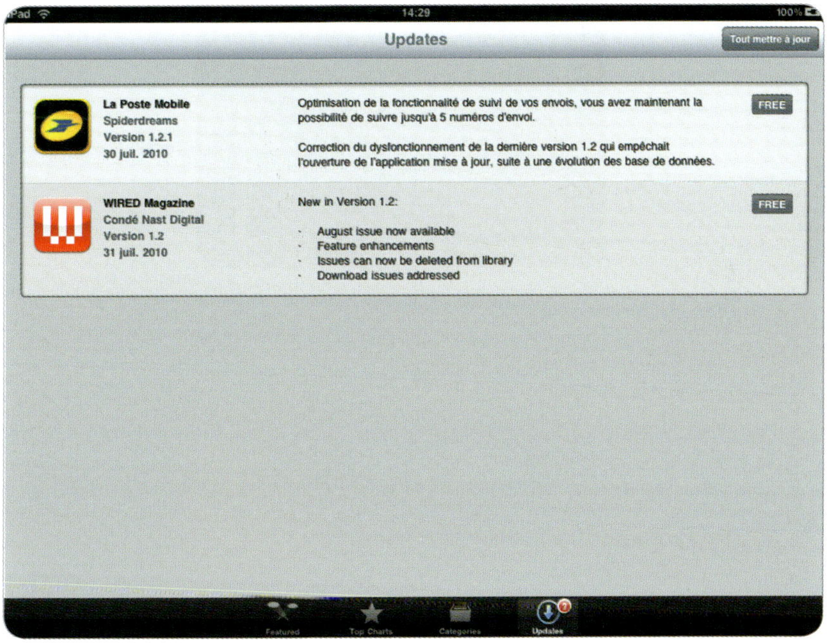

Une boîte de dialogue va alors vous réclamer le mot de passe de votre compte en cours d'utilisation. Seront alors mises à jour les applications téléchargées avec ce compte uniquement.

Mettez à jour les applications téléchargées sur l'App Store américain

1/ Saisissez le mot de passe de votre compte américain.

2/ Touchez le bouton OK. Les applications téléchargées avec le compte américain sont alors mises à jour.

Vous constatez alors que l'icône de l'App Store affiche toujours une pastille rouge avec le nombre de mises à jour d'applications disponibles. En effet, les applications téléchargées avec votre compte français n'ont pas encore été mises à jour.

1/ Touchez l'icône *App Store* sur l'écran d'accueil pour lancer l'application.

2/ Touchez le bouton **Mises à jour** (ou **Updates**) dans la partie inférieure droite de l'écran. La liste des mises à jour disponibles s'affiche.

3/ Touchez le bouton **Tout mettre à jour** dans la partie supérieure droite de l'écran.

4/ Une boîte de dialogue vous demande alors le mot de passe de votre compte français. Saisissez-le et touchez le bouton OK.

Changez de boutique pour télécharger les autres mises à jour

5/ Un message vous indique que vous ne pouvez télécharger que sur la boutique française. Touchez le bouton OK.

Une fois le message validé, vous revenez sur l'App Store français. La liste des mises à jour disponibles pour votre compte français s'affiche.

1/ Touchez le bouton **Tout mettre à jour** dans la partie supérieure droite de l'écran.

2/ Entrez votre mot de passe dans la boîte de dialogue qui s'affiche.

3/ Touchez le bouton OK, les mises à jour restantes sont alors téléchargées.

LIRE DES LIVRES INDISPONIBLES SUR L'IBOOKS STORE

L'iBooks Store n'est pas encore une bibliothèque universelle. De nombreuses œuvres libres de droits sont disponibles gratuitement sur Internet. Vous pouvez les télécharger par l'intermédiaire de sites de distribution ou de forums de passionnés. www.ebooksgratuits.com/ **est une bonne adresse pour débuter.**

1/ Sur votre ordinateur, lancez un moteur de recherche et cherchez des livres au format ePub.

2/ Téléchargez un fichier de ce type.

3/ Localisez le fichier ePub sur votre ordinateur et glissez-déposez-le sur la section *Bibliothèque* de la fenêtre d'iTunes.

Ajoutez le fichier ePub à iTunes

4/ Elle s'affiche alors en surbrillance bleue. Relâchez le bouton de la souris, le livre est ajouté à iTunes.

Une fois que vous avez collecté plusieurs livres au format ePub, il est temps de les copier sur l'iPad.

1/ Branchez l'iPad à l'ordinateur, iTunes se lance.

2/ Sélectionnez votre iPad dans la section *Appareils*.

3/ Sélectionnez l'onglet **Livres**.

4/ Cochez la case *Synchroniser les livres*.

5/ Cochez le bouton **Tous les livres**. Les fichiers ePub sont très légers, vous pouvez transférer des centaines d'ouvrages sur votre iPad sans le surcharger.

6/ Cliquez sur le bouton **Appliquer** dans la partie inférieure droite de la fenêtre d'iTunes.

Lancez la synchronisation

ÉCOUTER DE LA MUSIQUE AVEC SPOTIFY

Si vous utilisez votre iPad pour écouter de la musique, peut-être vous sentez-vous limité par la fonction iPod. Elle implique en effet de posséder des fichiers MP3 ou M4A sur votre ordinateur puis de les synchroniser avec la tablette par iTunes.

Pourtant, via de nombreux services en ligne, comme Deezer ou Spotify, il est possible d'écouter de la musique. En contrepartie d'un abonnement mensuel, ils vous donnent accès à toute la musique que vous voulez sans avoir besoin de la stocker sur votre iPad.

Écoutez un morceau par le biais de Spotify

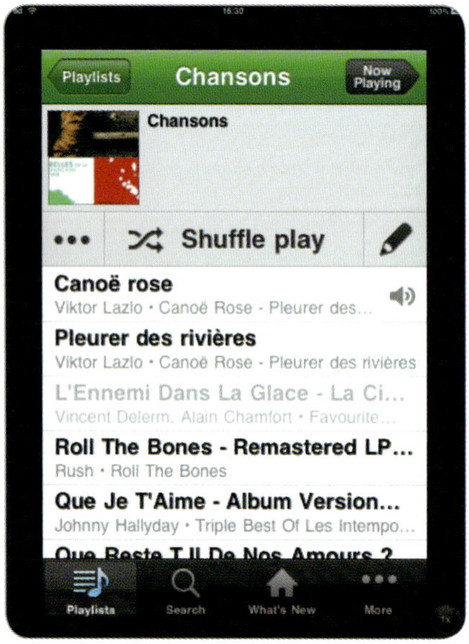

1/ Téléchargez l'application Spotify sur l'App Store. C'est une application pour iPhone.

2/ Touchez son icône sur l'écran d'accueil pour la lancer.

3/ Entrez vos identifiant et mot de passe de compte Spotify. Les listes de lecture que vous avez éventuellement créées sur l'application Mac ou Windows s'affichent.

4/ Touchez une liste de lecture puis le titre d'un morceau pour l'écouter.

Écouter un morceau ou un artiste qui n'est pas dans une de vos listes de lecture est parfaitement possible, tant que vous êtes connecté à Internet.

1/ Touchez l'icône *Spotify* pour lancer l'application.

2/ Touchez le bouton **Search** en bas de l'écran.

3/ Touchez le champ *Search* dans la partie supérieure gauche de l'écran pour entrer les termes de votre recherche.

4/ Touchez le bouton **Rechercher** sur le clavier.

5/ La liste des titres s'affiche. Touchez l'onglet **Albums** pour afficher les disques ou l'onglet **Artists** pour afficher la liste des interprètes.

Écoutez des morceaux absents de vos listes de lecture

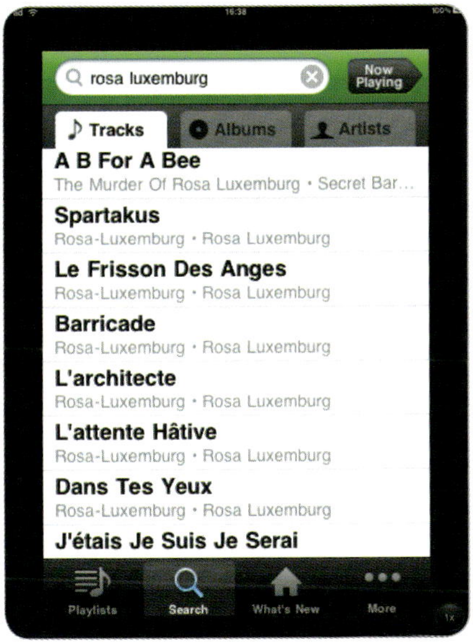

6/ Touchez un titre pour l'écouter directement.

Avec Spotify, vous avez besoin d'un accès à Internet pour lire la musique directement en ligne. Il est néanmoins possible de stocker certaines listes en mode Hors ligne de manière à en profiter sans être connecté à Internet.

1/ Touchez l'icône *Spotify* pour lancer l'application.

2/ Touchez l'icône *Playlists* pour afficher vos listes de lecture.

Téléchargez certains morceaux

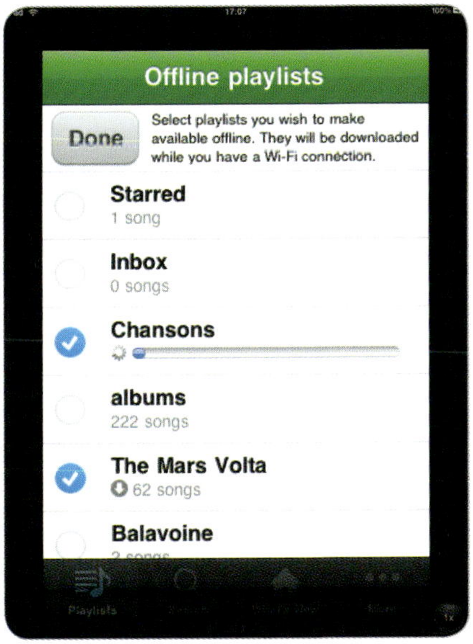

3/ Touchez le bouton **Offline Playlists** situé en haut.

4/ Cochez une à une les listes que vous voulez rendre disponibles en mode Hors ligne.

Une fois les titres téléchargés, vous devez activer le mode Hors ligne pour pouvoir les écouter sans accéder à Internet.

Activez le mode Hors ligne

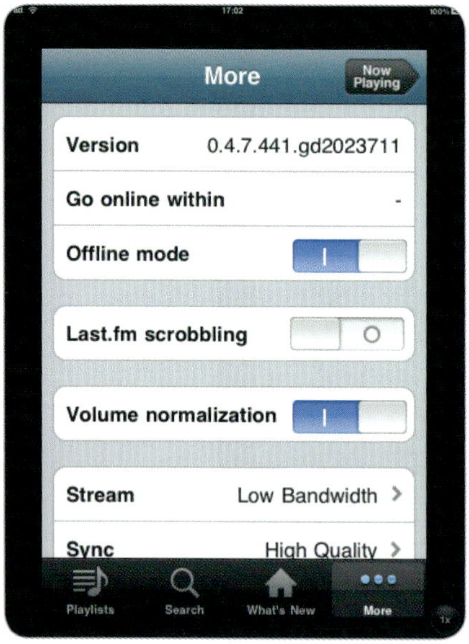

1/ Touchez l'icône *Spotify* pour lancer l'application.

2/ Touchez le bouton **More** dans la partie inférieure droite de l'écran.

3/ Activez l'interrupteur à droite de la ligne *Offline Mode*. Dès lors, seuls les morceaux déjà téléchargés seront accessibles dans l'interface de Spotify.

Astuce

Utilisez des applications iPhone

Si un développeur n'a pas fourni d'application adaptée à l'iPad, il existe peut-être son équivalent pour l'iPhone. Elle doit alors fonctionner sans problème sur la tablette, sauf si elle a recours à des éléments matériels absents de l'iPad, comme le GPS, le téléphone, l'appareil photo, etc. Par défaut, une application iPhone sur iPad s'affiche en petit au milieu de l'écran. Si vous voulez l'afficher en grand, touchez le bouton ×**2** dans la partie inférieure droite de l'écran pour appliquer un doublement de zoom. La résolution reste la même, l'interface est donc pixellisée, mais parfaitement utilisable.

VISIONNER DES DVD

Il ne vous aura pas échappé que, contrairement à la plupart des ordinateurs portables, l'iPad ne possède pas de lecteur DVD. Cela dit, pour profiter de votre vidéothèque sur la tablette, il convient juste de passer par une étape de conversion avec le logiciel Handbrake.

1/ Lancez votre navigateur web et rendez-vous à l'adresse http://handbrake.fr/.

2/ Cliquez sur le lien *Download* pour afficher la liste des versions de l'application.

3/ Cliquez sur la version qui correspond à votre système (Mac ou PC).

4/ Rendez-vous maintenant sur le site www.videolan.org/ pour télécharger l'application VLC nécessaire à l'utilisation de Handbrake.

5/ Installez Handbrake et VLC sur votre ordinateur.

Vous aurez besoin des applications Handbrake et VLC pour convertir vos DVD vidéo pour l'iPad

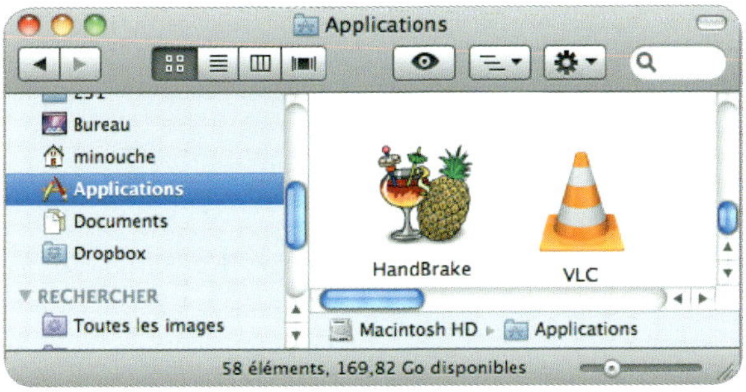

Maintenant, vous allez commencer l'importation de DVD proprement dite.

1/ Insérez un DVD vidéo dans le lecteur optique de votre ordinateur.

2/ Si une application de lecture se lance automatiquement, quittez-la.

3/ Lancez Handbrake.

4/ Au démarrage, une boîte de dialogue vous propose de sélectionner une source. Sélectionnez le DVD et cliquez sur **Open**. L'application scanne le disque pour détecter les différents chapitres.

Choisissez le DVD à importer

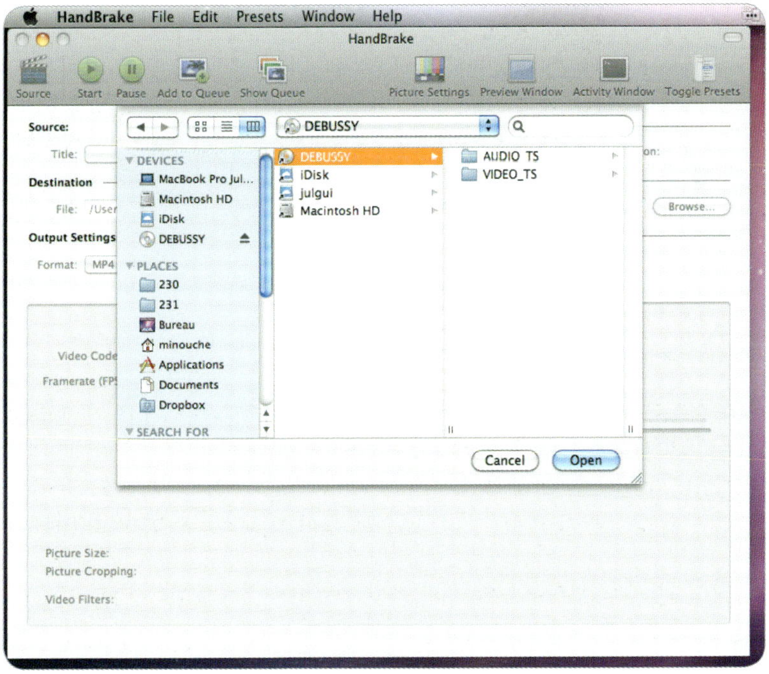

Vous devez à présent choisir la séquence à importer du DVD et le format dans lequel la convertir.

1/ Cliquez sur le menu **Title** dans la partie supérieure gauche de la fenêtre et sélectionnez l'élément avec la durée la plus longue car il y a de fortes chances que ce soit le film lui-même.

2/ Cliquez sur **Browse** afin de choisir un dossier de destination pour le fichier importé.

3/ Cliquez sur le bouton **Toggle presets** dans la barre des menus. Un tiroir avec des préréglages s'affiche à droite de la fenêtre.

4/ Dans la liste, cliquez sur le triangle à gauche du mot *Apple* et sélectionnez *AppleTV*.

5/ Cliquez sur le bouton **Start** dans la barre des menus. Une barre de progression s'affiche en bas de l'écran.

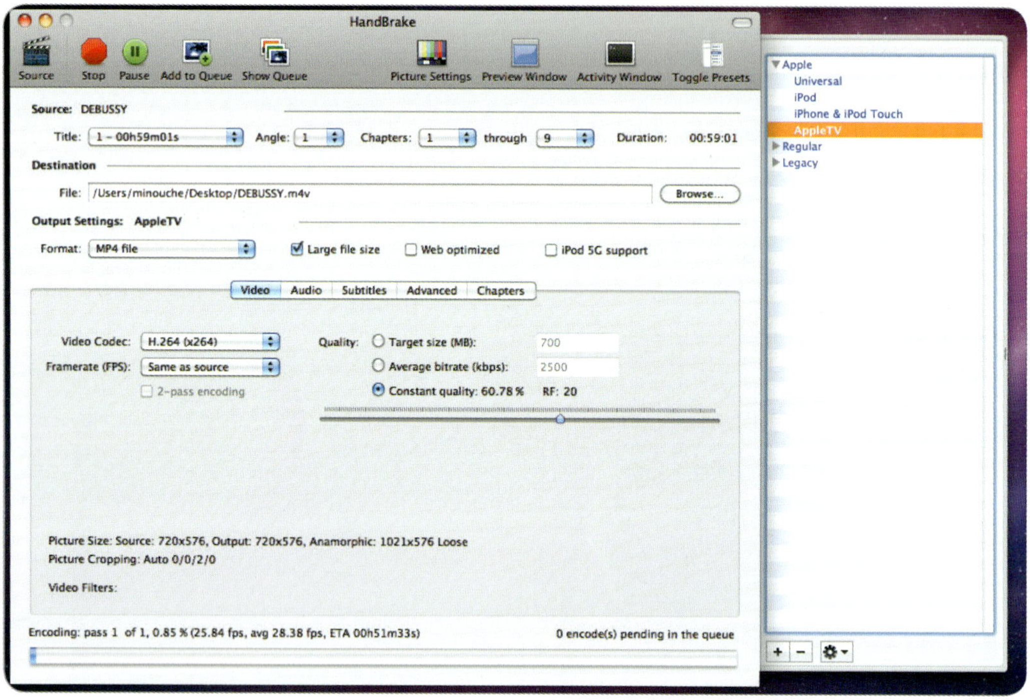

Appliquez le bon réglage et lancez l'encodage

Encoder à la chaîne

La conversion d'un DVD en un fichier vidéo lisible par l'iPad peut prendre un long moment selon la puissance de votre ordinateur (en temps réel avec un bon ordinateur portable). Si vous voulez convertir de nombreux DVD, il faut donc bien vous organiser.

1/ Cliquez sur **Toggle presets** pour afficher le tiroir des préréglages.

2/ Cliquez sur le triangle à gauche du mot *Apple* pour afficher la liste des appareils de la marque.

3/ Sélectionnez *AppleTV*.

Appliquez toujours le même préréglage à vos DVD

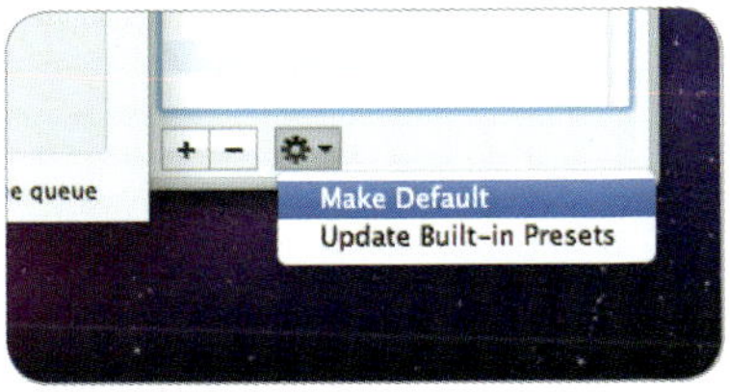

4/ Cliquez sur le bouton en forme d'engrenage en bas du tiroir.

5/ Sélectionnez **Make default** pour éviter d'avoir à sélectionner le réglage à chaque DVD inséré.

Synchroniser avec iTunes

Maintenant que vous avez des fichiers vidéo, il faut les copier sur votre iPad. Cela passe bien évidemment par iTunes.

1/ Lancez iTunes sur votre ordinateur.

2/ Glissez-déposez le fichier vidéo créé à partir de Handbrake sur la fenêtre d'iTunes. La vidéo est ajoutée à la liste de vos films.

Déplacez le film dans iTunes

Le film est copié dans la bibliothèque d'iTunes. Vous pouvez donc supprimer le fichier original.

1/ Branchez l'iPad à votre ordinateur.

2/ Sélectionnez votre iPad dans la liste des appareils.

3/ Cliquez l'onglet **Films**.

4/ Dans la liste des films, cochez le film que vous venez de copier dans iTunes.

5/ Cliquez sur le bouton **Appliquer**.

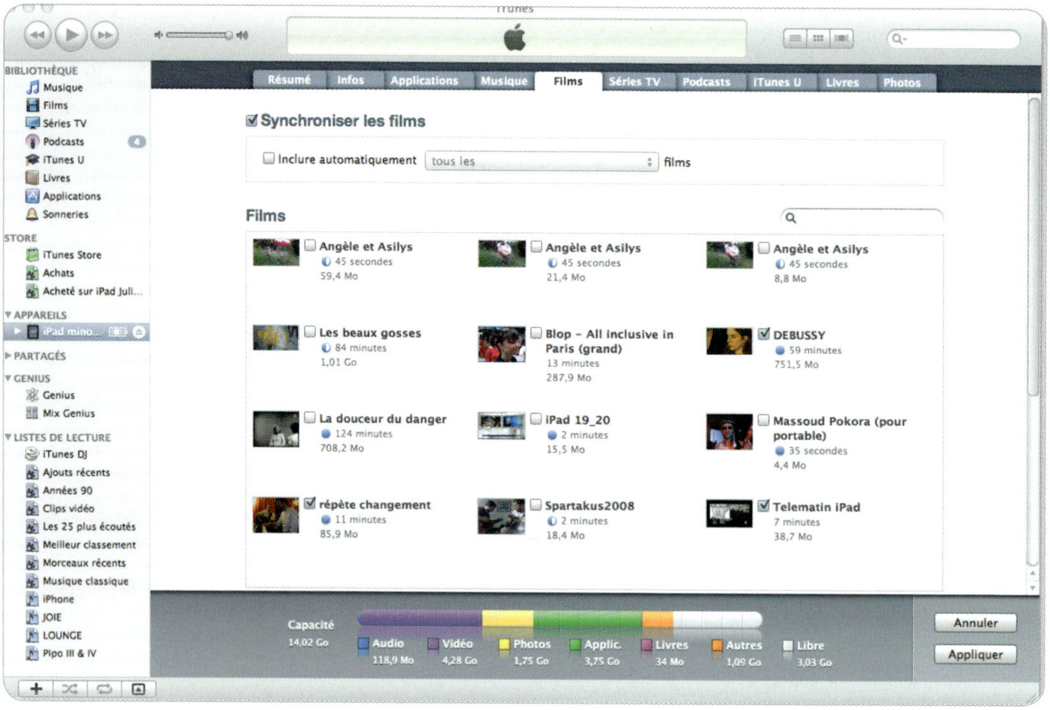

Synchronisez vos films pour les copier sur l'iPad

Visionner des DivX

Le DivX est l'un des formats vidéo les plus populaires sur Internet. Si votre ordinateur sait parfaitement les lire avec les codecs adéquats, il est impossible de les lire sur l'iPad sans conversion préalable. C'est ici qu'intervient l'application OPlayer HD.

1/ Achetez l'application OPlayer HD sur l'App Store (3,99 €).

2/ Branchez l'iPad à votre ordinateur pour lancer iTunes.

3/ Sélectionnez l'iPad dans la liste des appareils.

4/ Cliquez sur l'onglet **Applications** et faites défiler la page jusqu'en bas.

5/ Dans la zone *Partage de fichiers*, sélectionnez *OPlayer HD* dans la liste.

6/ Dans la zone de droite, cliquez sur le bouton **Ajouter** pour sélectionner des fichiers AVI au format DivX sur votre disque dur.

7/ Sur l'iPad, touchez l'icône *OPlayer* pour lancer l'application.

8/ Touchez le bouton **Dossier** en bas de l'écran pour afficher la liste des fichiers.

9/ Touchez la ligne *Mes documents*.

Ajoutez des fichiers à OPlayer par l'intermédiaire du partage de fichiers d'iTunes

10/ Pour lire une vidéo, touchez un élément de la liste qui s'affiche.

> Astuce
>
> **Air Video lit tous les formats**
>
> Si vous ne voulez pas jongler entre tous les formats, les applications, la synchronisation, la solution la plus efficace consiste à utiliser Air Video. Cette application permet de lire par le réseau des vidéos qui sont sur votre ordinateur Mac ou PC sans les copier dans la mémoire de l'iPad. L'avantage est qu'elle est capable de lire à peu près tous les formats vidéo.
>
> ***Reportez-vous au chapitre Gérer le stockage avec iTunes pour apprendre à l'utiliser et à la configurer.***
>
> Si vous voulez copier les vidéos afin de les consulter même hors ligne, vous pouvez tout de même utiliser Air Video pour convertir vos fichiers de séquence en versions compatibles avec l'iPad. En ce sens, touchez le bouton **Add to iTunes** pour ajouter chaque vidéo convertie à une liste de lecture de votre bibliothèque. Pour qu'elles soient disponibles à la prochaine synchronisation, prévoyez de cocher cette liste de lecture dans les réglages de synchronisation d'iTunes.

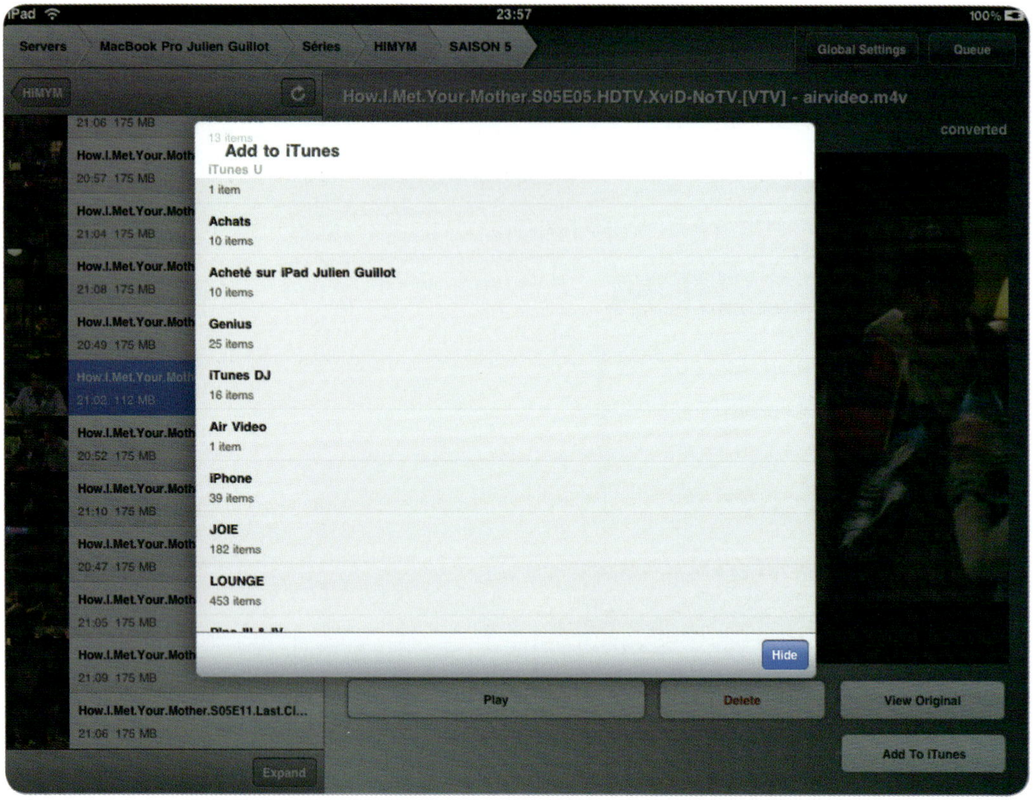

Ajoutez à iTunes les vidéos converties par Air Video

TÉLÉPHONER AVEC SKYPE

À force de le comparer à l'iPhone, car il utilise le même système d'exploitation, tout le monde s'attend à ce que l'iPad puisse passer des coups de fil. Non, l'iPad n'est pas un téléphone, mais vous pouvez utiliser des applications de voix sur IP pour appeler vos correspondants par Internet.

La plus connue d'entre elles est Skype. Elle est gratuite, mais le service est payant. Pour l'utiliser, il faut acheter des crédits sur le site de l'éditeur. Ces crédits permettent de passer des appels et d'envoyer des textos. Rassurez-vous, les prix sont particulièrement compétitifs comparativement aux offres des opérateurs traditionnels de téléphonie.

1/ Téléchargez l'application Skype sur l'App Store. Elle est gratuite mais conçue pour l'iPhone. Elle s'affichera donc en petit sur l'iPad.

2/ Touchez l'icône *Skype* sur l'écran d'accueil pour lancer l'application.

3/ Entrez les identifiant et mot de passe de votre compte Skype.

4/ Touchez le bouton **Se connecter**.

5/ Touchez le bouton **Appel** situé au milieu de la partie inférieure de l'écran.

6/ Touchez le bouton en forme de livre ouvert dans la partie supérieure droite de l'écran pour naviguer parmi vos contacts.

7/ Sélectionnez un numéro dans une fiche.

8/ Le numéro apparaît en haut de l'écran. Touchez le bouton vert avec une icône de combiné téléphonique pour passer l'appel.

Appelez un de vos contacts avec l'iPad

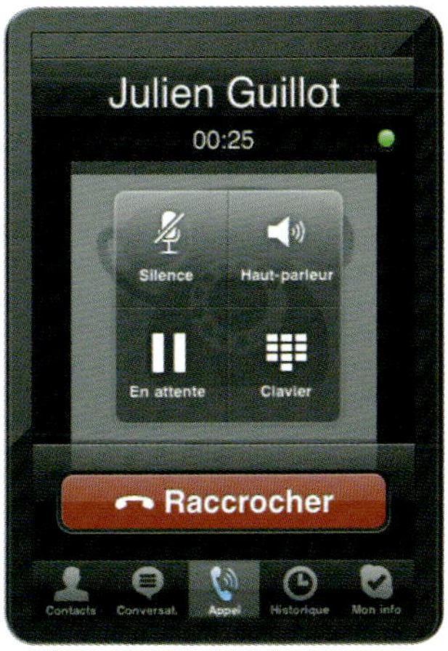

Puisque vous ne pouvez pas tenir l'iPad comme un téléphone en raison de l'absence de mini-haut-parleur, vous devez donc brancher un micro-casque, tel que celui livré avec l'iPhone.

Avec Skype, vous pouvez aussi envoyer des textos. Attention, veillez à les signer puisque votre correspondant ne pourra pas y répondre.

1/ Touchez l'icône *Skype* sur l'écran d'accueil pour lancer l'application.

2/ Entrez les identifiant et mot de passe de votre compte Skype.

3/ Touchez le bouton **Se connecter**.

4/ Touchez le bouton **Appel** situé au milieu de la partie inférieure de l'écran.

5/ Touchez le bouton en forme de livre ouvert dans la partie supérieure droite de l'écran pour naviguer parmi vos contacts.

6/ Sélectionnez un numéro dans une fiche.

7/ Le numéro apparaît en haut de l'écran. Touchez le bouton **SMS** dans la partie inférieure gauche de l'écran.

8/ Saisissez votre texto puis touchez le bouton **Envoyer** sur le clavier virtuel.

Écrivez des textos à vos amis

PRENDRE DES PHOTOS AVEC CAMERA-A

L'iPad ne dispose pas d'un capteur photographique, mais vous pouvez utiliser votre iPhone comme caméra déportée. L'avantage est que vous pouvez contrôler la prise de vue à distance ou encore retoucher immédiatement des photos sur l'iPad.

1/ Si vous en avez la possibilité, connectez les deux appareils au même réseau Wi-Fi. Si ce n'est pas possible, activez le Bluetooth sur les deux terminaux.

2/ Touchez l'icône *Réglages* sur l'écran d'accueil.

3/ Touchez la ligne *Général* dans la colonne de gauche, puis *Bluetooth* dans la colonne de droite.

4/ Activez l'interrupteur **Bluetooth**.

5/ Sur l'iPhone, veillez à désactiver le verrouillage automatique.

Activez le Bluetooth ou connectez iPhone et iPad au même réseau Wi-Fi

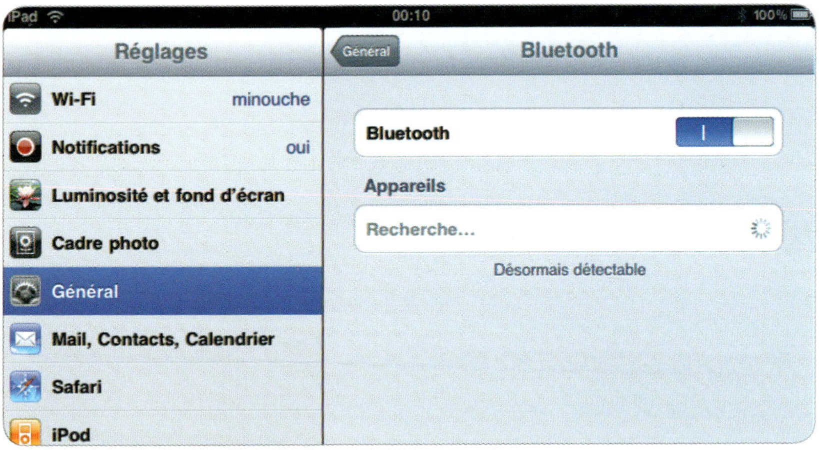

Il faut maintenant télécharger les deux applications Camera-A et Camera-B et les lancer sur les deux appareils.

1/ Téléchargez gratuitement l'application Camera-B sur votre iPhone.

2/ Sur votre iPad, achetez l'application Camera-A (0,79 €).

3/ Sur l'iPhone, lancez Camera-B, et sur l'iPad, lancez Camera-A.

4/ Quand les deux applications se détectent, un message s'affiche sur l'iPhone. Touchez le bouton **Camera**.

Activez le mode Caméra sur l'iPhone

5/ Sur l'iPad, touchez l'un des boutons situés en haut pour spécifier où les photos seront enregistrées. **iPad-low** stockera une image en basse résolution, **iPad-high** conservera la haute résolution et **Both** enregistrera les images dans les pellicules des deux terminaux.

6/ Touchez le bouton en forme d'appareil photo sur l'écran de l'iPad pour prendre la photo.

7/ Une boîte de dialogue vous demande de confirmer le stockage de la photo. Touchez **Yes**.

8/ Touchez l'une des icônes de haut-parleur sur le fond d'écran de l'iPad pour que l'iPhone émette un son. Cela peut être utile pour la photo animalière.

7

Créer

Vous avez sans doute beaucoup lu que l'iPad est un appareil parfait pour la consommation de contenus, mais pas pour la création. Rien n'est plus faux ! Avec son format léger et son écran tactile multipoint, la tablette d'Apple est une palette pour le peintre ou un instrument pour le musicien. Elle permet des choses qu'il est impossible de réaliser avec un ordinateur. Alors non, l'iPad n'est pas fait pour consulter des contenus, il est né pour décupler votre créativité.

DESSINER

C'est l'utilisation la plus naturelle de l'iPad. Comme on y met ses doigts, on a bien sûr envie de pouvoir dessiner ou peindre. Voici comment faire avec trois applications.

● Crayonner avec Draw

Voici une application gratuite, simple mais très réussie graphiquement.

1/ Téléchargez Draw for iPad sur l'App Store.

Dessinez avec votre doigt

2/ Touchez son icône sur l'écran d'accueil pour la lancer. L'interface rappelle un bloc-notes.

3/ Touchez l'une des mines de crayon au bas de l'écran pour sélectionner une couleur.

4/ Posez et faites glisser votre doigt sur la zone de papier pour dessiner.

5/ Touchez une autre mine de crayon pour changer de couleur.

6/ Dessinez sur la zone de papier.

7/ Touchez l'embout en gomme situé tout à droite de la rangée de crayons.

8/ Faites glisser votre doigt sur les zones de l'écran que vous voulez effacer.

Après avoir créé votre dessin, vous pouvez le partager de multiples manières.

1/ Touchez le bouton **Add to photos** pour ajouter votre œuvre à l'album *Photos enregistrées*.

2/ Touchez le bouton **Email** pour envoyer votre dessin par courrier électronique. Une fenêtre de rédaction s'affiche, vous permettant d'entrer une adresse ou d'ajouter un contact.

3/ Touchez le bouton **Send** pour envoyer le message.

Montrez votre talent à vos amis

Astuce

Secouez

Comme souvent avec les applications iOS, pour lancer la fonction **Annuler** (**Undo** en anglais), il faut secouer brièvement mais fermement la tablette. Une boîte de dialogue s'affiche avec les options **Cancel** pour juste fermer la fenêtre, **Undo Stroke** pour annuler le dernier coup de crayon, **Redo Stroke** pour rétablir le coup de crayon annulé. L'historique contient tout le dessin, vous pouvez donc annuler toutes les actions jusqu'au début et rétablir toutes les actions jusqu'à la fin.

● Des croquis avec Adobe ideas

L'éditeur de Photoshop a été l'un des premiers développeurs pour l'iPad en proposant cette application qui permet de faire des esquisses vectorielles, quitte à les reprendre plus tard dans une application plus ambitieuse sur l'ordinateur. Elle est gratuite, mais disponible uniquement sur l'App Store américain.

1/ Connectez-vous à l'App Store US sur votre iPad.

Pour connaître la marche à suivre, reportez-vous au chapitre ***Contourner les limitations.***

2/ Téléchargez l'application Adobe ideas.

3/ Touchez son icône sur l'écran d'accueil pour la lancer.

4/ Touchez le bouton + avec une icône de crayon en bas de l'écran pour créer un nouveau document. Vous vous retrouvez sur une page blanche.

Réglez les paramètres du crayon virtuel pour dessiner

5/ Touchez l'outil **Crayon** dans le coin supérieur gauche de l'écran et dessinez librement.

6/ Faites glisser le curseur vertical à gauche pour modifier l'épaisseur du trait.

7/ Touchez le bouton **Size** pour modifier un paramètre. Un tiroir s'ouvre.

8/ Touchez **Opacity** pour que le curseur contrôle le degré de transparence du trait.

Vous pouvez évidemment modifier la couleur. Il y a pour cela deux techniques.

- Touchez le bouton de paramètres et choisissez **Color**.
- Touchez l'icône en forme de palette pour afficher un sélecteur de couleurs. La barre horizontale permet de choisir le spectre, la zone carrée affiche le dégradé du mélange de la couleur choisie avec du blanc et du noir.

Quelques outils et fonctions sont à votre disposition pour finaliser votre œuvre.

- l'outil **Gomme**, pour effacer vos traits ;
- l'outil **Croix**, pour vous déplacer dans l'image ;
- l'outil **Annulation** ;
- le zoom avant ou arrière (écartez ou rapprochez deux doigts sur l'écran).

Un dernier détail : quand vous basculez l'iPad, vous ne faites pivoter que les outils, votre dessin ne bouge pas sur l'écran.

Créer des couleurs

Vous pouvez créer une palette de couleurs en partant d'une photo existante. Libre à vous d'exploiter ces palettes avec l'outil **Crayon** dans un document dessiné.

1/ Positionnez-vous sur l'écran d'accueil de l'application en la lançant ou en touchant le bouton **Organize** dans le coin supérieur gauche.

Récupérez les dominantes de couleurs d'une de vos photographies

2/ Touchez la bande *Colors* dans la partie inférieure droite de l'écran.

3/ Touchez le bouton + avec une icône d'appareil photo.

4/ Dans la fenêtre de sélection, choisissez une image de votre photothèque. L'application analyse la photo et en extrait cinq couleurs dominantes.

5/ Touchez le bouton **Save** pour enregistrer cette palette de cinq couleurs.

Peindre avec Layers

Les vrais peintres seront bluffés par cette application. Elle donne un effet très naturel de peinture sur une toile. Vous pouvez même partager votre œuvre avec la communauté d'utilisateurs, et inversement télécharger des peintures d'autres artistes. Il est en outre possible de savoir comment la toile a été créée car chaque coup de pinceau est mémorisé.

1/ Achetez l'application Layers sur l'App Store. Elle coûte 4,99 €, mais il existe une version moins évoluée à 1,59 €.

2/ Touchez son icône sur l'écran d'accueil pour la lancer.

Admirez le travail d'autres artistes

3/ Touchez le bouton **Browse the Gallery** pour consulter les œuvres partagées par d'autres peintres.

4/ Faites défiler les tableaux et touchez celui que vous voulez regarder en grand.

5/ Touchez le bouton **Lecture** dans la partie inférieure gauche de l'aperçu pour lancer le téléchargement de l'œuvre. Admirez comment l'artiste a peint étape par étape en temps réel.

6/ Touchez l'un des boutons **Medium** ou **Fast** pour accélérer la lecture de la réalisation du tableau.

Maintenant que vous avez vu ce qu'il était possible de faire, lancez-vous.

1/ Touchez le bouton **My drawings** dans le coin supérieur gauche de l'écran.

2/ Touchez le bouton **New painting**.

3/ Choisissez entre une toile de la taille de l'écran ou une toile carrée (de 1 024 pixels de côté).

4/ Touchez le bouton **Start drawing**.

Vous voilà maintenant devant la toile blanche. Tous les outils de dessin se trouvent dans la bande horizontale en bas de l'écran.

- Le bouton à gauche affiche le pinceau choisi : sa taille (en pixels), son opacité (en pourcentage) et sa forme. Touchez le bouton pour ouvrir une fenêtre et choisir chacun de ces paramètres.
- Le bouton **Pot de peinture** affiche la couleur actuellement sélectionnée. Touchez le bouton pour ouvrir une palette de sélection de couleurs.
- Le bouton **Pipette** permet de toucher un point sur la toile pour prélever une couleur et l'appliquer au pinceau en cours.
- Le bouton **Annuler** permet de remonter d'une étape dans l'historique.
- Le bouton **Rétablir** permet de redescendre d'une étape dans l'historique.
- Le bouton **History** permet d'afficher la liste des actions. Faites glisser le curseur bleu pour remonter dans le temps.
- Le bouton **Layer** affiche le numéro du calque en cours et son opacité. Touchez-le pour afficher le menu des calques. Ils permettent de séparer le fond du premier plan. Vous pouvez avoir jusqu'à cinq calques.

L'interface de Layers permet d'utiliser différents types de pinceaux

Outre les classiques pinceaux et gommes, Layers propose un outil **Doigt**, qui sert littéralement à étaler la peinture sur l'écran. C'est lui qui donnera un effet très réaliste à votre toile.

Une fois la peinture terminée, il faut la faire connaître.

1/ Touchez le bouton avec une icône de flèche dans un carré dans la partie supérieure droite de l'écran.

2/ Touchez le bouton **Save to Photos** pour sauvegarder la peinture dans l'album *Photos enregistrées* de votre iPad.

3/ Touchez le bouton **Upload to Layers Gallery** pour la partager dans l'exposition en ligne de l'application.

Exportez votre peinture pour la retravailler sur ordinateur ou pour la faire découvrir au monde

4/ Touchez le bouton **Email as PSD** pour envoyer par courrier électronique une version exploitable dans l'application Photoshop. Ce format, contrairement du JPEG, conserve chaque calque pour des retouches ultérieures.

Astuce

Pogo Sketch : le stylet du peintre

Tout l'intérêt de l'iPad est que vous pouvez le toucher avec vos doigts sans avoir besoin d'un stylet. Pourtant, lorsque l'on dessine, il peut être plus pratique d'avoir un objet dans la main qui peut rappeler le crayon ou le pinceau. Or, l'écran tactile de la tablette d'Apple ne reconnaît que les surfaces conductrices (comme la peau, mais pas l'ongle). Un stylet adapté doit avoir un embout dans une matière conductrice qui glisse suffisamment sur le verre. La marque Ten One Design commercialise un tel stylet, baptisé Pogo Sketch, pour une quinzaine d'euros.

Un stylet compatible iPad pour les peintres

RETOUCHER DES IMAGES

L'iPad n'est pas juste un cadre photo numérique. À partir des images de la photothèque ou bien des photographies importées par l'intermédiaire du kit de connexion, votre tablette peut faire office de Photoshop portable. Il existe des dizaines d'applications fort efficaces et ludiques.

● Les retouches de base avec Photogene

Avant d'appliquer les grosses retouches, comme sur les unes des magazines de mode, il est possible d'améliorer largement chaque photo en appliquant des modifications basiques, comme le recadrage, le réglage des niveaux, etc. C'est à cela que sert Photogene.

1/ Achetez l'application Photogene sur l'App Store (2,99 €).

2/ Touchez son icône sur l'écran d'accueil pour la lancer.

3/ Touchez le bouton avec une icône de paysage dans la partie supérieure droite de l'écran. Une fenêtre affiche votre photothèque.

4/ Naviguez dans la fenêtre pour choisir une image à retoucher.

5/ Elle s'affiche en plein écran. Vous pouvez utiliser les techniques habituelles de l'iPad pour zoomer, dézoomer et vous déplacer dans l'image. La barre horizontale en bas de l'écran affiche toutes les rubriques de retouche.

6/ Touchez le premier bouton en forme de paire de ciseaux.

7/ Touchez l'un des boutons de la colonne de droite pour appliquer une contrainte au ratio hauteur/largeur.

8/ Faites glisser l'une des poignées bleues aux quatre coins du cadre pour modifier sa taille.

Recadrez une image

9/ Touchez le cadre et faites glisser votre doigt pour ajuster son emplacement.

10/ Touchez le bouton **Crop** pour appliquer le recadrage.

Les autres boutons donnent accès à d'autres modes de retouche.

- Le bouton **Rotation** permet d'ajuster l'horizon sur la photo.
- Le bouton **Macros** permet d'appliquer une série de retouches mémorisées sous forme de préréglages.
- Le bouton **Filtres** permet d'appliquer l'un des neuf effets spéciaux à l'image.
- Le bouton **Couleur** permet d'ajuster l'exposition, le contraste et les courbes de niveaux.
- Le bouton **Courbes** permet d'ajuster graphiquement les courbes de niveaux.
- Le bouton **Œil** permet de corriger le phénomène des yeux rouges.
- Le bouton **Étoile** permet d'ajouter des formes ou des phylactères à la photo.
- Le bouton **Cadres** permet de choisir un cadre virtuel qui s'appliquera autour de l'image.

Astuce

Revenir à la photo originale
À tout moment, vous pouvez revenir à la photo originale en touchant l'icône *Recyclage* dans la partie supérieure gauche de l'écran, juste à côté des boutons **Annuler** et **Rétablir**.

Une fois la série de modifications faites à votre image, vous pouvez mémoriser les étapes dans une macro.

1/ Touchez le bouton **Macros**.

2/ Faites défiler la colonne de droite jusqu'à voir le bouton **Save** et touchez-le.

3/ Une diapositive sans nom s'affiche. Touchez le bouton **Edit**.

4/ Touchez votre nouvelle macro pour lui donner un nom.

5/ Entrez un nom explicite et touchez le bouton OK.

6/ Touchez le bouton **Done**. Votre macro est maintenant mémorisée. Vous pouvez l'appliquer à n'importe quelle autre photo.

Il est temps de sauvegarder votre retouche.

1/ Touchez le bouton de sauvegarde dans la partie supérieure droite de l'écran.

2/ Choisissez une résolution d'image dans la liste, au maximum 2 048 pixels de côté.

3/ Touchez le bouton **Save**. Votre image est alors stockée dans l'album *Photos enregistrées*.

● Échanger les visages avec iSwap faces

Beaucoup plus ludique, cette application permet de mettre le visage d'une personne sur la tête d'une autre, et inversement. Irrésistible !

1/ Achetez l'application iSwap faces sur l'App Store. Elle coûte 1,59 €, mais il existe une version gratuite qui applique un filigrane sur l'image finale.

2/ Touchez l'icône de l'application sur l'écran d'accueil pour la lancer.

3/ Touchez le bouton **Load** puis **Open photo** dans le menu qui s'affiche.

4/ Choisissez une image dans votre photothèque, avec deux visages de face.

Ajustez les masques sur les visages des deux personnages

5/ Déplacez et ajustez le masque rouge et le masque vert sur les deux visages.

6/ Touchez le bouton en forme d'œil dans le coin inférieur droit pour procéder à l'échange de visages.

Il est peu probable que le résultat soit probant du premier coup. Il va falloir améliorer l'image par de petits ajustements.

1/ Touchez le bouton en forme de double flèche pour inverser l'orientation des visages s'ils se font face.

2/ Déplacez les cadres rouges et verts pour ajuster les visages.

3/ Touchez le bouton en forme d'œil pour alterner entre la vue originale avec les masques, la vue finale avec les cadres ou la vue finale nue.

Sauvegardez la photo retouchée

4/ Quand vous êtes satisfait du résultat, touchez le bouton **Save** dans la partie inférieure droite de l'écran pour enregistrer l'image dans l'album *Photos enregistrées* ou l'envoyer sur Facebook.

Effacer des éléments avec TouchRetouch HD

Un élément indésirable ou un personnage en trop gâche votre photo ? Avec TouchRetouch, vous pouvez effacer des portions de l'image sans l'altérer. L'application reconstitue le fond automatiquement et vous épargne de longues minutes de travail sur Photoshop.

1/ Achetez l'application TouchRetouch HD sur l'App Store (0,79 €).

2/ Touchez l'icône de l'application sur l'écran d'accueil pour la lancer.

3/ Touchez le bouton en forme de dossier dans la partie supérieure gauche de l'écran. La fenêtre de navigation de votre photothèque s'affiche.

4/ Sélectionnez une image.

5/ Dans la boîte de dialogue qui s'affiche, choisissez la résolution de travail sur l'image. Une plus grande résolution entraînera des calculs plus lents.

6/ Touchez le bouton **Lasso** pour dessiner le contour de l'objet ou de la personne à retirer de l'image. La sélection apparaît comme une tache rouge. Vous pouvez aussi utiliser l'outil **Brush** pour peindre la partie à exclure.

7/ Touchez le bouton **Eraser** pour effacer les débordements.

8/ Faites glisser le curseur pour choisir la taille de l'outil.

Pour travailler sur la sélection, vous pouvez zoomer dans l'image pour plus de précision.

1/ Touchez le bouton **Move**.

2/ Utilisez les gestes habituels de l'iPad pour zoomer, dézoomer et vous déplacer dans l'image.

Peignez en rouge l'élément indésirable de l'image

3/ Sélectionnez les outils **Lasso**, **Brush** ou **Eraser** pour travailler la sélection.

4/ Quand vous êtes satisfait de la sélection, touchez le bouton **Go** pour lancer le calcul.

Au bout de quelques instants de calcul, l'application affiche l'image sans le personnage ou l'élément indésirable. Si le résultat n'est pas encore parfait, vous pouvez effectuer des retouches en suivant les étapes décrites précédemment.

Sauvegardez l'image finale, après élimination de l'intrus

1/ Touchez le bouton **Save** dans la partie inférieure droite de l'écran.

2/ Dans la boîte de dialogue qui s'affiche, choisissez si vous voulez enregistrer l'image dans l'album *Photos enregistrées* ou l'envoyer par courrier électronique.

Un effet miniature avec TiltShiftGen

Voilà un effet très à la mode ces dernières années. Il consiste à appliquer des ajustements de couleur et une zone de flou à une image pour lui donner l'apparence d'une maquette. Au départ, il vaut mieux avoir une photo prise en plongée, avec le moins possible de personnages vivants.

1/ Achetez l'application TiltShiftGen sur l'App Store (2,39 €).

2/ Touchez l'icône de l'application sur l'écran d'accueil pour la lancer.

3/ Touchez le bouton **Open** dans la partie inférieure gauche de l'écran.

4/ La palette de sélection d'images dans la photothèque s'affiche. Sélectionnez celle que vous voulez. La photo est alors modifiée par les réglages qui s'affichent en dessous.

Première esquisse pour la photo miniature

Les différents curseurs permettent de régler les paramètres qui vont conduire à une photo miniature réussie.

- **Blur size** indique la taille de la zone de netteté. Plus la valeur est faible, plus le flou est présent.

- **Blur value** indique la quantité de flou autour de la zone de netteté.
- Touchez la photo avec un doigt pour visualiser la zone de netteté et déplacez-la en la faisant glisser.
- Faites pivoter la zone de netteté en posant deux doigts sur l'écran et en décrivant une rotation.
- Les boutons **Blur type** permettent de choisir entre une netteté circulaire ou linéaire. La seconde donne généralement de bons résultats.
- Le curseur **Saturation** ajuste la vivacité des couleurs. Une valeur élevée renforce l'effet miniature.
- Les curseurs **Brightness** et **Contrast** ajustent la luminosité et le contraste de l'image. Réglez-les finement.
- Le curseur **Vignetting** adoucit les bords en ajoutant des coins noirs flous. À doser selon le goût.

Quand vous êtes satisfait du résultat, sauvegardez votre œuvre en touchant le bouton **Save**. L'image est stockée dans l'album *Photos enregistrées*.

Astuce

Trouvez les applications
Sur l'App Store, vous pouvez afficher les listes de logiciels par catégories. Si vous êtes fan de retouches, vous trouverez certainement votre bonheur dans la catégorie *Photographie*. Pour vous tenir au courant des dernières nouveautés, rendez-vous dans l'App Store, touchez le bouton **Catégories**, touchez ensuite *Photographie* et sélectionnez **Trier par date de publication**. Les applications les plus récentes sont affichées en priorité.

FILMER

Si vous filmez avec votre appareil photo ou même avec votre iPhone, vous pouvez faire du montage vidéo sur le grand écran de l'iPad. Ajoutez des effets spéciaux ou assemblez les prises pour réaliser un film. Votre prochaine œuvre cinématographique sera faite sur iPad.

● Extraire des photos de films avec VideoPix

Avec cette application, vous pourrez recadrer une vidéo et appliquer éventuellement un effet sépia, ou noir et blanc. Il y a trois moyens de copier des vidéos vers l'iPad pour y accéder depuis VideoPix.

1/ Achetez VideoPix pour iPad sur l'App Store (2,39 €).

2/ Touchez son icône sur l'écran d'accueil pour lancer l'application.

3/ Touchez le bouton en forme d'écran d'ordinateur.

4/ Une fenêtre s'ouvre. Notez l'adresse qui s'affiche en bas et entrez-la dans le navigateur de votre ordinateur connecté sur le même réseau Wi-Fi.

5/ Cliquez sur le bouton **Choisir le fichier** pour sélectionner une vidéo à envoyer à l'application.

6/ Cliquez sur le bouton **Submit** et attendez quelques instants que les images soient copiées.

7/ Sur l'iPad, touchez la vidéo importée.

Copiez les vidéos vers l'application VideoPix via le réseau Wi-Fi

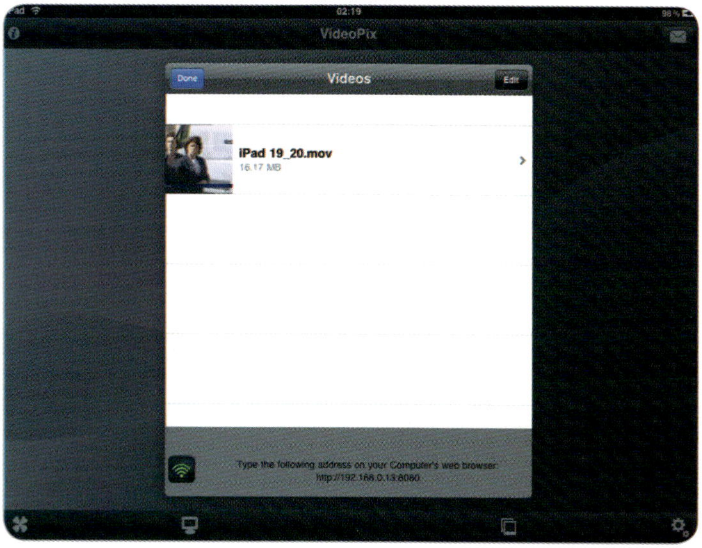

Les deux autres méthodes pour accéder à des vidéos dans l'application VideoPix sont de passer par le kit de connexion appareil photo pour importer les vidéos filmées avec votre appareil numérique et de synchroniser un dossier de vidéos par iTunes.

1/ Branchez l'iPad sur votre ordinateur pour lancer iTunes.

2/ Cliquez sur votre iPad dans la liste des appareils.

3/ Sélectionnez l'onglet **Photos**. Cochez la case *Inclure les vidéos*.

4/ Dans le menu **Synchroniser les photos depuis**, sélectionnez **Choisir un dossier**.

5/ Spécifiez le dossier de vos vidéos, puis cliquez sur le bouton **Appliquer** dans la partie inférieure droite de la fenêtre d'iTunes.

Maintenant que vous avez de la matière, vous pouvez vous lancer dans les modifications avec VideoPix.

1/ Touchez le bouton en forme de trèfle à quatre feuilles dans la partie inférieure gauche de l'écran pour afficher la fenêtre de sélection de la photothèque.

2/ Naviguez jusqu'à la vidéo que vous voulez modifier et touchez-la.

3/ Touchez le bouton **Use**. La vidéo est alors compressée par l'application et s'affiche en plein écran. Touchez le bouton **Pause**.

4/ Touchez le bouton avec une icône en forme de paire de ciseaux.

5/ Touchez le bouton **Recadrage** pour recentrer la vidéo sur le sujet principal.

6/ Faites glisser les coins rouges du cadre qui s'affiche pour modifier sa taille.

7/ Touchez le cadre et faites glisser votre doigt pour le déplacer.

8/ Touchez l'une des trois icônes en forme d'œil pour appliquer un effet (sépia, noir et blanc, couleurs).

Recadrez et appliquez un filtre de couleur

9/ Touchez le bouton en forme de disquette pour sauvegarder la photo dans votre photothèque.

10/ Choisissez **Photo albums**.

Monter avec ReelDirector

Sur l'iPhone, on utilise iMovie, et sur l'iPad, on recourt à une application d'édition vidéo qui s'appelle ReelDirector. Elle permet de mettre bout à bout des portions de film, d'ajouter des transitions, des titres. Largement de quoi faire un montage efficace.

1/ Achetez l'application ReelDirector sur l'App Store (2,99 €). Elle est aussi compatible avec l'iPhone.

2/ Touchez son icône sur l'écran d'accueil pour lancer l'application.

3/ Touchez le bouton **New** dans la partie supérieure gauche de l'écran.

4/ Une fenêtre de paramétrage vous permet de spécifier les caractéristiques principales de votre montage : titre d'ouverture, titre de fermeture, type de transition, résolution.

5/ Quand vous avez entré les informations nécessaires, touchez le bouton **Done**. Au besoin, vous les modifierez par la suite.

Créez un nouveau projet

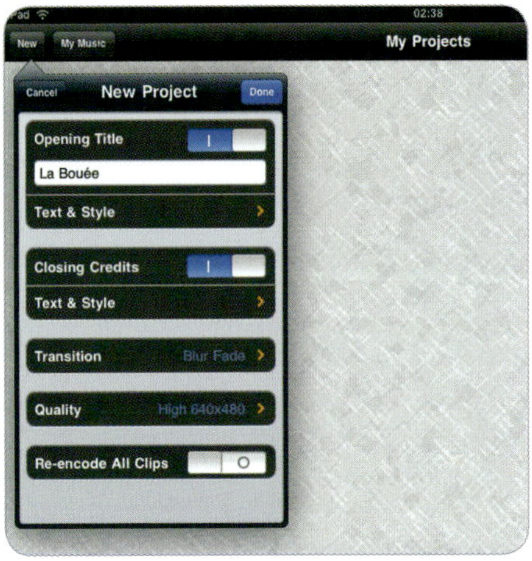

L'interface de l'application se présente sous la forme d'une ligne de temps en haut, avec la succession des clips, et d'une fenêtre d'aperçu en bas.

1/ Touchez le bouton + dans la partie supérieure droite de la fenêtre.

2/ Touchez le bouton **Video/Photo** pour naviguer dans votre photothèque.

3/ Sélectionnez une vidéo et touchez le bouton **Use** pour l'ajouter à votre montage. La vidéo est alors compressée.

4/ Répétez l'opération pour ajouter plusieurs clips.

5/ Faites glisser la tête de lecture pour naviguer dans la vidéo.

6/ Touchez un clip de la ligne de temps pour l'afficher dans la fenêtre d'aperçu.

7/ Touchez une deuxième fois le clip sélectionné pour afficher un menu d'outils.

La ligne de temps et les outils

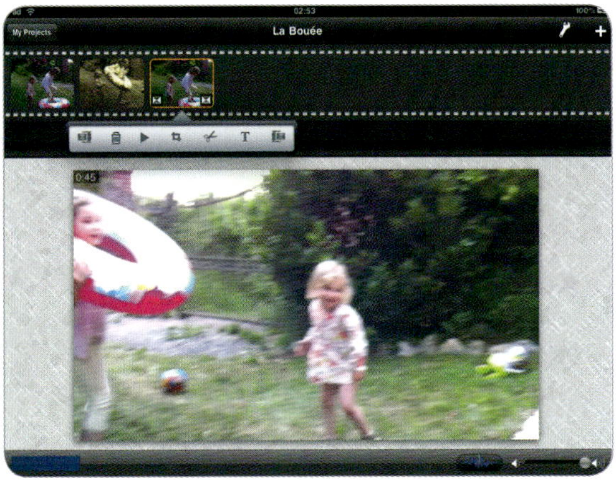

Les boutons permettent d'ajuster le plan.

- Le premier bouton, **Transition**, permet de choisir l'effet de transition entre le clip précédent et le clip actuel.
- Le bouton **Corbeille** permet d'effacer le plan.
- Le bouton **Lecture** permet d'avoir un aperçu de la vidéo originale.
- Le bouton **Recadrage** permet d'ajuster finement le zoom sur l'image dans la zone d'aperçu. Si vous touchez deux fois rapidement un clip, vous arriverez à la même chose.
- Le bouton en forme de paire de ciseaux permet de spécifier les points d'entrée et de sortie du plan.
- Le bouton **T** permet de choisir le texte et la police pour la titraille.
- Le bouton **Transition de fin** permet de choisir un effet pour passer d'un plan au suivant.

Voici comment raccourcir un plan.

1/ Touchez un plan dans la ligne de temps.

2/ Touchez une deuxième fois le plan sélectionné.

3/ Touchez le bouton en forme de paire de ciseaux.

4/ Touchez l'onglet **Split** si vous voulez couper le plan en deux.

5/ Déplacez votre doigt sur la règle en haut pour déplacer le repère rouge de séparation.

6/ Si vous voulez élaguer la vidéo, touchez l'onglet **Trim**.

7/ Déplacez les deux poignées à gauche et à droite sur la règle pour spécifier le point d'entrée et le point de sortie.

8/ Touchez le bouton **Done**.

Ajustez le début et la fin de chaque plan

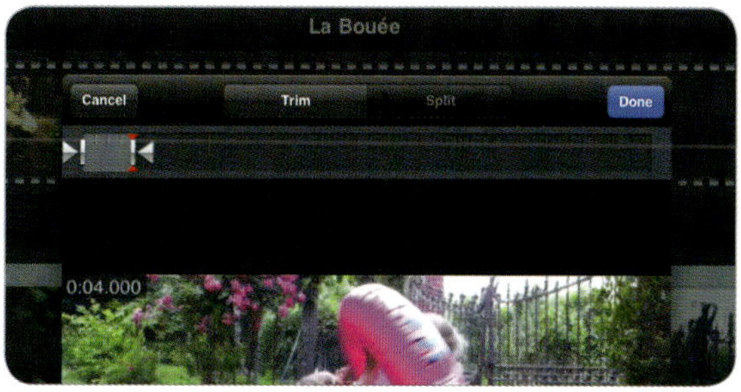

9/ Touchez le bouton **Final trim** si vous voulez créer une nouvelle séquence ou bien **Keep original** si vous pensez changer d'avis par la suite.

Voici comment recadrer un plan.

1/ Touchez deux fois rapidement un plan dans la ligne de temps.

2/ Touchez l'onglet **Still** si vous voulez appliquer un recadrage unique à toute la séquence.

3/ Au besoin, zoomez ou dézoomez sur le plan en écartant ou en rapprochant deux doigts.

4/ Faites glisser un doigt pour replacer l'image.

5/ Utilisez le curseur pour voir ce que cela donne à différents points du plan.

6/ Si vous voulez appliquer un effet de zoom pendant la vidéo, touchez l'onglet **Pan&Zoom**.

7/ Touchez le bouton de retour au début dans la partie inférieure gauche de l'écran.

8/ Disposez l'image comme vous le voulez (en zoomant/dézoomant et en la déplaçant).

9/ Touchez le bouton d'avance à la fin de la séquence dans la partie inférieure droite de l'écran.

10/ Disposez l'image comme vous le voulez (en zoomant/dézoomant et en la déplaçant).

11/ Faites glisser le curseur pour contrôler le résultat tout au long de la séquence.

Recadrez une vidéo

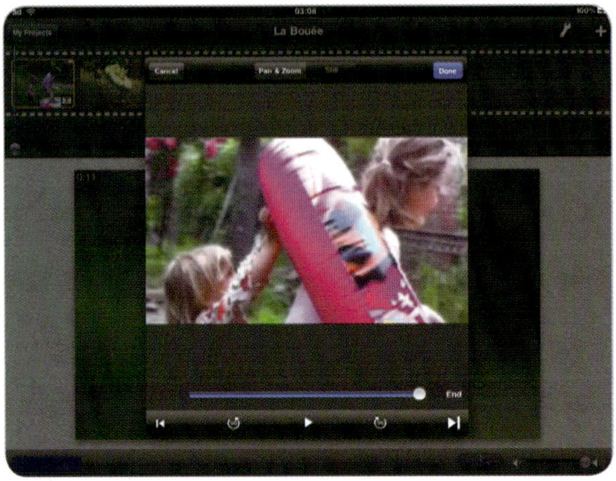

> **Astuce**
>
> **Vidéo ou image fixe**
> Dans ReelDirector, vous pouvez ajouter des plans vidéo, mais aussi des images fixes. Grâce à l'effet Pan&Zoom, vous pourrez les animer un peu. Touchez chaque photo deux fois rapidement dans la ligne de temps pour afficher la fenêtre de réglages. Utilisez le curseur horizontal pour spécifier la durée d'affichage de la photo.

Exporter une vidéo

Au contraire d'iMovie sur l'iPhone, ReelDirector n'affiche pas en temps réel. Vous ne pouvez voir le résultat de votre montage qu'après un rendu préalable.

1/ Touchez le bouton **My projects** dans le coin supérieur gauche de l'écran. Votre projet s'affiche avec une série de boutons en bas.

2/ Touchez le bouton **Render**, puis touchez de nouveau le bouton **Render** dans le menu qui s'affiche. Cela peut prendre quelques minutes.

3/ Une fois l'encodage terminé, touchez le bouton **Play** pour visionner votre œuvre.

4/ Si vous n'êtes pas satisfait, touchez le bouton **Edit** pour peaufiner votre montage.

5/ Relancez systématiquement un rendu après chaque modification pour voir le résultat.

6/ Une fois que votre montage vous convient, sauvegardez-le dans l'album *Photos enregistrées* en touchant **Export** puis **Save to photo albums**.

Un rendu est nécessaire avant la lecture ou l'exportation du montage vidéo

JOUER DE LA MUSIQUE

Les interfaces tactiles multipoints ont d'abord été utilisées par les musiciens avec la tablette Lemur, mais elles étaient réservées aux plus fortunés. Autant dire que l'arrivée de l'iPad est une bénédiction pour les DJ ou les instrumentistes.

La musique est sans doute le domaine de l'App Store où règnent la plus grande diversité et la plus grande créativité.

Les accessoires indispensables

Si vous voulez faire entrer du son dans l'iPad pour l'enregistrer, vous pouvez certes utiliser le micro intégré, mais pour une meilleure qualité, il vous faut un micro professionnel ou des accessoires pour brancher une guitare électrique.

iRig pour la guitare

Cet accessoire vendu par IK Multimedia se branche sur la prise casque de l'iPad. C'est un câble qui inclut une entrée au format Jack pour une guitare électrique et une sortie au format mini-Jack stéréo pour brancher un casque. Il vous en coûtera une trentaine d'euros. Le fabricant est également développeur d'applications et propose un simulateur d'ampli à lampes pour l'iPad, baptisé AmpliTube. Néanmoins, l'iRig fonctionne avec n'importe quelle application qui a besoin d'une entrée guitare.

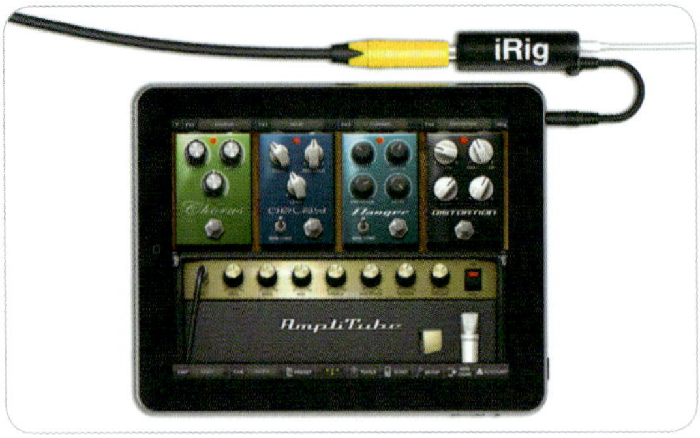

Branchez votre guitare et des écouteurs sur votre iPad

Une interface audio USB

Sur Mac ou sur PC, quand on veut faire de l'enregistrement, on utilise beaucoup ces petits boîtiers externes qui proposent des entrées et sorties audio pour brancher micros, instruments, enceintes, etc. Or le connecteur USB inclus dans le kit de connexion appareil photo permet de brancher un tel boîtier.

1/ Branchez votre interface audio USB au connecteur USB du kit de connexion appareil photo.

Malgré les apparences, cela fonctionne

2/ Branchez ce dernier à la prise dock de l'iPad.

3/ Un message d'erreur en anglais apparaît. Touchez le bouton **Dismiss** pour ne pas en tenir compte.

Parfois une interface peut ne pas fonctionner

Une fois cette étape franchie, il y a deux cas possibles. Dans le premier, votre interface audio USB demande beaucoup de courant électrique pour fonctionner. Une boîte de dialogue s'affiche pour vous annoncer la mauvaise nouvelle. Il n'y a rien à faire puisque l'iPad ne peut pas être alimenté sur le secteur pendant l'utilisation d'un accessoire sur le connecteur dock.

Si vous ne voyez pas ce message (c'est le deuxième cas de figure), il y a toutes les chances que votre interface audio USB fonctionne bien avec l'iPad. Pour le vérifier, lancez la fonction **iPod** pour écouter de la musique. Touchez le bouton **Lecture** et regardez la zone supérieure gauche habituellement destinée au contrôle du volume. Si elle inscrit "Dock connector", cela signifie que le son passe bien par l'interface USB et que votre modèle est reconnu.

Cette interface audio se substitue au circuit sonore intégré de l'iPad

Les interfaces qui fonctionnent nativement avec l'iPad répondent à la norme USB audio class. Cette norme dispense les fabricants de fournir un pilote spécifique puisqu'il est inclus dans le système de manière générique. Habituellement, il s'agit plutôt de produits d'entrée de gamme, au mieux stéréo, mais qui proposent tout de même une meilleure qualité sonore que les composants propres à l'iPad.

● Brancher une guitare avec AmpliTube

Depuis quelques années, les guitaristes utilisent de moins en moins les pédales d'effets et les amplis à lampes, qui sont lourds et encombrants. Aujourd'hui, de nombreux logiciels de simulation fournissent un son comparable à celui des matériels analogiques, mais sans les inconvénients. Et maintenant cela existe aussi pour l'iPad.

1/ Branchez une interface audio à votre iPad (comme l'iRig ou une interface USB).

2/ Branchez votre guitare sur l'entrée idoine et un casque ou des enceintes sur la sortie stéréo.

3/ Achetez AmpliTube sur l'App Store. L'application coûte 15,99 €, mais il existe une version gratuite plus limitée pour des essais.

4/ Touchez l'icône de l'application sur l'écran d'accueil pour la lancer.

5/ Touchez le bouton **Tools** en bas de l'écran pour afficher l'accordeur. C'est un bon moyen de vérifier que le son passe bien.

6/ Touchez les boutons à droite des libellés *FX1*, *FX2*, *FX3* et *FX4* pour choisir quatre pédales d'effets dans la collection proposée par l'application.

7/ Touchez le bouton **Amp** dans la partie inférieure gauche de l'écran pour choisir votre modèle d'amplificateur.

8/ Touchez le bouton **Cab** à côté pour choisir le modèle de haut-parleur.

9/ Touchez l'image du micro dans la partie inférieure droite de l'écran pour alterner le type de capteur pour la prise de son.

Réglez pédales et ampli à lampes pour obtenir le son ad hoc

10/ Ampli et pédales possèdent des potentiomètres permettant d'affiner leurs réglages. Triturez-les pour trouver le son qui vous convient.

Quand vous trouvez une combinaison qui vous convient, vous pouvez la sauvegarder pour vous en servir plus tard.

1/ Touchez le bouton **Preset** en bas de l'écran.

2/ Touchez un emplacement carré gris et maintenez votre doigt appuyé.

3/ Le son est mémorisé dans cet espace mémoire. Un appui simple sur l'un des trente-six boutons rappelle le jeu de réglages associé.

● Jouer du synthé avec MorphWiz

Le claviériste du groupe Dream Theater a créé cette application pour bénéficier de moyens d'expression qu'un clavier ne peut lui offrir, tout cela grâce à l'interface tactile multipoint.

1/ Achetez l'application MorphWiz sur l'App Store (7,99 €).

2/ Touchez l'icône de l'application sur l'écran d'accueil pour la lancer.

3/ Posez votre doigt n'importe où sur la zone de jeu pour émettre une note.

4/ Faites glisser votre doigt latéralement vers la gauche pour entendre la note descendre et vers la droite pour l'entendre monter en hauteur.

Faites glisser vos doigts sur l'écran pour produire du son

5/ Faites glisser votre doigt verticalement pour entendre un morphing entre le son situé en haut de l'écran et celui situé en bas.

6/ Maintenant, posez d'autres doigts sur l'écran pour constater que c'est un instrument polyphonique.

Chaque ligne verticale correspond à une note dont le nom est indiqué en bas. En touchant au hasard sur l'écran, vous tomberez toujours sur la note juste la plus proche, mais lorsque vous ferez glisser votre doigt d'une note à l'autre, toutes les fréquences intermédiaires seront jouées, exactement comme si vous faisiez glisser votre doigt sur la corde d'un violon.

1/ Utilisez les flèches gauche et droite dans la partie inférieure gauche de l'écran pour faire défiler les sons préprogrammés de l'application.

2/ Notez l'apparition de différents boutons destinés à l'interprétation.

3/ Quand un clavier apparaît en haut de l'écran, il vous indique l'ambitus de la zone de jeu par un cadre rouge. Faites glisser ce cadre pour modifier le registre de l'instrument actif.

4/ Pour accéder aux réglages fins, faites glisser vers le haut le bouton **Menu** situé dans le coin supérieur gauche.

5/ La bande horizontale au pied de l'écran liste les différentes familles de paramètres. Vous pouvez modifier l'onde sonore de base, la modulation, la gamme, la hauteur, le volume, l'attaque et le vibrato, les effets, l'affichage interactif et les contrôles de jeu.

6/ Quand vous avez fini de régler votre instrument, vous pouvez le sauvegarder en touchant le bouton **Save Preset** ou bien fermer le menu en touchant le bouton **Close**. Quoi qu'il arrive, le menu ne bloque pas l'interprétation, le reste de la surface est toujours actif pour que vous puissiez jouer.

Vous pouvez enregistrer votre interprétation au sein même de l'application.

1/ Touchez le bouton avec un point rouge en bas de l'écran.

2/ Commencez à jouer, l'enregistrement démarre aussi. Au bout de quatre mesures, ce que vous avez enregistré se joue à nouveau.

3/ Touchez le bouton vert **Lecture** pour arrêter l'écoute.

4/ Ouvrez le menu en faisant glisser le bouton en haut à gauche.

Sauvegardez vos interprétations

5/ Sélectionnez l'onglet **Record**.

6/ Touchez le bouton **Save current recording** pour archiver votre interprétation dans l'application et pouvoir l'exploiter plus tard.

Des boucles sonores avec BeatWave

Ces dernières années, des artistes comme Björk se sont pris de passion pour le Tenori-on, un instrument qui se présente sous la forme d'une grille de boutons et qui sert à créer des boucles sonores. Cet objet d'un prix assez élevé a un équivalent gratuit sous la forme d'une application iPad.

1/ Téléchargez gratuitement BeatWave sur l'App Store.

2/ Touchez son icône sur l'écran d'accueil pour la lancer. La grille représente le temps en abscisses et les notes en ordonnées. Une tête de lecture avance continuellement de la gauche vers la droite.

Dessinez la musique

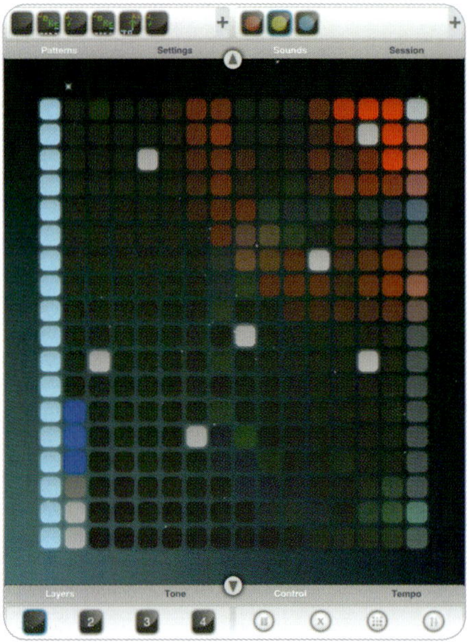

3/ Touchez un bouton pour l'allumer. Quand la tête de lecture passe dessus, cela produit une note.

4/ Allumez plusieurs boutons (pour produire des notes), progressivement vous construisez une phrase musicale.

5/ Touchez à nouveau un bouton allumé pour l'éteindre et désactiver la note associée.

6/ Secouez l'iPad pour reprendre de zéro.

Vous pouvez faire évoluer les rythmes que vous créez.

1/ Touchez l'un des boutons de couleur dans la partie supérieure droite de l'écran pour changer d'ensemble de sons.

2/ Touchez les boutons 1 à 4 dans la zone *Layers* au niveau de la partie inférieure gauche de l'écran pour partir d'une grille vierge tout en entendant la précédente en fond.

3/ Touchez le bouton **Tempo** à droite pour changer la vitesse d'interprétation.

4/ Touchez le bouton **Tone** pour changer la gamme.

5/ Quand un rythme vous plaît, touchez le bouton + au milieu de la partie supérieure de l'écran pour l'enregistrer dans la liste des motifs.

6/ Touchez l'un des motifs sauvegardés dans la zone *Patterns* pour l'ouvrir immédiatement.

Un magnétophone multipiste avec StudioTrack

Voici l'une des premières applications sorties avec l'iPad. Il s'agit d'un vrai studio d'enregistrement, qui propose huit pistes audio prêtes à être enregistrées. Dans l'idéal, il vous faut une interface audio USB pour utiliser un bon micro, mais le micro intégré fera l'affaire, tant que vous enregistrez avec un casque.

1/ Achetez l'application StudioTrack sur l'App Store (31,99 €).

2/ Touchez son icône sur l'écran d'accueil pour la lancer.

3/ Touchez le bouton + dans la partie inférieure droite de l'écran pour créer un nouveau morceau.

4/ Touchez son titre pour le renommer.

5/ Touchez le magnétophone qui représente la chanson pour l'ouvrir. Par défaut, la table de mixage ne présente qu'une piste.

Enregistrez une première piste

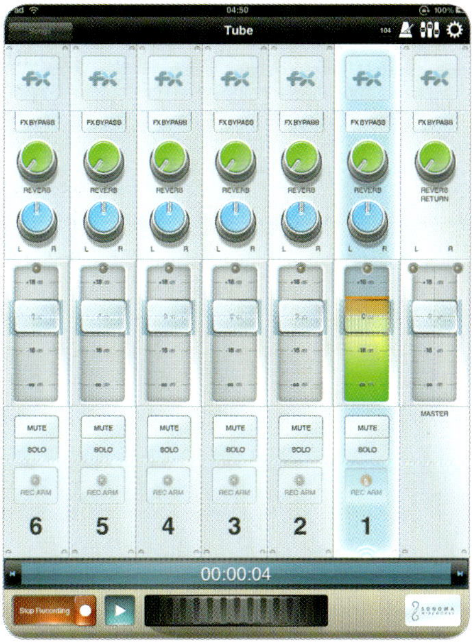

6/ Touchez le bouton + **track** pour ajouter une piste. Vous pouvez aller jusqu'à huit pistes.

7/ Touchez le bouton **Rec Arm** sur une piste pour la préparer à l'enregistrement.

8/ Faites glisser vers la droite le bouton rouge dans la partie inférieure gauche de l'écran pour commencer l'enregistrement. Le niveau d'enregistrement de la piste s'affiche sous son curseur de volume.

9/ Touchez le bouton **Lecture** pour l'arrêter.

Utilisez la molette en bas de l'écran pour naviguer à l'intérieur du morceau. Effectuez la même manipulation pour enregistrer les autres pistes une à une. Une fois que les pistes sont enregistrées, passez au mixage.

1/ Lancez la lecture du morceau.

2/ Faites glisser les curseurs de volume de chacune des pistes pour équilibrer le mélange. Comme l'iPad a un écran multipoint, vous pouvez modifier le volume de plusieurs pistes en même temps.

Ajustez les effets

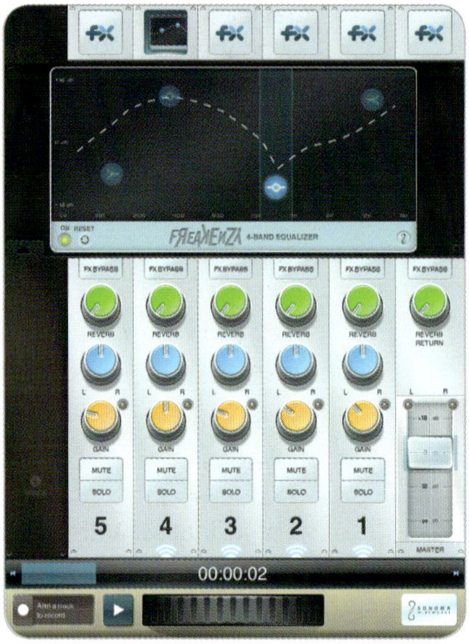

3/ Touchez le bouton **Fx** en haut d'une piste pour y ajouter des effets.

4/ Quatre effets sont proposés, glissez-déposez une icône sur la zone noire pour l'ajouter à la piste.

5/ Une fois qu'il est ajouté, touchez l'effet pour éditer ses paramètres.

6/ Dans le cas de l'égaliseur, touchez l'écran pour dessiner la courbe de réponse.

7/ Touchez à nouveau le bouton **Fx** pour revenir au mixage général.

Quand vous avez terminé le mixage, exportez votre morceau.

1/ Touchez l'icône *Mix Tools* dans la partie supérieure droite de l'écran.

2/ Touchez le bouton **Mixdown** puis le bouton **Mix this song**.

3/ Une fois le morceau exporté, vous pouvez le transférer vers votre ordinateur par Wi-Fi. Touchez le bouton **Wi-Fi Sync**. Notez l'adresse qui apparaît et entrez-la dans le navigateur de votre Mac ou de votre PC.

4/ Touchez le bouton OK sur l'iPad pour valider l'accès.

5/ Sur l'ordinateur, cliquez sur chacun des numéros pour télécharger les pistes séparées ou bien sur **Mix** pour entendre l'ensemble.

A

B

C

D

E

CPi
AUBIN IMPRIMEUR

Achevé d'imprimer en septembre 2010
Dépôt légal septembre 2010 / N° d'impression P 73980
Imprimé en France